Werner Renz

Auschwitz vor Gericht

EVROPA

Werner Renz, bis 2016 wissenschaftlicher Mitarbeiter und Leiter des Archivs des Fritz Bauer Instituts, arbeitet in diesem Band die NS-Prozesse vom Ersten Auschwitz-Prozess unter Generalstaatsanwalt Fritz Bauer in Frankfurt am Main auf, ebenso die Frankfurter Nachfolgeprozesse bis hin zu den jüngsten Verfahren gegen Demjanjuk, Hanning und Gröning. Er analysiert die jeweilige Rechtsauffassung und die Rechtspraxis dieser Prozesse und deren Resonanz in der Öffentlichkeit.

Insgesamt kann ein Versagen der bundesdeutschen Justiz bei der Aufarbeitung der NS-Verbrechen festgestellt werden. Eine uneinheitliche Rechtsprechung in den vergangenen Jahrzehnten hatte eine inkonsequente Justizpraxis zur Folge. Freisprüche und Verfahrenseinstellungen liefen für manche Kritiker auf Strafvereitelung hinaus. Zahllose Holocaust-Täter blieben unbehelligt.

Das Buch gibt einen Überblick über die Geschichte der Frankfurter Auschwitz-Prozesse (1963 – 1981) und zeichnet das Versagen nicht nur der Justiz, sondern auch der Politik, der Strafrechtswissenschaft, der Zeitgeschichtsforschung und der deutschen Öffentlichkeit nach.

Werner Renz, Autor von *Fritz Bauer und das Versagen der Justiz. Nazi-Prozesse und ihre „Tragödie“* (Europäische Verlagsanstalt, 2015), Herausgeber von *Interessen um Eichmann* (Campus-Verlag, 2012) und Mitherausgeber von *Der Frankfurter Auschwitz-Prozess (1963 – 1965). Kommentierte Quellenedition* (Campus-Verlag, 2013) und *Henry Ormond – Anwalt der Opfer* (Campus-Verlag, 2015).

Werner Renz

Auschwitz vor Gericht

Fritz Bauers Vermächtnis
und seine Missachtung

CEP Europäische Verlagsanstalt

Bibliografische Information der Deutschen Nationalbibliothek
Die Deutsche Nationalbibliothek verzeichnet diese Publikation in der Deutschen Nationalbibliografie; detaillierte bibliografische Daten sind im Internet über http://dnb.d-nb.de abrufbar.

2. Auflage 2018
Signet: Dorothee Wallner nach Caspar Neher »Europa« (1945)
Umschlagabbildung: © Fritz Bauer Institut (Auschwitz-Prozess, Haus Gallus)
Umschlag + Satz: Susanne Schmidt, Leipzig

Printed in Germany
ISBN 978-3-86393-089-9

Informationen zu unserem Verlagsprogramm finden Sie im Internet unter www.europaeische-verlagsanstalt.de

Inhalt

Einleitung

Steht in der Bundesrepublik Deutschland die Verfolgung und Ahndung der NS-Verbrechen zur Diskussion, ist immer auch vom Versagen der Justiz die Rede. Doch nicht nur die Justiz hat versagt, sondern auch der Gesetzgeber, die Strafrechtswissenschaft, die Zeitgeschichtsforschung und die bundesdeutsche Gesellschaft. Insofern ist es geboten, die Unterlassungen und Versäumnisse zu erforschen. Ein guter Anlass ist der 50. Todestag des Juristen, dessen Name wie kein anderer mit der Aufarbeitung der NS-Verbrechen verbunden ist: Fritz Bauer (1903 – 1968). Die Untersuchung der sechs Frankfurter Auschwitz-Prozesse (1963 – 1981) und von ausgewählten Ermittlungsverfahren zeigt, welch weitreichende Folgen das im August 1965 verkündete Urteil in der »Strafsache gegen Mulka u.a.« für die späteren Verfahren gegen Auschwitz-Personal hatte. Die Frankfurter Bilanz sieht nicht gut aus. Hinsichtlich der geleisteten Sachverhaltsaufklärung kann auch der erste Frankfurter Auschwitz-Prozess (1963 – 1965) nicht als gelungen gelten. So stellte das Schwurgericht in seinem Urteil das Vernichtungsgeschehen in Auschwitz unzureichend dar und kam deshalb auch zu falschen rechtlichen Wertungen.

Das Vorhaben des hessischen Generalstaatsanwalts Fritz Bauer, durch die Aufklärung von Verbrechenskomplexen die Deutschen mit der NS-Vergangenheit zu konfrontieren, kann nicht als erfolgreich bezeichnet werden. Die Mehrheit der Bundesdeutschen nahm den 1. Frankfurter Auschwitz-Prozess und auch andere vergleichbare Strafverfahren gegen Personal der Todeslager kaum zur Kenntnis. Bauer war ebenso wie viele kritische Juristen und Zeitgenossen über die Rechtsprechung in NS-Prozessen wenig glücklich.

So sprach er im Frühjahr 1966 von der »Tragödie«[1] der Verfahren.

Die Gründe für diese negative Einschätzung sollen hier am Beispiel der Frankfurter Auschwitz-Prozesse und auch der letzten Verfahren gegen greise Angeklagte, die in den vergangenen Jahren sich vor Gericht verantworten mussten, aufgezeigt werden.

Die deutsche Gerichtsbarkeit hatte nach 1945 aufgrund der alliierten Gesetzgebung zunächst nur begrenzte Möglichkeiten, die nationalsozialistischen Verbrechen aufzuklären und zu ahnden. Sie erstreckte sich auf Verbrechen von Deutschen an Deutschen und an Staatenlosen. Die Besatzungsbehörden konnten jedoch deutsche Gerichte in einzelnen Fällen, in denen Deutsche Verbrechen an Bürgern der überfallenen Staaten begangen hatten, für zuständig erklären.[2] Erst nach der Gründung der Bundesrepublik Deutschland war es der bundesdeutschen Justiz gemäß Gesetz Nr. 13 des Alliierten Hohen Kontrollrats (1.1.1950) ohne Einschränkung möglich, auch die NS-Untaten zu verfolgen, deren Opfer Angehörige der im Zweiten Weltkrieg von Nazi-Deutschland unterworfenen Länder waren. Anzuwenden war das zur Tatzeit geltende deutsche Strafrecht.

Von 1950 an bis zur Gründung der Zentralen Stelle der Landesjustizverwaltungen zur Aufklärung nationalsozialistischer Gewaltverbrechen (ZSt) im Oktober 1958 haben deutsche Staatsanwaltschaften von Amts wegen jedoch bloß in wenigen Fällen gegen NS-Täter ermittelt. Lagen keine Anzeigen von Geschädigten und Verfolgten vor, blieben die Strafverfolger weitgehend untätig.[3] Die hier aus den Gerichtsakten detailliert rekonstruierte Vorgeschichte des 1. Frankfurter Auschwitz-Prozesses ist ein Beleg für diesen Befund. Die bundesdeutschen Verhältnisse Anfang der fünfziger Jahre[4] waren für eine von Einzelnen durchaus geforderte justizielle Aufarbeitung der nationalsozialistischen

Vergangenheit nicht günstig. Die Entnazifizierung war abgeschlossen, aus ihren Ämtern entfernte Angehörige des öffentlichen Dienstes wurden gemäß dem »Gesetz zur Regelung der Rechtsverhältnisse der unter Artikel 131 des Grundgesetzes fallenden Personen«[5] reintegriert. Die in Nürnberg verurteilten sogenannten Kriegsverbrecher waren infolge des ausgebrochenen »Gnadenfiebers«[6] und auf deutschen Druck hin von den Alliierten vorzeitig aus der Haft entlassen worden. Nach Ansicht vieler Deutscher war endlich die Zeit gekommen, einen »Schlussstrich« unter die jüngste Vergangenheit zu ziehen, zumal sich die Bundesrepublik Deutschland als willkommenes Mitglied der »freien Welt« ganz anderen Aufgaben zu stellen hatte.

Der Prozess gegen Martin Sommer vor dem Landgericht Bayreuth (11.6.1958 – 3.7.1958)[7], die Flucht des ehemaligen KZ-Arztes Hans Eisele sowie das Verfahren vor dem Schwurgericht Ulm/Donau gegen zehn ehemalige Angehörige der Geheimen Staatspolizei und des Sicherheitsdienstes (SD) Tilsit (28.4.1958 – 29.8.1958)[8] verdeutlichten den Verantwortlichen in Bonn, der westdeutschen Justiz und der Öffentlichkeit, dass die nationalsozialistischen Gewaltverbrechen nicht länger zu verdrängen waren[9], und die Ahndung durch die Prozesse der Alliierten und die wenigen Verfahren vor deutschen Gerichten[10] noch längst nicht abgeschlossen war.

Anfang Oktober 1958 berieten auf einer Konferenz in Bad Harzburg die Justizminister und -senatoren der deutschen Bundesländer[11] über notwendige rechtspolitische Schritte, die NS-Verbrechen umfassend aufzuklären. Der vorherrschenden Meinung in der Bevölkerung zuwider, die die Verfolgung und Bestrafung der Täter, die größtenteils unter ihr als unauffällige, anerkannte und geschätzte Bürger lebten, ablehnte, von »Nestbeschmutzung« sprach und die Vergangenheit für erledigt hielt, schlossen die zuständigen Minister und Senatoren eine Verwaltungsvereinbarung über die Errichtung der Zentralen Stelle, die 1958 in Ludwigsburg eingerichtet wurde. Von den Ländern abgeordnete Richter und Staatsanwälte sollten von Amts wegen die von den nationalsozialistischen Gewaltherrschern im Ausland in den Jahren 1939 bis 1945 begangenen Verbrechen restlos erfassen.[12] Sobald die Vorermittlungen hinreichende Ergebnisse erbracht hatten, waren die Verfahren an die jeweils zuständigen Staatsanwaltschaften zur weiteren Durchführung der Strafverfolgung und zur Anklageerhebung abzugeben. Die Zentrale Stelle begann ihre Arbeit am 1. Dezember 1958 und stellte nach den Worten ihres ersten Leiters, Oberstaatsanwalt (fortan: OStA) Erwin Schüle (1913 – 1993), »ein absolutes Novum in der deutschen Rechtsgeschichte«[13] dar.

Die bereits im Frühjahr 1958 beginnende Vorgeschichte des 1. Frankfurter Auschwitz-Prozesses belegt eindringlich, dass ohne die unermüdliche Initiative von überlebenden Opfern und ohne das Engagement streitbarer Juristen die strafrechtliche Sühne der NS-Verbrechen durch die bundesdeutsche Justiz nicht in Gang gekommen wäre. Überlebende meldeten sich, forschten nach dem Verbleib von Tätern, trugen Namen und Anschriften zusammen, tauschten Informationen aus und sammelten Belastungsmaterial. Beherzte Juristen, dem Recht und der Gerechtigkeit verpflichtet, schufen in Zusammenarbeit mit Politikern, die sich ihrer historischen Verantwortung bewusst waren, die rechtspolitischen Voraussetzungen und leiteten umfassende Ermittlungen ein, um bislang unerforschte Tatkomplexe aufzuklären und die strafrechtliche Schuld der an Massenverbrechen Beteiligten zu beweisen. Den Initiatoren der Verfahren war es ein wichtiges Anliegen, im Rahmen von Strafprozessen gegen NS-Täter Aufklärung über die Vergangenheit zu betreiben und damit auch einen Beitrag zur politischen Bildung und zum Geschichtsverständnis zu erbringen. Durch die NS-Verfahren in den 1960er Jahren klärte die deutsche Strafjustiz über den

Mord an den europäischen Juden auf. Das geschah in Form der Anklageschriften und der Schwurgerichtsurteile, die allesamt ausführliche, quellengestützte allgemeine, historische Darstellungen enthielten, und durch in Auftrag gegebene historische Gutachten.[14] So leistete sie aufgrund der in der Beweisaufnahme erbrachten Erkenntnisse eine umfassende Aufklärung, die die Zeitgeschichtsforschung in Deutschland versäumt hatte.

Bei der Darstellung der sechs Frankfurter Auschwitz-Prozesse sowie weiterer wichtiger Ermittlungsverfahren bleibt die umfangreiche Ermittlungssache gegen den Auschwitz-Arzt Josef Mengele, die erst mit der amtlichen Feststellung seines Todes (1979) in den 1980er Jahren eingestellt worden war, unberücksichtigt.

Die Ermittlungen der Frankfurter Justiz gegen Auschwitz-Täter begannen Ende der fünfziger Jahre.[15] Der große Frankfurter Auschwitz-Prozess gegen 20 Angeklagte und die fünf kleinen Nachfolgeprozesse gegen insgesamt zehn Angeklagte zeigen deutlich, dass trotz aller Anstrengungen der Staatsanwaltschaft die Überführung der Angeklagten nicht immer möglich war. Die Gründe für das partielle Scheitern der Justiz, die NS-Verbrechen viele Jahre nach dem Tatgeschehen angemessen zu sühnen, werden in diesem Buch aufgezeigt.

Von den Tausenden von Auschwitz-Tätern[16] wurde etwa ein Zehntel strafrechtlich belangt. Hervorzuheben sind der Prozess gegen den Kommandanten Rudolf Höß vor dem Obersten Gerichtshof der Volksrepublik Polen in Warschau (11.3. – 2.4.1947) und das Verfahren gegen 40 SS-Männer und Frauen in Krakau (24.11. – 16.12.1947). Höß und 21 Angeklagte des Krakauer Prozesses wurden zum Tode verurteilt und hingerichtet[17]. Weitere rund 600 Auschwitz-Täter verurteilten polnische Gerichte zu Freiheitsstrafen unter zehn Jahren.

Auch vor amerikanischen, britischen, französischen und sowjetischen Militärtribunalen standen vormalige Angehörige des SS-Personals von Auschwitz. Angeklagt waren sie aber meist wegen Verbrechen, die sie in anderen Lagern begangen hatten. Zu nennen ist der 1. Bergen-Belsen-Prozess vor einem britischen Militärgericht in Lüneburg (17.9. – 17.11.1945).[18] Unter anderen wurden der ehemalige Auschwitz-Kommandant Josef Kramer, der Schutzhaftlagerführer Franz Hössler, der SS-Arzt Fritz Klein, die SS-Oberaufseherin Elisabeth Volkenrath und die SS-Aufseherin Irma Grese zum Tode verurteilt und hingerichtet.[19] Weiter der 2. Bergen-Belsen-Prozess (16.5. – 22.5.1946), in dem gegen den vormaligen Krematoriumsleiter Walter Quakernack die Todesstrafe verhängt wurde. Im Hamburger Ravensbrück-Prozess verurteilte ein britisches Militärgericht den Kommandanten Johann Schwarzhuber zum Tode. Der Schutzhaftlagerführer von Buna/Monowitz Vinzenz Schöttl, der zeitweilige Chef der Krematorien in Auschwitz-Birkenau Otto Moll und der Lagerarzt Hellmuth Vetter wurden im 1. Dachauer-Prozess (15.11. – 13.12.1945) von einem amerikanischen Militärgericht[20] zum Tode verurteilt und in Landsberg Ende Mai 1946 gehängt. Im Neuengamme-Prozess in Hamburg (18.3. – 3.5.1946) verhängte ein britisches Militärgericht gegen den vormaligen SS-Arzt Bruno Kitt die Todesstrafe. Der SS-Arzt Friedrich Entress wurde von einem amerikanischen Militärgericht im Mauthausen-Prozess im Mai 1946 zum Tode verurteilt und hingerichtet.

Vor bundesdeutschen Gerichten[21] standen bis zum Jahr 1963 zum Beispiel der ehemalige Rapportführer des Lagers Buna/Monowitz, SS-Hauptscharführer Bernhard Rakers (LG Osnabrück, 1952 – 1953, 1958, 1959)[22], SS-Oberscharführer Johann Mirbeth (zusammen mit den ehemaligen Auschwitz-Häftlingen Helmrich Heilmann und Joseph Kierspel, LG Bremen, 1953)[23], die vormaligen Auschwitz-Häftlinge Erich Tabbert (LG Osnabrück, 1953)[24] und Otto

Locke (LG Berlin, 1957)[25] sowie Gerhard Herdel (LG Göttingen, 1953)[26], SS-Obersturmführer Wilhelm Reischenbeck (LG München I, 1958)[27] und der ehemalige SS-Arzt Johann Paul Kremer (LG Münster, 1960).[28] Rakers wurde wegen in Sachsenhausen und Auschwitz verübten Straftaten zu lebenslangem Zuchthaus verurteilt, Mirbeth und Heilmann zu sechs Jahren sowie Kierspel zu lebenslangem Zuchthaus. Ihre Straftaten hatten die Angeklagten im Nebenlager Golleschau begangen. Tabbert, seit 1942 Häftling in Auschwitz, wurde vom Vorwurf des Mordes und des Mordversuchs freigesprochen. Herdel, Ende 1944 unter anderem Kommando- und Rapportführer im Lager Buna/Monowitz, erhielt wegen Totschlagversuchs in zwei Fällen ein Jahr Gefängnis. Locke, von August 1940 bis zu seiner Meldung zur SS-Einheit Dirlewanger im Juli 1944 Funktionshäftling in Auschwitz, Häftlings-Nr. 3227, wurde wegen Mordes in sieben Fällen zu lebenslangem Zuchthaus verurteilt. Reischenbeck, seit Herbst 1944 Führer von Wachkompanien, wurde für schuldig befunden, auf Todesmärschen Beihilfe zum Totschlag geleistet zu haben. Sein Strafmaß betrug zehn Jahre Zuchthaus. Der ehemalige SS-Arzt Kremer, von Ende August 1942 bis Mitte November 1942 in Auschwitz als Lagerarzt[29] tätig, wurde wegen Beihilfe zum Mord in zwei Fällen zu zehn Jahren Zuchthaus verurteilt. Die erkannte Strafe galt durch die in Polen bis 1958 abgesessene Strafe als verbüßt. Kremer war im Krakauer Prozess gegen Liebehenschel u.a. zum Tode verurteilt, später aber begnadigt und 1958 entlassen worden.

I. Aufklärung über Auschwitz

Der 1. Frankfurter Auschwitz-Prozess (1963 – 1965)

1. Der Sträfling und der Mörder

Gegen einen gewissen Wilhelm Boger, vormals SS-Oberscharführer und Angehöriger der Politischen Abteilung des Lagers Auschwitz, erstattete der in der Landesstrafanstalt Bruchsal wegen Betrugs einsitzende ehemalige Auschwitz-Häftling Adolf Rögner mit Schreiben vom 1. März 1958[1] an die Staatsanwaltschaft (fortan: StA) Stuttgart Strafanzeige wegen Mordes. Rögner, von Mai 1941 bis Januar 1945 »als krimineller Vorbeugungshäftling« (H.-Nr. 15.465)[2] in Auschwitz inhaftiert, machte in seinem Brief Angaben über angebliche strafbare Handlungen Bogers, über seine Inhaftierung im amerikanischen War Crimes Camp 29 in Dachau, seine Flucht aus einem Überstellungstransport nach Polen, nannte Wohnsitz und Arbeitsplatz Bogers und erbat eine Vernehmung zur Sache. Darüber hinaus stellte Rögner »Beweise u. Zeugen« in Aussicht und verwies die Ermittlungsbehörde darauf, das Internationale Auschwitz-Komitee (IAK) (mit genauer Adressenangabe) und der Zentralrat der Juden (Düsseldorf-Benrath) könnten Beweismaterial gegen den Auschwitz-Täter zur Verfügung stellen.

Die Persönlichkeit des Anzeigeerstatters, der sich zum Zeitpunkt der Anzeige einer Anklage wegen Meineids und uneidlicher Falschaussage ausgesetzt sah und in der Vergangenheit wiederholt Anzeigen nicht nur gegen ehemalige SS-Angehörige, sondern auch gegen Vollzugs- und Polizeibeamte erstattet hatte, ließ es der Stuttgarter Strafverfolgungsbehörde geboten erscheinen, die Strafanzeige mit Vorsicht[3] zu behandeln. Die StA Stuttgart wandte sich mit Schreiben vom 17. März 1958[4] bezüglich der »Anzeigensache gegen einen gewissen Boger« (16 Js 1273/58) an die Stuttgarter

Kriminalpolizei mit der Bitte, »unauffällige Vorermittlungen hinsichtlich der Person und der Vergangenheit des [...] Boger durchzuführen«.[5] Mit Brief vom 10. April 1958[6] teilte die Kripo der Ermittlungsbehörde mit, bei dem Beschuldigten handele es sich um den »verh. kaufm. Angestellten Wilhelm Boger [...] wohnh. Hemmingen Krs. Leonberg«. Boger sei, wie Rögner in seinem Schreiben zutreffend angegeben hatte, »Angestellter bei der Fa. Heinkel, Motorenwerke, Stgt.-Zuffenhausen« und sei »SS-Oberscharführer in Auschwitz« gewesen.[7] Den Hinweisen Rögners auf zu erbringende Beweise und zu stellende Zeugen durch das IAK und den Zentralrat der Juden ging der sachbearbeitende Staatsanwalt Horst Weber zunächst nicht nach. Erst am 18. August 1958[8] wandte er sich an den Zentralrat. Das IAK, als Vereinigung von nationalen Auschwitzer Lagergemeinschaften (Überlebendenorganisationen) fraglos eine wichtige Quelle, ersuchte die StA nicht um Mitarbeit bei den eingeleiteten Ermittlungen. Offenbar erschien der Strafverfolgungsbehörde eine Zusammenarbeit mit einer Organisation, die nicht ohne Grund als kommunistisch dominiert galt und ihren Hauptsitz in der Volksrepublik Polen hatte, inopportun.[9]

In einem acht Seiten umfassenden Schreiben Rögners vom 30. März 1958[10] an die Stuttgarter Ermittler lieferte der Anzeigeerstatter weitere wichtige Hinweise. Rögner zählte über ein Dutzend SS-Angehörige auf, die sich Verbrechen schuldig gemacht hätten. Er nannte u.a. die späteren Angeklagten im 1. Frankfurter Auschwitz-Prozess Josef Klehr und Hans Stark und erstattete Strafanzeige gegen die benannten SS-Leute.

Doch Staatsanwalt Weber sah sich nicht gehalten, Fahndungsmaßnahmen gegen die von Rögner benannten, des vielfachen Mordes verdächtigten Personen einzuleiten. Eine Ausdehnung des Verfahrens auf weitere SS-Angehörige von Auschwitz, ein Sammelverfahren, war zunächst nicht beabsichtigt. Hinweise auf Anstrengungen der StA Stuttgart,

Zeugen für strafbare Handlungen Bogers zu ermitteln, finden sich in den Akten nicht. Weber hielt einem Vermerk vom 13. Mai 1958 zufolge Anfang Mai 1958, zwei Monate nach Eingang der Strafanzeige Rögners, Vortrag bei seinem Behördenleiter. Selbst suchte er den Anzeigeerstatter zur Vernehmung nicht auf, er ordnete vielmehr mit Billigung seines Vorgesetzten eine Dienstreise eines Gerichtsreferendars zur Landesstrafanstalt Hohenasperg an, in die Rögner krankheitshalber überstellt worden war. Die Vernehmung, so hielt Weber in dem Vermerk fest, »war erforderlich, weil einerseits der Anzeigeerstatter nach sicherer Erkenntnis aus vorangegangenen Anzeigen ein geltungssüchtiger Psychopath ist und aber andererseits seine Anzeige gegen Boger nach der Bedeutung der Anschuldigung nicht von der Hand gewiesen werden kann, sondern sorgfältige Ermittlungen erfordert«.[11]

Rögner wurde am 6. Mai 1958[12] endlich vernommen. Aus dem der Vernehmungsniederschrift vorangestellten Bericht des Gerichtsreferendars geht hervor, wie schwierig sich die Vernehmung gestaltete. Das sieben Seiten umfassende Protokoll mit fünf Anlagen enthielt wiederum zahlreiche Namen von Auschwitz-Personal. Neben dem bereits benannten Hans Stark u.a. mit zutreffenden Angaben die Namen »Rottenf. Pery Broad, Brasilianer, lebt vermutlich in Braunschweig« und »Unterscharf. Dylewski – lebt in Krefeld«.

Von der Ermittlungsbehörde nicht um Hilfe gebeten, wandte sich der Generalsekretär des Internationalen Auschwitz-Komitees, Hermann Langbein (1912 – 1995) (Wien), von Rögner[13] über die Anzeige informiert, mit Schreiben vom 9. Mai 1958[14] an die StA Stuttgart, bekräftigte die gegen Boger vorgebrachten Tatvorwürfe und bot die Mitarbeit seiner Organisation an. Die StA bat daraufhin, elf Wochen nach dem Eingang von Rögners Anzeige, am 21. Mai 1958[15] das IAK um Mitteilung von Erkenntnissen über den Beschuldigten Boger. Langbein bestätigte in seinem Antwortschreiben,[16] der Beschuldigte Boger sei seinem Komitee wohl bekannt, übersandte in der Anlage eine persönliche Aussage im Fall Boger[17] und fragte an, ob sich der Beschuldigte bereits in Untersuchungshaft befinde. Mit Hinweis auf drohende Fluchtgefahr machte Langbein die Verhaftung Bogers zur Bedingung für die in Aussicht gestellte Kooperation des IAK. Langbeins Forderung, erst Boger in Untersuchungshaft zu nehmen und dann Zeugen zu benennen, die beweiskräftige Aussagen über den Beschuldigten machen könnten, erschwerte die Arbeit der Verfolgungsbehörde erheblich. Die ausbleibende Antwort der Ermittlungsbehörde, die noch keine rechtsstaatliche Handhabe sah, Boger in Haft zu nehmen, veranlasste Langbein, sich abermals an die StA mit dem Hinweis zu wenden, dass Boger in Auschwitz »eine Vielzahl von Morden begangen« habe und erbat Mitteilung, ob sich der Beschuldigte »in Haft« befinde.[18] Die StA, die trotz der Aussage Langbeins und seiner Bestätigung der von Rögner vorgebrachten Tatvorwürfe keinen dringenden Tatverdacht der strafbaren Beteiligung Bogers an Tötungsdelikten erblickte und deshalb von einem Antrag auf Erlass eines Haftbefehls absah, ersuchte das IAK ungeachtet der von Langbein aufgestellten Bedingung mit Schreiben vom 15. Juli 1958 »um Übersendung« von »Unterlagen (Anschriften u. Aussagen von Zeugen über die Straftaten des Boger [...]), um nach Prüfung des Beweismaterials, erforderlichen Falls Haftbefehl gegen Boger erlassen zu können«.[19]

Über die Zögerlichkeit der Stuttgarter Staatsanwälte äußerst befremdet, betonte Langbein in seiner Antwort[20] abermals, das IAK wolle erst dann einen Zeugenaufruf an ehemalige Auschwitz-Häftlinge veröffentlichen, wenn Boger in Haft sei. Zur Unterstützung der Ermittlungsmaßnahmen legte er seinem Schreiben ein Foto Bogers bei. Langbeins große Sorge war, der Fall Boger könne zu einem Fall Eisele[21] werden. Der KZ-Arzt hatte sich durch Flucht ins Ausland dem Zugriff entzogen In einem weiteren Schreiben an das Justizministerium[22] trug Langbein seine Besorgnis vor. Nicht ohne Grund befürchtete er, »dass Boger von einer Seite, die ihn als ehemaligen SS-ler decken will, gewarnt werden könnte«.[23]

Langbeins Weigerung, Zeugen zu benennen und Beweismaterial zur Verfügung zu stellen, zeigte die Hilflosigkeit der Strafverfolgungsbehörde auf, die ihrerseits keine Anstalten machte, Beweismittel herbeizubringen.[24]

Auf Ersuchen der Stuttgarter StA vom 2. August 1958[25] vernahm das Landeskriminalamt Baden-Württemberg Rögner zwei Wochen später in der Landesstrafanstalt Bruchsal.[26] Rögner bezeugte in seiner zweiten Vernehmung abermals die angebliche Täterschaft von Stark, Dylewski, Klehr und anderen SS-Angehörigen. Er benannte darüber hinaus als Zeugen (mit Angabe der Anschrift) die Auschwitz-Überlebenden Emil Behr[27], Arthur Balke[28], Hugo Breiden[29] und Hermann Distel.[30] Rund drei Wochen vergingen, bis Staatsanwalt Weber die polizeiliche Vernehmung der benannten Zeugen in Auftrag gab.

Angesichts der schleppenden Ermittlungstätigkeit der Stuttgarter StA erkannte Langbein die Notwendigkeit einer teilweisen Kooperation, übersandte schließlich mit Schreiben vom 30. August 1958[31] an die StA Stuttgart die Übersetzung eines auf Herbst 1944 datierten Kassibers der Internationalen Widerstandsbewegung[32] in Auschwitz, in dem der Beschuldigte Boger genannt sei. Weiter Kopien des Bunkerbuchs, veröffentlicht in *Hefte von Auschwitz*, H. 1, 1958 (poln. Ausg.; die dt. Ausg. erschien erstmals 1959), sowie die Namen und Anschriften von ehemaligen Auschwitz-Häftlingen, die aus eigenem Wissen über Boger aussagen könnten. Es handelte sich um: Arthur Hartmann[33], Ludwig Wörl[34], Henryk Bartoszewicz[35], Eryk Stanisław Pawliczek[36] und Stanisław Kamiński.[37] Darüber hinaus ergänzte Langbein seine Aussage vom 29. Mai 1958[38] und kündigte an, am 9. September 1958 in Stuttgart zu sein und bei der Staatsanwaltschaft »in der Angelegenheit Boger« vorsprechen zu wollen.

Am 5. September 1958 bemühte sich Staatsanwalt Weber erstmals um die Herbeischaffung von Beweismitteln durch Vernehmung der genannten Zeugen. Er erteilte den Kriminalpolizeien von Kiel und München den Auftrag, die von Langbein benannten Zeugen Hartmann und Wörl zu vernehmen. Den Hinweisen von Rögner auf die Zeugen Behr, Balke, Breiden und Distel ging der Staatsanwalt erst am 11. September 1958 nach. Tage vor seinem Besuch in Stuttgart, am 3. September 1958, stellte Langbein eine eidesstattliche Erklärung des in Österreich wohnhaften Josef Rittner[39] zur Verfügung und nannte als weiteren Zeugen die Auschwitz-Überlebende Orli Wald. Ihre Vernehmung gab der Stuttgarter Staatsanwalt gleichfalls am 11. September 1958 in Auftrag.[40] Langbein, über das aus seiner Sicht sehr zögerliche Vorgehen der Ermittlungsbehörde nicht wenig verwundert, wurde – wie angekündigt – bei der StA und im Justizministerium vorstellig. Während seiner Vorsprache benannte er als weiteren Zeugen Paul Leo Scheidel.[41] In einem Vermerk vom 11. September 1958[42] hielt Staatsanwalt Weber betreffs Vorsprache Langbeins fest, der Generalsekretär des IAK habe sich »in unsachlicher Kritik an den Ermittlungsmaßnahmen« ergangen, die er aber »in gebührender Weise« zurückgewiesen habe. Langbeins Intervention zeigte gleichwohl Wirkung. Am Tag der Abfassung des Vermerks, in dem Weber gleichfalls festhielt, Langbein habe sich »offenbar [...] anschließend beschwerdeführend an das Ministerium gewandt«,[43] beauftragte er die Kriminalpolizeien in Karlsruhe, Esslingen, Frankfurt am Main, Hannover und München, die von Rögner in seiner Vernehmung benannten Zeugen (Behr, Balke, Distel und Breiden) und die von Langbein genannten Zeugen (Wald und Scheidel) zu vernehmen und fuhr selbst endlich nach Bruchsal, um den Anzeigeerstatter zu befragen und ihn um die Herausgabe von Belastungsmaterial zu bitten. Da Rögner die Unterlagen nicht zur Verfügung stellen wollte, ließ sie Weber kurzer Hand beschlagnahmen.[44] Die

Vernehmungen der von Rögner benannten Zeugen Balke[45], Distel[46] und Behr[47] erbrachten allerdings keine den Beschuldigten Boger belastenden Aussagen. Keiner der ehemaligen Auschwitz-Häftlinge kannte Boger. Erst die Vernehmung von Scheidel[48] begründete den für den Antrag auf Haftbefehl erforderlichen dringenden Tatverdacht. Mit Schreiben vom 21. September 1958[49], das Langbein an OStA Robert Schabel persönlich richtete und das nicht zu den Hauptakten genommen wurde, rekapituliert Langbein seine Korrespondenz mit der StA und bemängelt eingehend die aus seiner Sicht unzureichenden Ermittlungsmaßnahmen.

Das Amtsgericht Stuttgart erließ auf Antrag der StA vom 1. Oktober 1958[50] am Tag darauf Haftbefehl[51] gegen Boger. Den zeugenschaftlichen Angaben von Scheidel zufolge war Boger dringend verdächtig, in Auschwitz aus Mordlust einen Menschen getötet zu haben. Der Haftbefehl wurde am 8. Oktober 1958 an Bogers Arbeitsplatz (Ernst Heinkel AG, Zuffenhausen) vollstreckt.

In einem an Langbein persönlich gerichteten Schreiben[52] informierte Schabel den Generalsekretär des IAK über die Verhaftung Bogers und bat darum, »die StA bei der Beschaffung von geeigneten Beweismitteln weiter zu unterstützen«. Insbesondere die »Benennung von weiteren Zeugen strafbarer Handlungen Bogers« erschien der Strafverfolgungsbehörde »zunächst [...] nützlich«. Der Behördenleiter schloss seinen Brief mit der Versicherung, »dass die Maßnahmen getroffen werden, die der Bedeutung des Verfahrens entsprechen«. Die »Genugtuung« des IAK über die Verhaftung Bogers brachte Langbein[53] umgehend zum Ausdruck und teilte Schabel mit, am 4. November 1958 abermals in der Behörde vorsprechen zu wollen.

Die Unterredung zwischen Schabel, dem Ersten Staatsanwalt Johannes Ferber (Leiter der Abteilung 1 der StA b. LG Stuttgart) und Langbein fand an dem genannten Tag statt. Der von Ferber am Tag darauf angefertigte Vermerk über die eineinhalbstündige Besprechung gibt Auskunft über die Schwierigkeiten, vor die sich die bundesdeutsche Justiz bei der Ahndung der NS-Verbrechen gestellt sah. Um ausreichende Beweise gegen Boger erbringen zu können, erwies sich die Vernehmung von »im Auslande wohnhafter Zeugen« als notwendig. Die erforderliche »Inanspruchnahme des Rechtshilfeweges« erschien den Ermittlern jedoch sehr zeitaufwändig und schwierig, sofern Rechtshilfeersuchen in den Augen der Justiz mit Blick auf osteuropäische Staaten politisch »überhaupt gangbar«[54] waren. Bemerkenswert ist die von der StA gegenüber Langbein aufgestellte Behauptung, der Fall Boger sei »seit der ersten Anzeigeerstattung [...] zügig« bearbeitet worden. Hervorzuheben ist die nunmehr ausdrücklich bekundete Absicht der Ermittler, das nunmehr eingeleitete »Verfahren nach Möglichkeit auch auf alle anderen Angehörigen des SS-Wachpersonals des Lagers Auschwitz auszudehnen«.[55] Die Erfahrungen, die die Stuttgarter Strafverfolgungsbehörde im Rahmen des Ulmer Einsatzkommando-Prozesses gemacht hatte, kamen hier zum Tragen.

Zur Überraschung der Ermittlungsbehörde hielt Langbein am Tag nach dem ausführlichen Gespräch, in dem er u.a. darum gebeten worden war, »mit Bekanntgaben an die Presse in diesem Verfahren äußerst zurückhaltend zu sein«, in Stuttgart eine Pressekonferenz[56] ab, auf der er Vorwürfe gegen die StA erhob. Die Strafverfolgungsbehörde, sekundiert von Generalstaatsanwalt Erich Nellmann, sah sich veranlasst, ihrerseits auf einer Pressekonferenz (6. November 1958) auf die von Langbein vorgebrachte Kritik zu reagieren. In der Pressemitteilung[57] bleibt freilich unerwähnt, dass Adolf Rögner in seinem Schreiben vom 1. März 1958 die Ermittler auf das IAK und den Zentralrat der Juden verwiesen hatte und dass mit ihm erst zwei Monate nach Eingang seiner Anzeige eine Vernehmung durchgeführt worden war.

Boger wurde am 13. und 14. Oktober 1958[58] durch die StA Stuttgart vernommen. Aus der nur sechsseitigen

Vernehmungsniederschrift ist nicht ersichtlich, inwieweit die Strafverfolgungsbehörde die bislang vorliegenden Ermittlungsergebnisse zum Gegenstand der Vernehmung gemacht hatte.

2. Intermezzo in Ludwigsburg

Das bei der StA Stuttgart anhängige Ermittlungsverfahren gegen Boger führte die gerade eingerichtete Zentrale Stelle ab Dezember 1958 parallel zu den Ermittlungen der Stuttgarter Strafverfolgungsbehörde weiter. Außer gegen Boger und die von Rögner genannten Stark, Broad und Dylewski wurde das Ludwigsburger Vorermittlungsverfahren (2 AR-Z 37/58) auf weitere 15 Angehörige der Politischen Abteilung von Auschwitz[59] ausgedehnt. Ende April 1959 wurden Hans Stark, Pery Broad und Klaus Dylewski in Untersuchungshaft genommen. Das Amtsgericht Stuttgart hatte auf Antrag der Stuttgarter StA die Haftbefehle erlassen.

3. Fritz Bauer tritt auf den Plan

Thomas Gnielka (1928 – 1965), Korrespondent der *Frankfurter Rundschau* in Wiesbaden, übersandte mit Schreiben vom 15. Januar 1959[60] an den Leiter der StA bei dem Oberlandesgericht (fortan: OLG) Frankfurt am Main (fortan: FFM), Generalstaatsanwalt Fritz Bauer, Dokumente, die für Hessens obersten Strafverfolger[61] willkommener Anlass waren, beim BGH gemäß § 13a StPO die Frage der Zuständigkeit hinsichtlich des Komplexes Auschwitz entscheiden zu lassen. Gnielka hatte von dem Holocaust-Überlebenden Emil Wulkan (1900 – 1961) Unterlagen erhalten, die dieser nach eigenen Angaben[62] im Mai 1945 in Breslau bekommen hatte. In den sieben Blatt umfassenden Dokumenten aus dem Jahre 1942[63] kamen die Namen von angeblich auf der Flucht erschossenen Häftlingen sowie 37 Namen von SS-Männern vor, die an den Erschießungen beteiligt waren. Unter anderem fand sich im Schreiben der Kommandantur vom 15. August 1942 der Name des späteren Angeklagten

Stefan Baretzki. Gegen die SS-Leute waren pro forma Ermittlungsverfahren eingeleitet worden, die sodann formularmäßig vom Breslauer SS- und Polizeigericht eingestellt wurden. In den Schreiben bat die Kommandantur von Auschwitz um die »Einstellung der Ermittlungsverfahren« gegen die SS-Schützen, »da die Posten gemäß ihren Dienstanweisungen und nicht rechtswidrig«[64] gehandelt hätten sowie um die Freigabe der Leichen zur »Feuerbestattung«. Die Tötung der Häftlinge wurde mit dem Schein der Legalität versehen.

Bauers Mitarbeiter, Erster Staatsanwalt Wilhelm Metzner (*1909), reiste am 20. Januar 1959 nach Ludwigsburg und überbrachte der Zentralen Stelle Kopien des Schreibens Gnielkas und der »Breslauer Dokumente«. Mit Schreiben vom 29. Januar 1959 an Bauer bestätigte der Leiter der Ludwigsburger Einrichtung, OStA Erwin Schüle, die Übernahme des »Verfahrens wegen Erschießungen von Häftlingen ›auf der Flucht‹«[65]. Kopien der genannten Schriftstücke sowie ein »Verzeichnis vom 4.9.1958 betr. SS-Leute, die in Auschwitz Dienst gemacht hatten«[66], leitete Bauer[67] mit Schreiben vom 15. Februar 1959 auch dem Generalbundesanwalt »mit der Anregung« zu, »eine Entscheidung des Bundesgerichtshofs nach § 13a StPO herbeizuführen«.

Der Umstand, dass Bauer die bereits laufenden Ermittlungen in Sachen Auschwitz der Zentralen Stelle nicht überließ, vielmehr ein Verfahren durch die StA beim Landgericht (fortan: LG) FFM anstrebte, ist bemerkenswert. Bauer wollte offensichtlich nicht abwarten, bis durch die Vorermittlungen in Ludwigsburg die Sache reif für die Abgabe an eine zuständige StA ist. Er strebte an, das Verfahren von Beginn an in Frankfurt am Main durchführen zu lassen. In einem Schreiben vom 27. August 1959 an Hermann Langbein führte er aus: »Ich kann Ihnen und dem Internationalen Auschwitz-Komitee nur nachdrücklich versichern, dass es der durch keinerlei Vorbehalte irgendwelcher Art eingeschränkte Wunsch der Frankfurter Staatsanwaltschaft ist, endlich den

Komplex Auschwitz ohne Ansehen der von ihm betroffenen Personen aufzuklären und anzuklagen.«[68]

Der 2. Strafsenat des Bundesgerichtshofs (fortan: BGH) in Karlsruhe beschloss nach Anhörung des Generalbundesanwalts in der Sitzung vom 17. April 1959 die Untersuchung und Entscheidung in der Strafsache gegen Beyer[69] u.a. wegen Mordes u.a. gemäß § 13a StPO (Gerichtsstandsbestimmung)[70] dem LG FFM zu übertragen (2 ARs 60/59). Aufgeführt sind in dem Beschluss 94 »frühere Angehörige der Kommandantur des Konzentrationslagers Auschwitz«, darunter die späteren Angeklagten Richard Baer, Franz Hofmann, Klaus Dylewski, Pery Broad, Willy Frank, Victor Capesius, Josef Klehr, Emil Hantl, Gerhard Neubert, Herbert Scherpe, Hans Nierzwicki, Oswald Kaduk, Hans Stark und Stefan Baretzki. Neben den 37 in den »Breslauer Dokumenten« aufgeführten »SS-Schützen« werden in dem BGH-Beschluss weitere 57 SS-Angehörige genannt, die in dem Verzeichnis vom 4. September 1958 aufgezählt worden waren.[71] Durch den Beschluss des BGH war der Gerichtsstand beim LG FFM begründet, das Verfahren somit bei der StA des Frankfurter Landgerichts anhängig.

Bei der ihm unterstellten Behörde stieß Bauers Vorhaben auf Ablehnung. Sowohl der Leiter der StA FFM, OStA Heinz Wolf (1908 – 1984), als auch der Leiter der Abt. Politische Strafsachen, Hanns Großmann (1912 – 1999), waren der Auffassung, dass das in Stuttgart anhängige Verfahren auf die hinzugekommenen Beschuldigten ausgedehnt und trotz des BGH-Beschlusses das Verfahren weiterhin in Stuttgart durchgeführt werden sollte.[72]

Die StA Stuttgart gab nach dem BGH-Beschluss ihr Verfahren gegen Boger u.a. mit Verfügung vom 26. Mai 1959[73] sowie die Zentrale Stelle ihre Vorermittlungsverfahren gegen Angehörige der Politischen Abteilung von Auschwitz und wegen Erschießungen von Häftlingen »auf der Flucht« mit Schreiben vom 30. Juni 1959[74] nach Frankfurt am Main ab.

»Im Sommer«[75] 1959 rief Bauer Staatsanwalt Georg Friedrich (Fritz) Vogel (1926 – 2007) und Gerichtsassessor Joachim Kügler (1926 – 2012) zu sich und übertrug den jungen Juristen die Sachbearbeitung des Auschwitz-Komplexes. Das Ermittlungsverfahren gegen Beyer u.a. (4 Js 444/59) der StA b. LG FFM war somit eingeleitet. Kügler zufolge lag Bauer viel daran, Juristen mit der Aufgabe zu betrauen, die nicht in die Verbrechen des NS-Staates verstrickt waren. Obwohl für das nunmehr in Frankfurt am Main anhängige Ermittlungsverfahren gegen 94 Beschuldigte laut Generalakten[76] drei Staatsanwälte und fünf Schreibkräfte hätten abgestellt werden sollen, mussten zwei Staatsanwälte und nur eine Schreibkraft das Ermittlungsverfahren durchführen.

Vogel und Kügler reisten Ende Juni 1959 nach Ludwigsburg und studierten in der Zentralen Stelle die ihnen vorgelegten Akten der von Ludwigsburg eingeleiteten Auschwitz-Verfahren. Bereits am 23. Juni 1959 hatte bei den Frankfurter Staatsanwälten Langbein vorgesprochen und seine Mitarbeit angeboten. Auch in Ludwigsburg traf er mit Vogel und Kügler zusammen. Obgleich sich die Ermittlungen äußerst schwierig gestalteten und Kügler zufolge auf die Polizei »kein Verlass«[77] war, gelang es den beiden Staatsanwälten noch im Jahr 1959 Heinrich Bischoff (21.7.1959)[78], Oswald Kaduk (21.7.1959) und Victor Capesius (4.12.1959) verhaften zu lassen. 1960 erfolgten die Verhaftungen von Stefan Baretzki (12.4.1960), Alois Staller (13.4.1960), Hans Nierzwicki (16.9.1960), Josef Klehr (17.9.1960), Robert Mulka (8.11.1960), Kurt Uhlenbroock (14.11.1960), Emil Bednarek (25.11.1960) und Richard Baer (20.12.1960), 1961 die Inhaftnahme von Emil Hantl (26.5.1961), Arthur Breitwieser (9.6.1961), Jakob Fries (12.6.1961) und Herbert Scherpe (15.8.1961).[79]

Eine von Kriminalbeamten des Landeskriminalamtes Hessen gebildete Sonderkommission, der Kriminalobermeister Heinrich Sauerwein und Kriminalmeister Ihring angehörten, unterstützten als »Hilfsbeamte der Staatsanwaltschaft«[80] die

Tätigkeit der Ermittler. Die Strafverfolgungsbehörde erstellte im Januar 1960 eine Beschuldigtenliste[81], die im Februar 1960 von Langbein[82] ergänzt wurde. Schwierig war nicht nur die Ermittlung des Aufenthalts der Beschuldigten, äußerst mühsam gestaltete sich auch die Herbeischaffung von Beweismitteln. Neben Langbein[83] waren das Institute of Documentation in Israel for the Investigation of Nazi War Crimes/Haifa, Yad Vashem/Jerusalem, der World Jewish Congress/New York sowie Rechtsanwalt (fortan: RA) Henry Ormond (1901 – 1973)[84] hilfreich bei der Suche nach Zeugen. Die StA erstellte einen Fragebogen[85], den sie in der Erwartung an Überlebende von Auschwitz versandte, die zu Beginn des Verfahrens nicht eben einfache Beweissituation durch die Herbeischaffung von verwertbaren Zeugenaussagen zu verbessern.

Ungeachtet aller regierungsamtlichen Berührungsängste und aller ungeschriebenen Gesetze des Kalten Krieges knüpften die Frankfurter Staatsanwälte Kontakte nach Polen. Im August 1960 (12. – 29.8.1960) reisten sie nach Warschau und an den Tatort Auschwitz.[86] Eine Dienstreise in die Volksrepublik Polen, mit der die Bundesrepublik Deutschland keine diplomatischen Beziehungen hatte, war ein ungewöhnliches Unterfangen. Allein die Unterstützung durch die hessische Landesregierung machten die Reise möglich. Als überaus wichtig und hilfsbereit erwies sich das Mitglied der Hauptkommission zur Untersuchung der Nazi-Verbrechen, Jan Sehn (1909 – 1965). Mit Hilfe von Sehn (Direktor des Instytutu Ekspertyz Sądowych w Krakowie)[87] gelang es den Staatsanwälten, wichtige Urkunden aus den Archiven der Hauptkommission und des Staatlichen Museums Auschwitz-Birkenau zu erhalten, die sowohl für die Bewertung der den Beschuldigten zur Last gelegten Tatbeiträge als auch für die Sachkenntnis der Ermittler grundlegend waren.

Wie schwierig es war, polnische Auschwitz-Überlebende zum Zweck der zeugenschaftlichen Einvernahme nach

Frankfurt am Main einzuladen, veranschaulicht der bürokratische Weg, den die Ermittler zu gehen hatten. Das Bundesministerium des Innern bat das Auswärtige Amt, beim in Warschau ansässigen Travel Permit Office for Germany der Botschaft der Vereinigten Staaten von Amerika einen Einreisesichtvermerk für einen Zeugen zu beantragen.

4. Ein engagierter Untersuchungsrichter

Nach zwei Jahren Ermittlungsarbeit stellte die Strafverfolgungsbehörde am 12. Juli 1961 beim LG FFM Antrag auf Eröffnung der gerichtlichen Voruntersuchung.[88] Der 168 Seiten umfassende Antrag enthält einen historischen Teil, in dem auf der Grundlage des damaligen Forschungsstands[89] unter anderem die »Entwicklung der Judenverfolgung«, die »Organisation und Aufgabe der SS«, die »Konzentrationslager«, die »Durchführung des Vernichtungsprogramms« und die Geschichte des »Konzentrationslagers Auschwitz« dargelegt werden. In Übereinstimmung mit der herrschenden Rechtsprechung betrachtete die StA Hitler, Göring, Himmler und Heydrich als Haupttäter, die Beschuldigten als Mittäter oder Gehilfen, insofern sie sich »an der Vollstreckung eines einheitlichen Vernichtungsprogramms beteiligt« hätten, »Teil der Vernichtungsmaschinerie von Auschwitz«[90] gewesen seien.

Angeschuldigt wurden: 1. Richard Baer, 2. Robert Mulka, 3. Victor Capesius, 4. Kurt Uhlenbroock, 5. Willy Frank, 6. Willi Schatz, 7. Franz Hofmann, 8. Oswald Kaduk, 9. Stefan Baretzki, 10. Johann Schoberth, 11. Bernhard Rakers, 12. Heinrich Bischoff, 13. Jakob Fries, 14. Wilhelm Boger, 15. Hans Stark, 16. Pery Broad, 17. Klaus Dylewski, 18. Max Lustig, 19. Josef Klehr, 20. Hans Nierzwicki, 21. Emil Hantl, 22. Arthur Breitwieser, 23. Emil Bednarek, 24. Alois Staller, »durch mehrere selbständige Handlungen, teils allein, teils gemeinschaftlich mit anderen, aus Mordlust und sonst aus niedrigen Beweggründen, heimtückisch und grausam sowie teilweise mit gemeingefährlichen Mitteln – für die Zeit vor dem 4.9.1941 auch vorsätzlich und mit Überlegung – Menschen getötet zu haben oder dies versucht zu haben oder hierzu durch Rat und Tat wissentlich Hilfe geleistet zu haben«[91], mithin Verbrechen nach §§ 211 aF u. nF[92], 43 aF (Versuch), 47 aF (Mittäterschaft), 49 aF (Beihilfe), 74 aF (Realkonkurrenz, Tatmehrheit) StGB begangen zu haben.[93] Der Antrag auf Eröffnung der gerichtlichen Voruntersuchung führt dann die konkreten Tatvorwürfe gegen die Angeschuldigten im Einzelnen auf. Wichtig ist hervorzuheben, dass die Anklagebehörde sowohl von der Mitwirkung der Angeschuldigten an einem »einheitlichen Vernichtungsprogramm« und ihrer Beteiligung bzw. Mitwirkung an der in Auschwitz errichteten »Vernichtungsmaschinerie« spricht, als auch von dem Erfordernis ausgeht, den Angeschuldigten konkrete Einzeltaten zuzurechnen.

1. Richard Baer (*1911), SS-Sturmbannführer, Kommandant von Auschwitz I (Stammlager) in der Zeit von Mitte Mai 1944 bis zur Evakuierung des Lagers im Januar 1945, hat Befehle zur Tötung einer Vielzahl von Menschen, insbesondere von Juden aus Ungarn, erteilt;

2. Robert Mulka (*1895), SS-Hauptsturmführer, Adjutant des Lagerkommandanten Rudolf Höß von Anfang 1942 bis März 1943, hat den Befehl zum Transport des Gases Zyklon B nach Auschwitz und zur Verbringung von Deportierten zu den Gaskammern gegeben, hat sich weiterhin bei der »Verwirklichung des nationalsozialistischen Vernichtungsprogramms [...] an den auf die Tötung von Häftlingen gerichteten Maßnahmen beteiligt«[94];

3. Victor Capesius (*1907), SS-Sturmbannführer, Leiter der SS-Apotheke in der Zeit von Ende 1943 bis Ende 1944, hat Selektionen auf der Rampe durchgeführt und überwacht, zusammen mit dem SS-Arzt Josef Mengele Selektionen im Lager vorgenommen, die Tötungsmittel Zyklon B und Phenol angefordert, verwaltet und ausgefolgt;

4. Kurt Uhlenbroock (*1908), SS-Hauptsturmführer, Lager- und Standortarzt in der Zeit vom 17. August 1942 bis zum 2. Oktober 1942, hat SS-Ärzte zum Rampendienst eingeteilt und Selektionen angeordnet;

5. Willy Frank (*1903), SS-Hauptsturmführer, Leiter der SS-Zahnstation in der Zeit von März 1943 bis August 1944, hat sich während der Vernichtung der ungarischen Juden im Sommer 1944 gemäß Dienstplan auf der Rampe in Birkenau an Selektionen beteiligt;

6. Willi Schatz (*1905), SS-Untersturmführer, SS-Zahnarzt in der Zeit von Frühjahr bis Herbst 1944, hat ebenso wie Frank »Dienst auf der Rampe« verrichtet;

7. Franz Hofmann (*1906), SS-Hauptsturmführer, Schutzhaftlagerführer in Auschwitz I (Stammlager) in der Zeit von Dezember 1942 bis Mai 1944, hat Selektionen auf der Rampe überwacht, Lagerselektionen angeordnet, bei sog. Bunkerentleerungen im Block 11 des Stammlagers inhaftierte Häftlinge zur Erschießung an der »Schwarzen Wand« bestimmt, Einzeltötungen durchgeführt;

8. Oswald Kaduk (*1906), SS-Hauptscharführer, Block- und Rapportführer in der Zeit von 1942 bis Januar 1945, hat Selektionen im Lager durchgeführt und eine Vielzahl von Erhängungen, Erschießungen, Einzeltötungen begangen;

9. Stefan Baretzki (*1919), SS-Rottenführer, Blockführer in Birkenau, hat sich an Selektionen auf der Rampe, an Hinrichtungen und an der Liquidierung des Theresienstädter Familienlagers (BII b, März 1944) beteiligt sowie Einzeltötungen vollzogen;

10. Johann Schoberth (*1922), SS-Unterscharführer, Mitglied der Politischen Abteilung in der Zeit von Mitte 1943 bis Mitte 1944, hat mindestens einmal im Sommer 1944 an einer Selektion mitgewirkt, mindestens einmal sich an einer Vergasungsaktion beteiligt und gemeinschaftlich mit einem Angehörigen der Politischen Abteilung Erschie-

ßungen von Häftlingen im Krematorium I (Stammlager) durchgeführt;

11. Bernard Rakers[95] (*1905), SS-Hauptscharführer, Kommando- und Rapportführer im Stammlager und in Buna/ Monowitz in der Zeit von Oktober 1942 bis Dezember 1944, hat zwei Häftlinge getötet;

12. Heinrich Bischoff (*1904), SS-Unterscharführer, Blockführer in der Zeit von 1942 bis 1945, hat eine Vielzahl von Einzeltötungen begangen;

13. Jakob Fries (*1913), SS-Oberscharführer, 1. Arbeitsdienstführer in der Zeit von Sommer 1942 bis Anfang 1943, hat sich an Selektionen auf der Rampe beteiligt und Er-schießungen an der »Schwarzen Wand« durchgeführt;

14. Wilhelm Boger (*1906), SS-Oberscharführer, Angehöriger der Politischen Abteilung in der Zeit von 1943 bis 1945, hat sich an Selektionen auf der Rampe und im Zigeunerlager (BIIe) beteiligt, an Aussonderungen von Häftlingen aus Block 11 (Stammlager) mitgewirkt, eine Vielzahl von Erschießungen an der sogenannten Schwarzen Wand durchgeführt, bei Verhören (»verschärfte Vernehmungen«) Häftlinge zu Tode gefoltert;

15. Hans Stark (*1921), SS-Oberscharführer, Mitglied der Politischen Abteilung in der Zeit von Juni bis Dezember 1941 und März bis November 1942, hat an Erschießungen von Häftlingen, an Selektionen auf der »Alten Rampe« und an einer Vergasung im Alten Krematorium (Stammlager) mitgewirkt;

16. Pery Broad (*1921), SS-Rottenführer, Angehöriger der Politischen Abteilung in der Zeit von 1942 bis Januar 1945, hat sich an Selektionen auf der Rampe beteiligt, Häftlinge bei Verhören getötet, Insassen von Block 11 (Stammlager) zur Erschießung an der »Schwarzen Wand« mit ausgewählt;

17. Klaus Dylewski (*1916), SS-Oberscharführer, Ermittlungsbeamter in der Politischen Abteilung in der Zeit von 1941 bis 1944, hat an Selektionen auf der Rampe

teilgenommen, Häftlinge aus dem Arrestblock 11 von Auschwitz I zur Liquidation an der »Schwarzen Wand« ausgesondert, Erschießungen selbst durchgeführt;

18. Max Lustig (*1891), SS-Obersturmführer, Chef der Gestapo der Stadt Auschwitz in der Zeit von 1941 bis 1944, hat regelmäßig an »Standgerichtsverhandlungen« gegen sogenannte Polizeihäftlinge in Block 11 des Stammlagers teilgenommen;

19. Josef Klehr (*1904), SS-Oberscharführer, Sanitätsdienstgrad (SDG) und Leiter der sogenannten Desinfektoren in der Zeit von 1941 bis 1944, hat an Selektionen auf der Rampe mitgewirkt, Blockselektionen vorgenommen, als Leiter des Vergasungskommandos (Desinfektoren) Massentötungen in den Gaskammern durchgeführt, eine Vielzahl von Häftlingen durch Phenolinjektionen getötet;

20. Hans Nierzwicki (*1905), SS-Hauptscharführer, Sanitätsdienstgrad in der Zeit von 1942 bis 1944, hat an Selektionen im Häftlingskrankenbau (HKB) mitgewirkt, Häftlinge durch »Abspritzen«, d.h. Injektionen von Phenol ins Herz, getötet;

21. Emil Hantl (*1902), SS-Unterscharführer, Sanitätsdienstgrad in der Zeit von 1943 bis 1944, hat an Selektionen im Krankenbau mitgewirkt und durch Phenolinjektionen Häftlinge getötet;

22. Arthur Breitwieser (*1910), SS-Unterscharführer, Mitglied der Lagerverwaltung und Chef der Häftlingsbekleidungskammer von Mai 1940 bis Januar 1945, hat sich an der ersten Vergasung von Häftlingen Anfang September 1941[96] in Block 11 (Stammlager) beteiligt;

23. Emil Bednarek (*1907), Häftling in Auschwitz seit Juli 1940, Blockältester und Capo der Strafkompanie, hat eine Vielzahl von Häftlingen getötet;

24. Alois Staller (*1905), Häftling in Auschwitz seit August 1940, Blockältester und Capo der Strafkompanie, hat eine Vielzahl von Häftlingen getötet.

Die »Auswahl« der Beschuldigten geschah selbstverständlich nach dem Beweiswert der im Verlauf des Ermittlungsverfahrens erbrachten Zeugenvernehmungen, mithin der vorgebrachten und belegbaren Tatvorwürfe. Die StA verfolgte aber auch das Konzept, »einen Querschnitt durch das Konzentrationslager zu geben, vom Kommandanten bis zum Häftlingskapo«.[97] Nur durch eine im Verfahren zu erbringende »Gesamtdarstellung« ließen sich nach Ansicht der Strafverfolgungsbehörde die »Funktion der einzelnen in der Lagerhierarchie«[98] und somit das strafrechtliche Gewicht ihrer individuellen Tatbeiträge feststellen. Die Abbildung der gesamten Lagerstruktur durch eine gezielte Auswahl der Beschuldigten gelang der Staatsanwaltschaft freilich nicht. Von den sechs Abteilungen des Lagers war die Politische Abteilung mit vier Angeklagten gut, die Abteilungen Verwaltung und Fürsorge, Schulung und Truppenbetreuung gar nicht vertreten. Auch die wichtige Unterabteilung Arbeitseinsatz fehlte. Am Ende setzte sich die Anklagebank im Auschwitz-Prozess nach Maßgabe der Ermittlungsergebnisse, des Vorhandenseins eines hinreichenden Tatverdachts und nicht nach einem vorgegebenen Prozesskonzept zusammen.

Gegen die Einbeziehung von Funktionshäftlingen erhoben polnische Überlebende Einwände. Nach einem Gespräch mit Jan Sehn vermerkte Henry Ormond Anfang März 1962, Sehns »Freunde hätten erhebliche Bedenken«[99] geäußert, neben SS-Personal auch Häftlinge anzuklagen.

Die StA übergab dem vom LG FFM beauftragten Untersuchungsrichter Heinz Düx (1924 – 2017) 52 Bände der Hauptakten mit Vernehmungsprotokollen (ca. 600 Vernehmungen), Fragebogen und sonstigen Schriftstücken von rund 800 Zeugen sowie Beiakten und Beweismittel. Mit Verfügung vom 9. August 1961[100] eröffnete Landgerichtsrat Düx antragsgemäß die gerichtliche Voruntersuchung, die er am 19. Oktober 1962 (Schließungsverfügung)[101] schloss. Die Auswertung der Akten zeigt, dass Düx ab Sommer 1961 bis

Oktober 1962 neben den Beschuldigten rund 130 Zeugen, Überlebende und SS-Angehörige, vernahm. Weder Mittel noch Zeit sparte der engagierte Untersuchungsrichter, gegen die beschuldigten SS-Männer sowie gegen Häftlinge, die sich als Handlanger der SS schuldig gemacht hatten, Beweise zu ermitteln.

Die Zahl der Beschuldigten war durch die gerichtliche Voruntersuchung von ursprünglich 24 durch Verbindungs- bzw. Ausdehnungsanträge auf 28[102], der Bestand der Hauptakten um 22 Bände angewachsen. Mit dem Verfahren verbunden wurde die Voruntersuchung gegen:

25. Herbert Scherpe[103] (*1907), SS-Oberscharführer, Sanitätsdienstgrad in der Zeit von 1942 bis 1943, beschuldigt der Teilnahme an Selektionen und der Tötung von Häftlingen durch Phenoleinspritzungen;

26. Franz Lucas[104] (*1911), SS-Obersturmführer, Lager- und Truppenarzt in der Zeit von Frühjahr bis Sommer 1944, beschuldigt der Beteiligung an Selektionen auf der Rampe in Birkenau während der Transporte aus Ungarn;

27. Karl Höcker[105] (*1911), SS-Obersturmführer, Adjutant des Lagerkommandanten Richard Baer in der Zeit von Mai 1944 bis Januar 1945, beschuldigt der Mitwirkung am in Auschwitz durchgeführten Vernichtungsprogramm;

28. Bruno Schlage[106] (*1903), SS-Oberscharführer, Arrestaufseher in Block 11 des Stammlagers in der Zeit von Ende 1941 bis zur Auflösung des Lagers, beschuldigt der Beteiligung an Aussonderungen und Erschießungen von Häftlingen von Block 11 (Stammlager);

29. Gerhard Neubert[107] (*1909), SS-Unterscharführer, Sanitätsdienstgrad in der Zeit von 1943 bis Ende 1944, beschuldigt der Mitwirkung an Selektionen im Häftlingskrankenbau des Lagers Buna/Monowitz.

Hilfreich für den Untersuchungsrichter erwiesen sich neben Hermann Langbein[108] die Untersuchungsstelle für NS-Gewaltverbrechen beim Landesstab der Polizei/Tel Aviv sowie das Landesgericht für Strafsachen/Wien, die im Rahmen von Rechtshilfeersuchen kommissarische Vernehmungen durchführten. Düx reiste auch in die DDR und erhielt vom dortigen Generalstaatsanwalt Josef Streit (1911 – 1987) durch die Übergabe von Beweismitteln wichtige Unterstützung.[109]

Am LG FFM stieß der Untersuchungsrichter auf »Widerstände«, das Verfahren in der Weise durchzuführen, wie es die StA beabsichtigte. Düx zufolge »war es [...] manchen Personen [...] ein Dorn im Auge, dass dieser Gesamtkomplex Auschwitz jetzt sozusagen im Rahmen einer Generalbereinigung vor die Justiz gebracht werden sollte. Ich entsinne mich noch, dass einige Personen aus der Justiz an mich herantraten, die an und für sich mit dem Komplex Auschwitz zuständigkeitshalber gar nichts zu tun hatten [...] und mich dazu zu bewegen versuchten, den Auschwitz-Prozess in viele kleine Prozesse zu zerlegen. Ich habe mich solchen Bestrebungen gegenüber aber ablehnend verhalten, denn das wäre praktisch mit einer Versandung des ganzen Komplexes gleichbedeutend gewesen. Also, es hatte nur Sinn, die Massentötungen während des NS-Regimes in dieser komplexen Form vor die Justiz zu bringen.«[110] Und Düx weiter: »Es gab [...] relativ potente Kräfte, die danach trachteten, den Prozess zu verhindern oder zumindest in einer vereinfachenden Form stattfinden zu lassen, nämlich in der Form, dass jeweils nur ganz konkrete Dinge zur Sprache kommen sollten und mit möglichst wenig Angeklagten. Wenn man so verfahren wäre, hätte das bedeutet, dass der eigentliche Hintergrund der ganzen Sache gar nicht aufgehellt worden wäre.«[111]

5. Anklage gegen 24 NS-Verbrecher

Im April 1963 legte die Verfolgungsbehörde in ihrer 700 Blatt umfassenden Schwurgerichtsanklage[112] das Ermittlungsergebnis vor, stellte somit bei der für die Eröffnung von Schwurgerichtsverfahren zuständigen Strafkammer des LG FFM Antrag auf Eröffnung des Hauptverfahrens gegen

24 Angeschuldigte wegen Mordes. Die Verfahren gegen vier Beschuldigte, Fries, Rakers, Uhlenbroock und Staller, waren auf Antrag der StA[113] durch Beschluss der 3. Strafkammer des LG FFM[114] vorläufig eingestellt bzw. die Angeschuldigten außer Verfolgung gesetzt worden.

1. Fries war nicht nachzuweisen, dass er sich mit Entscheidungsbefugnis an Selektionen auf der Rampe beteiligt hatte. Seine Einlassung, auf der Rampe nur Handwerker für Arbeitskommandos ausgesucht zu haben, war dem Beschuldigten nicht zu widerlegen. Die StA wertete Fries' Tätigkeit auf der Rampe als Beihilfe. Da Fries bereits von einem Nürnberger Schwurgericht zu 13 Zuchthaus verurteilt worden war, eine mögliche erneute Bestrafung im Frankfurter Verfahren mithin »nicht ins Gewicht« fiel, erschien der StA die »vorläufige Einstellung des Verfahrens nach § 154 StPO geboten«.

2. Im Falle Rakers, der vom LG Osnabrück wegen seiner im KZ Sachsenhausen und in Auschwitz verübten Verbrechen lebenslanges Zuchthaus erhalten hatte, war die Strafklage verbraucht.

3. Uhlenbroock, nur wenige Wochen Standortarzt in Auschwitz (August/September 1942), war nach den Erkenntnissen der Strafverfolgungsbehörde »nicht hinreichend verdächtig, [...] an der [...] massenweisen Tötung von Menschen beteiligt gewesen zu sein«, da keine Zeugen zu ermitteln waren, die seine Beteiligung hätten bekunden können. Gegen die Außerverfolgungsetzung Uhlenbroocks wandte sich Hermann Langbein in mehreren Briefen an die StA. Langbein war der Überzeugung, dass der kurzzeitige Standortarzt mitverantwortlich war für die Ende August 1942 durchgeführte große Selektion im Häftlingskrankenbau. Wenig erfreut über Langbeins massive Kritik antwortete der Sachbearbeiter Vogel mit Schreiben vom 3. September 1963. Vogel wies den Kritiker Langbein darauf hin, das deutsche Strafrecht kenne weder eine »›Funktionshaftung‹« noch eine »Verdachtsstrafe« und machte Ausführungen zur Rechtsauf-

fassung der StA, die in III.2. dieses Buches erörtert wird.[115]

4. Dem Funktionshäftling Staller, der eine Vielzahl von Häftlingen misshandelt hatte, war nicht nachzuweisen, dass einer der von ihm geschlagenen Lagerinsassen den Tod durch seine Hand gefunden hatte.

Angeklagt wurden 1. Baer, 2. Mulka, 3. Höcker, 4. Boger, 5. Stark, 6. Dylewski, 7. Broad, 8. Schoberth, 9. Schlage, 10. Hofmann, 11. Kaduk, 12. Baretzki, 13. Bischoff, 14. Breitwieser, 15. Lucas, 16. Frank, 17. Schatz, 18. Capesius, 19. Klehr, 20. Scherpe, 21. Nierzwicki, 22. Hantl, 23. Neubert und 24. Bednarek, in Auschwitz in den Jahren 1940 bis 1945 »durch mehrere selbständige Handlungen, teils allein, teils gemeinschaftlich mit anderen [...] Menschen getötet zu haben«.[116] Die den Angeschuldigten zur Last gelegten Handlungen erfüllten den Tatbestand des Mordes § 211 aF und nF sowie §§ 43 aF, 47 aF, 74 aF StGB[117]. Als Beweismittel führte die StA die Einlassungen der Angeschuldigten, die Vernehmungsniederschriften von 252 Zeugen[118], 17 Urkunden enthaltende Anlagebände, Lagerpläne, Fotos sowie eine Anzahl von Beiakten auf.

Das Gesamtergebnis ihrer Ermittlungen stellte die Anklagebehörde in fünf Abschnitten dar. In den Abschnitten B bis D (Allgemeiner Teil) machte sie auf der Grundlage von Urkunden, Vernehmungsniederschriften und der vorliegenden Forschungsliteratur[119] Ausführungen über Organisation und Aufgaben der SS, die Konzentrationslager im Allgemeinen und das Lager Auschwitz im Besonderen, in Abschnitt E wurden die Straftaten der Angeschuldigten aufgeführt. Die genauen und zutreffenden Erkenntnisse der Ankläger über das Gesamtgeschehen in Auschwitz, die Verwaltungsstruktur des Lagers, die Funktionen und Dienststellungen der Angehörigen der Lageradministration ermöglichten ihr eine präzise Darlegung der einzelnen Tätigkeitsbereiche, Verantwortlichkeiten, Befehlsgewalten und somit eine exakte Darstellung und Beurteilung der Tatbeiträge der einzelnen Angeschuldigten.

Da die vormaligen Angehörigen der Auschwitzer SS-Besatzung sowie der Funktionshäftling (Bednarek) wenig zur Erhellung der Tatumstände beitrugen, im Gegenteil in ihren Einlassungen oftmals versuchten, Tatumstand und Tathergang zu entstellen, war die Ermittlung der Sachzusammenhänge durch die Anklagevertretung von herausragender Bedeutung. Die genaue Kenntnis der Befehlswege, der Unterstellungsverhältnisse, der Tätigkeitsbereiche und Zuständigkeiten erlaubte es den Frankfurter Staatsanwälten, das »Ausmaß von Tat und Schuld des einzelnen« festzustellen, indem sie »seine Funktionen innerhalb der nationalsozialistischen Tötungsmaschinerie« herausarbeiteten »und ihm seine verbrecherische Beteiligung im einzelnen konkret«[120] nachwiesen. Die Darlegung der Ermittlungsergebnisse bezüglich der ehemaligen Adjutanten Mulka und Höcker sowie der damaligen SS-Zahnärzte Frank und Schatz, des SS-Arztes Lucas und des SS-Apothekers Capesius macht auf eindringliche Weise deutlich, dass der Nachweis der individuellen Schuld nur möglich war vor dem Hintergrund des Gesamtgeschehens, das die Strafverfolgungsbehörde auf eindrucksvolle Weise zu rekonstruieren wusste. Im Falle der drei Ärzte stützte sich die StA ausschließlich auf Aussagen ehemaliger Angehöriger der SS und den sich hieraus ergebenden zwingenden Schlussfolgerungen, die aus dem darlegten Sachzusammenhang zu ziehen waren.

Mit Verfügung vom 6. August 1963[121] sowie in ihrer Schwurgerichtsanklage gegen Wilhelm Burger und Josef Erber[122], ebenfalls vom 6. August 1963, beantragte die StA, das Verfahren gegen Burger und Erber mit dem Verfahren gegen Baer u.a. zu verbinden, da der Sachzusammenhang die gemeinschaftliche Verhandlung und Entscheidung rechtfertige. Die 3. Ferien-Strafkammer beim LG FFM lehnte mit Beschluss vom 10. September 1963 den Antrag ab, wogegen die Anklagevertretung erfolglos Beschwerde[123] einlegte.

5.1. Hauptverfahren

Die 3. Strafkammer beim LG FFM eröffnete mit Beschluss vom 7. Oktober 1963[124] das Hauptverfahren gegen 23 Angeschuldigte. Richard Baer war am 17. Juni 1963 in der Untersuchungshaftanstalt an einem Herz- und Kreislaufversagen[125], noch nicht 52-jährig, verstorben. Der Eröffnungsbeschluss weist nicht unerhebliche Abweichungen in der rechtlichen Qualifikation der Taten auf, die den Angeschuldigten zur Last gelegt wurden. Während die StA Anklage wegen Mordes gegen alle 24 Angeschuldigte erhoben hatte, befand das LG FFM nach den bisherigen Ermittlungsergebnissen Boger, Dylewski, Broad, Hofmann, Kaduk, Baretzki, Bischoff, Capesius, Klehr, Nierzwicki und Bednarek des Mordes, hingegen Mulka, Höcker, Schoberth, Schlage, Stark, Breitwieser, Lucas, Frank, Schatz, Scherpe, Hantl, Neubert (Dylewski und Broad in besonderen Fällen) lediglich der Beihilfe zum Mord verdächtig. Die StA legte keine Beschwerde ein, um das Verfahren nicht zu verzögern.[126]

5.2. Kein Jude kann den Vorsitz führen

Der Präsident des LG FFM bestimmte mit Verfügung vom 8. Oktober 1963 »den Zusammentritt des Schwurgerichts zu seiner nächsten, der 3. Tagung, auf den 20. Dezember 1963«.[127] Laut Geschäftsverteilungsplan für das Jahr 1963[128] war Senatspräsident Hans Forester (*1902) zum Vorsitzenden der 3. Schwurgerichts-Tagung bestellt. Forester machte jedoch am 9. Oktober 1963[129] gemäß § 30 StPO Anzeige von dem Verhältnis, selbst »rassisch Verfolgter« zu sein. Außerdem sei sein Bruder »in dem KZ Lublin/Majdanek umgebracht« und seine Mutter in das »KZ Theresienstadt« verschleppt worden. Foresters Selbstanzeige beschied die 3. Strafkammer b. LG FFM positiv. Mit Beschluss vom 14. Oktober 1963[130] wurde er »wegen Besorgnis der Befangenheit von der Mitwirkung als Richter entbunden«. Fraglos hätten Verteidiger von einigen Angeklagten geltend gemacht, dass bei einem »Juden« auf der Richterbank ihre Mandanten die Besorgnis hegen mussten, bei Forester könnte Befangenheit vorliegen.

Auch der laut Geschäftsverteilungsplan des LG FFM für das Jahr 1963 als 2. Beisitzer der 3. Schwurgerichtsperiode zugeteilte Amtsgerichtsrat Johann Heinrich (Jan) Niemöller (*1925) zeigte am 11. November 1963[131] an, Sohn von Martin Niemöller, der von 1938 bis 1945 in den Konzentrationslagern Sachsenhausen und Dachau inhaftiert gewesen war, zu sein. Obgleich Niemöller sich nicht für befangen hielt, rechtfertige das angezeigte Verhältnis die Annahme, dass die Angeklagten dies anders beurteilen würden. Auch Niemöller wurde mit Beschluss vom 13. November 1963[132] wegen Besorgnis der Befangenheit von der Mitwirkung als Richter an dem Verfahren entbunden.

Bereits am 1. Oktober 1963 hatten die Rechtsanwälte Hermann Stolting II (1911 – 1988) und Rainer Eggert (1931 – 2006) namens der Angeschuldigten Höcker und Nierzwicki Landgerichtsrat Richard Koch (1906 – 1996), Berichterstatter der 3. Strafkammer b. LG FFM, aus Besorgnis der Befangenheit[133] abgelehnt. Laut Antrag der Verteidigung gehöre Koch »selbst zu dem Kreis der rassisch Verfolgten«, weshalb die Annahme naheliege, Koch habe »Verwandte, sonstige Angehörige oder Freunde und Bekannte in den Massenvernichtungslagern des sogenannten Dritten Reiches verloren«.[134] Koch[135] hielt sich selbst nicht für befangen, die 3. Strafkammer b. LG FFM erachtete den Ablehnungsantrag für unbegründet.[136]

Zum Vorsitzenden für die 3. Tagung des Schwurgerichts bestellte das Präsidium des Oberlandesgerichts Frankfurt am Main mit Beschluss vom 23. Oktober 1963[137] Landgerichtsdirektor Hans Hofmeyer (1904 – 1992).[138] Die beiden Beisitzer waren gemäß Geschäftsverteilung Landgerichtsrat Josef Perseke (1920 – 2005) und an der Stelle Niemöllers Amtgerichtsrat Walter Hotz (1917 – 1974). Hofmeyer ordnete die Zuziehung der Ergänzungsrichter Landgerichtsrat Werner Hummerich (1913 – 1997) und Landgerichtsrat Günter Seiboldt (1923 – 1977) an.

6. Auschwitz vor Gericht: Der Prozess

Die Hauptverhandlung begann am 20. Dezember 1963 im Plenarsaal der Stadtverordnetenversammlung des Frankfurter Rathauses[139] gegen 22 Angeklagte, von denen neun in Haft[140] waren. Das Verfahren gegen den Angeklagten Hans Nierzwicki war auf Antrag der StA vom 5. Dezember 1963[141] mit Beschluss[142] der 3. Strafkammer b. LG FFM vom 11. Dezember 1963 wegen Verhandlungsunfähigkeit des Angeklagten abgetrennt und gemäß § 205 StPO vorläufig eingestellt worden.[143]

Die Prozessbeteiligten

Schwurgericht: Vorsitzender Richter Hans Hofmeyer (1904 – 1992), Beisitzender Richter Josef Perseke (1920 – 2005) (Berichterstatter), Beisitzender Richter Walter Hotz (1917 – 1974), Ergänzungsrichter Werner Hummerich (1913 – 1997), Ergänzungsrichter Günter Seiboldt (1923 – 1977).

Geschworene: Else Häbich, Gerhard Baum, Gertrud Flach, Erna Grob, Wilhelm Hartung, Adolf Holzhäuser. Ergänzungsgeschworene: Ernst Kadenbach, Emma Kotzur, Elise Knodel, Ferdinand Link, Anna Mayer.

An die Stelle von Baum und Hartung traten Kadenbach und Kotzur.

Anklagevertretung: EStA Hanns Großmann (1912 – 1999), StA Georg Friedrich Vogel (1926 – 2007), StA Joachim Kügler (1926 – 2012), StA Gerhard Wiese (*1928).

Nebenklagevertretung: RA Henry Ormond (1901 – 1973)[144] und RA Christian Raabe (*1934).

Nebenkläger: Yehuda Bacon (Israel, vormals Tschechoslowakei), Aron Bejlin (Israel, vormals Polen), Milton Buki (Brasilien, vormals Polen), Albert Ehrenfeld (Schweden, vormals Rumänien), Eugen Kiraly (Israel, vormals Rumänien),

Werner Krumme (Bundesrepublik), Jelena Madaric (Jugoslawien), Noe Nysenbaum (Frankreich, vormals Polen), Sucher Torenhajm (Belgien, vormals Polen), Anna Sara Fels-Kupferschmidt (Niederlande), Luciano Mariani (Italien), Frederic A. Sandow (Fryderyk Adam Schneikart) (England, vormals Polen), Lajos Schlinger (Rumänien), Franziska Vesely (Österreich) und Mieczyslaw Kieta (Polen) (15 Nebenkläger; Klage gegen alle Angeklagten mit Ausnahme von Schoberth, Schlage und Bednarek)[145] vertraten.

Nebenklagevertretung: RA Friedrich Karl Kaul (1906 – 1981).[146]

Nebenkläger: Margarete Dombrowsky, Käthe Jaffe, Erwin Naphtali, Hans Spicker, Paula Rosenberg und Günter Schall (allesamt DDR). Klage gegen Mulka, Höcker und Klehr.

Die Nebenkläger, die Eltern, Kinder, Geschwister oder Ehegatten in Auschwitz verloren hatten, schlossen sich in den genannten Fällen der öffentlichen Klage der StA gegen die Angeklagten an.

Verteidigung: RA Rudolf Aschenauer (1913 – 1983) vertrat die Angeklagten Boger und Lucas; RA Georg Bürger (1926 – 2015) den Angeklagten Schlage; RA Rainer Eggert (1931 – 2006) die Angeklagten Mulka, Höcker, Lucas und Bednarek; RA Benno Erhard (1923 – 2011) den Angeklagten Stark; RA Hans Fertig (1929 – 2015) die Angeklagten Schlage, Klehr und Breitwieser; RA Eugen Gerhardt (*1928) die Angeklagten Baretzki und Neubert[147]; RA Gerhard Göllner (1907 – 1980) die Angeklagten Hofmann und Klehr; RA Rudolf Heymann (†1968) den Angeklagten Hofmann; RA Engelbert Joschko (1918 – 2012) die Angeklagten Schoberth, Baretzki und Hantl; RA Friedrich Jugl (1922 – 1976) den Angeklagten Kaduk; RA Hans Herbert Knögel (1924 – 1978) den Angeklagten Scherpe; RA Hans Laternser (1908 – 1969) die Angeklagten Broad, Frank, Schatz, Capesius und Dylewski; RA Herbert Ernst Müller (1915 – 1976) den Angeklagten Mulka; RA Herbert Naumann

(1904 – 1971) den Angeklagten Hantl; RA Anton Reiners (1902 – 1982) die Angeklagten Kaduk und Scherpe; RA Hans-Joachim Rönsch den Angeklagten Bischoff[148]; RA Hans Schallock (1902 – 1965) die Angeklagten Boger, Bischoff und Neubert; RA Karl Heinz Staiger (1927 – 2007) die Angeklagten Stark, Schoberth und Hofmann; RA Fritz Steinacker (1921 – 2016) die Angeklagten Broad, Frank, Schatz, Capesius und Dylewski; RA Hermann Stolting II (1911 – 1988) die Angeklagten Mulka, Höcker und Bednarek; RA Wolfgang Zarnack (1902 – 1980) den Angeklagten Breitwieser.[149]

Um die prozessualen Schwierigkeiten des Großverfahrens zu meistern, hatte Vorsitzender Richter Hofmeyer laut Vermerk von RA Ormond vom 7. November 1963, der eine eineinhalbstündige »Aussprache« zwischen dem Schwurgerichtsvorsitzenden und dem Nebenklagevertreter festhält, zunächst die Absicht, Zeugen »für bestimmte Komplexe und Angeklagte« zu laden, »die Beweisaufnahme gegen einen oder mehrere Angeklagte« durchzuführen, »hierzu plädieren zu lassen und dann das Urteil« zu verkünden. Hofmeyer wollte Ormond zufolge eine »Abtrennung von Verfahren innerhalb des Gesamtverfahrens« erreichen, »so dass nach und nach immer weitere Angeklagte und deren Verteidiger aus dem Prozess ausscheiden«. Laut Ormond versprach sich der Vorsitzende »hiervon eine übersichtliche Handhabung und Erleichterung für die Abwicklung des Verfahrens«. Seine Absicht konnte Hofmeyer[150] nicht verwirklichen, auch wenn er von der Richtigkeit einer solchen Prozessführung überzeugt war.

6.1. Beweisaufnahme

An drei Verhandlungstagen wurden die Angeklagten zur Person vernommen, am Ende des dritten Verhandlungstags (6.1.1964) verlas Berichterstatter Perseke, nach § 243 StPO den Eröffnungsbeschluss.[151] Die Vernehmung der Angeklagten zur Sache endete nach zwölf Verhandlungstagen am 6. Februar 1964. Der Sitzungsniederschrift ist zu entnehmen, dass im Verlauf der Vernehmungen zur Sache seitens der StA eine Vielzahl von Urkunden in das Verfahren eingeführt wurde. Die Angeklagten, die durchweg die im Eröffnungsbeschluss aufgeführten Tatvorwürfe bestritten, konnten nicht umhin, die Echtheit der Urkunden, die oftmals ihre Unterschriften trugen, zu bestätigen. Durch Vorhalte auf der Grundlage des verfügbaren Beweismaterials versuchte die StA, die Verteidigungspositionen der Angeklagten zu erschüttern. Fragen von Seiten der Nebenklagevertreter beantworteten einige Angeklagte, wohl auf Anraten ihrer Verteidiger, nicht.

6.2. Zeithistorische Gutachten

Die StA informierte am 29. Januar 1964[152] das Schwurgericht, sie beabsichtige, »an mehreren der [...] Sitzungstage zu Beginn der Beweisaufnahme vier Sachverständige gemäß § 245 StPO zu präsentieren«. Die von Fritz Bauer[153] angeregten Gutachten, als wissenschaftliches Fundament der Beweiserhebung gedacht, sollten nach Auffassung der Strafverfolgungsbehörde allen Verfahrensbeteiligten ein Gesamtbild von dem Geschehen in der Zeit des Nationalsozialismus geben, Aufklärung über den geschichtlichen Hintergrund liefern. Nur auf der Grundlage einer umfassenden zeithistorischen Darstellung war nach Auffassung der StA eine zutreffende Bewertung der gegen die Angeklagten vorgebrachten Tatvorwürfe möglich.

In einer Besprechung im November 1962[154] machte Bauer Sinn und Zweck der Gutachten deutlich. Seiner Ansicht nach hatte in vorausgegangenen NS-Prozessen die Verteidigung durch »prozessuale Argumente de[n] eigentliche[n] Sinn« der NS-Verfahren verschleiert. Mit dem Hinweis, das Gesamtgeschehen, der historisch-politische Kontext seien nicht in den Prozess eingeführt worden und könnten deshalb auch nicht zur Bewertung der den Angeklagten zur

Last gelegten Taten zu Grunde gelegt werden, verfolge die Verteidigung die Strategie, die Handlungen der Täter zu isolieren, sie nicht als Teil des Gesamtgeschehens zu verstehen.[155] Mit Hilfe der Sachverständigen ließen sich dagegen die allgemeinen politischen und historischen Vorgänge in die Hauptverhandlung einführen. Einmal zum Gegenstand des Verfahrens gemacht, konnten die durch die Gutachten aufgeklärten historischen Hintergründe darüber hinaus dazu dienen, die »subjektiven Voraussetzungen bei den einzelnen Tätern« erklären zu helfen.

Die prozessuale Bedeutung der Gutachten unterstrich auch OStA Hanns Großmann in seinem Schlussvortrag, in dem er mehrfach auf die Expertisen der Sachverständigen Bezug nahm, sowie in einem ein Jahr nach dem Ende des Verfahrens gehaltenen Referat. Der Zweck der Gutachten sei gewesen, zeitgeschichtliche Erkenntnisse[156] in die Hauptverhandlung einzuführen, »für die Urteilsfindung die historischen Zusammenhänge als Gegenstand der Hauptverhandlung auszuweisen«.[157] Indem mittels der Gutachten das Gesamtgeschehen, in dessen Rahmen die Angeklagten gehandelt hatten, zum Verfahrensgegenstand gemacht wurde, war überdies eventuellen Einwänden der Verteidigung hinsichtlich des Umfangs des Prozessstoffes vorgebeugt. Wohl nicht zu Unrecht nahm die StA auch an, dass Prozessbeteiligte[158] über die für die Wahrheitsfindung gebotene Sachkunde nicht verfügten.

Das Gericht[159] bat sein Mitglied, Ergänzungsrichter Werner Hummerich, um eine Stellungnahme zu den geplanten Sachverständigengutachten. Im Unterschied zu einem Zeugen, der einzig Tatsachenbekundungen zu machen hat, bringt ein Sachverständiger Erkenntnisse, Auffassungen, Interpretationen, Schlussfolgerungen, Analysen zum Ausdruck. In einer Einschätzung (datiert: 26.1.1964) des angekündigten Gutachtens »Über Gliederung und Aufbau von SS und KZ«[160] führte Hummerich aus, Tatsachen (historischer

Provenienz) könnten allein auf der Grundlage von Urkundenbeweisen in die Hauptverhandlung eingeführt werden, nicht aber von Sachverständigen. Etwaige Deutungen und aus den dargelegten Sachverhalten zu ziehende Schlussfolgerungen lägen ausschließlich in der Zuständigkeit des Tatgerichts. Ein Gutachten[161] sei folglich »in aller Regel [...] wertlos«, da das Gericht »keine Zeitgeschichte« treibe. »Allgemeine Gutachten« führten darüber hinaus zu einer »historisch zwar interessanten, für das Schwurgericht jedoch gefährlichen Ausweitung des Stoffes«.

Bezüglich des Problems der Echtheit und Vollständigkeit von Urkunden erblickte Hummerich hingegen eine Aufgabe der Historiker als sachverständige Zeugen. Ihm zufolge hätte die StA in Vorbereitung des Verfahrens eine von Sachverständigen mit den Methoden wissenschaftlicher Quellenkritik erarbeitete Zusammenstellung von Urkunden vorlegen müssen. Die sodann in den Prozess einzuführenden Urkunden hätten dem erkennenden Gericht »vernünftigen Aufschluss über die Machtbefugnisse der einzelnen Angeklagten und die der Vorgesetzten« geben können.

Die von der StA bezweckte Aufklärung über die den Angeklagten zur Last gelegten Taten hinaus fand beim Gericht keinesfalls Zustimmung. Hofmeyer machte dies rückblickend zu Beginn seiner mündlichen Urteilsbegründung sehr deutlich. So meinte er: »Es ist verständlich, dass in diesen Prozess der Wunsch hineingetragen worden ist, die Grundlagen zu einer umfassenden geschichtlichen Darstellung des Zeitgeschehens zu schaffen, die Hintergründe, die zu dieser Katastrophe führten, zu erkennen, die politische Entwicklung seit dem Ersten Weltkrieg aufzuzeigen und die Phänomene zu ergründen, die zu diesem furchtbaren Geschehen in Auschwitz führten. So wurden dem Gericht fleißige und umfassende Gutachten und zahlreiche Literatur vorgelegt, um ein möglichst vollständiges Bild der psychologischen, politischen, sozialen und rechtsphilosophischen Situation der

Ära des nationalsozialistischen Staates zu ermöglichen. Die verwirrende Vielzahl der hieraus resultierenden Fragen durfte jedoch das Gericht nicht in die Versuchung bringen, den ihm vom Gesetz vorgeschriebenen Weg zu verlassen und sich auf Gebiete zu begeben, die ihm verschlossen sind. Aufgabe jedes Strafverfahrens ist es, die Begründetheit der Anschuldigungen zu überprüfen, die von der StA erhoben werden, und nur die Umstände zu erforschen, die zur Entscheidung über diese Angeschuldigten geklärt werden müssen. Das Gericht hat nicht das Recht, andere Ziele anzustreben, und würde, wenn es den ihm vorgezeichneten Weg verlassen wollte, in eine Uferlosigkeit geraten, die ihm eine Entscheidung unmöglich machen würde.«[162]

Die von den Sachverständigen in die Hauptverhandlung eingeführten Erkenntnisse waren gleichwohl Grundlage der Feststellungen, die im allgemeinen, einführenden Teil des Urteils (1. und 2. Abschnitt) getroffen wurden. Ausdrücklich hob das Gericht hervor, es habe sich den »überzeugenden und fundierten Darlegungen« der Sachverständigen »in vollem Umfang«[163] angeschlossen.

Nach Abschluss der Vernehmung zur Sache, am 7. Februar 1964 (16. Verhandlungstag), trug Hans Buchheim (1922 – 2016) (Institut für Zeitgeschichte, München) zum Beweisthema »Die Organisation von SS und Polizei unter nationalsozialistischer Herrschaft« sein Gutachten vor. Helmut Krausnick (1905 – 1990) und Martin Broszat (1926 – 1989) (beide Institut für Zeitgeschichte) erstatteten am 17. Februar 1964 (17. Verhandlungstag) ihre Gutachten über »Nationalsozialistische Judenpolitik unter besonderer Berücksichtigung der Judenverfolgung« sowie über »Nationalsozialistische Polenpolitik« (Fortsetzung von Broszats Gutachten am 28. Februar 1964 (21. Verhandlungstag)). Über »Die Entwicklung der nationalsozialistischen Konzentrationslager« referierte Broszat am 21. Februar 1964 (18. Verhandlungstag). Da im Verlauf des Verfahrens seitens der Verteidigung die Frage des Befehlsnotstands in den Mittelpunkt gestellt wurde, trug Buchheim am 2. Juli 1964 (60. Verhandlungstag) zum Thema »Das Problem des Befehlsnotstandes bei den vom nationalsozialistischen Regime befohlenen Verbrechen in historischer Sicht« ein weiteres Gutachten[164] vor. Am 14. August 1964 (77. Verhandlungstag) sprach Hans-Adolf Jacobsen (1925 – 2016) (Universität Bonn) über den »Kommissarbefehl«.

RA Friedrich Karl Kaul teilte mit Schreiben vom 21. Februar 1964[165] dem Schwurgericht mit, dass er für den 28. Februar 1964 beabsichtige, den Sachverständigen Jürgen Kuczinski (1904 – 1997) (Humboldt-Universität Berlin) zu dem Beweisthema »Die Verflechtung staatssicherheitspolizeilicher und wirtschaftlicher Interessen als Grundlage für die Errichtung und den Betrieb des Konzentrationslagers Auschwitz und seiner Nebenlager«[166] sowie als sachverständigen Zeugen zu dem Beweisthema »Die Widerstandsbewegung der Häftlinge im Bereich des KZ in Auschwitz, ihre Grundlage, Ziele und Wirksamkeit« den ehemaligen Auschwitz-Häftling und Mitglied des Lagerwiderstands Bruno Baum (1910 – 1971)[167] präsent zu stellen. Nach zwei Ablehnungsanträgen der RAe Laternser und Steinacker[168] wurde Kuczinski am 19. März 1964 wohl gehört, sein Gutachten aber durch Beschluss des Schwurgerichts[169] wegen Einseitigkeit abgelehnt.

Die Gutachten[170] lassen sich an dieser Stelle weder darstellen noch würdigen. Kurz eingegangen sei auf eine von dem Sachverständigen Buchheim vorgetragene Auffassung, die mit der ständigen Rechtsprechung, an der sich auch das erkennende Gericht orientierte, unvereinbar war. Ein Ergebnis der »Untersuchung der geistig-politischen Gesamtsituation«[171], der »Geisteshaltung der Täter«[172] aus historischer Sicht war Buchheim[173] zufolge, dass die Vernichtungsbefehle der Staatsführung nicht als »Befehle in Dienstsachen«, vielmehr als »Befehle in Weltanschauungssachen«, nicht als militärische, sondern als politische Befehle zu verstehen waren, als Befehle mithin, die außerhalb aller normativen Ordnung standen. Das Befehls-Gehorsams-Verhältnis bei Befehlen in Weltanschauungssachen gründete nach ihm nicht mehr in übergeordneter staatlicher Normativität. Der Gehorsam des einen Mordbefehl ausführenden SS-Mannes resultierte nicht aus rechtverstandener, aus geltendem Gesetz sich herleitender staatsbürgerlicher Pflicht und soldatischer, die militärische Ordnung anerkennender Tradition. Der Führerbefehl war »aus jeder normativen Bindung herausgenommen«[174], er setzte »die Entschlüsse der Geschichte in die Tat« um, stand »jenseits der gesetzlichen Ordnung«.[175] Für den Befehlsempfänger war es demnach keine von ihm eigenverantwortlich zu prüfende Frage, ob der Befehl ein Strafgesetz verletzte. Die offensichtliche Ungesetzlichkeit, Rechtswidrigkeit der Führerbefehle war im Bewusstsein der Täter unbeachtlich angesichts der auf der geschichtlichen Sendung sich gründenden Legitimität der verabsolutierten Führergewalt. Wohl war den Befehlsausführenden durchaus irrtumsfrei erkennbar, dass die Befehle die bestehenden gesetzlichen Bestimmungen und die sittlichen Normen ignorierten oder suspendierten. Unter Berufung auf § 211 StGB bzw. § 47 Militärstrafgesetzbuch (MStGB)[176] die Mordbefehle zu verweigern, kam dem im ideologischen Konsens mit der Staatsführung handelnden, in Treuepflicht zum »Führer« stehenden SS-Angehörigen[177] gleichwohl nicht in den Sinn. Gegenüber Befehlen in Weltanschauungssachen gab es keine Gehorsams-, keine Rechtspflicht, die sich auf militärische bzw. staatliche Normen gründete. Gefordert war hingegen der in unverbrüchlicher Treue zum »Führer« bestehende Gehorsam des weltanschaulichen Kämpfers, des befehlsergebenen Gefolgsmannes. Der in Treuepflicht zu Hitler handelnde Untergebene führte Befehle aus, die weder Recht noch Gesetz kannten, jegliche Staats- und Rechtsordnung missachteten. Von einer Tatbestandsverwirklichung im Sinne des § 47 MStGB könne sonach angesichts der spezifischen Art des Befehls nicht gesprochen werden. § 47 MStGB war Buchheim zufolge suspendiert.

Für die herrschende Rechtsprechung waren die Befehle zur Vernichtung der Juden hingegen bloße Befehle in Dienstsachen. Der gehorchende Untergebene, angeblich im Rahmen einer von ihm als gültig erachteten Rechtsordnung handelnd, konnte nicht straffrei bleiben, wenn er im sicheren Wissen um den verbrecherischen Charakter der befolgten Befehle und im Wissen um die Geltung des § 47 MStGB[178] gehandelt hatte.

Buchheim legte weiterhin dar, die Täter hätten im Allgemeinen ein aus ideologischen Gründen »partiell suspendiertes Unrechtsbewusstsein«[179] gehabt, insofern sie glaubten, außerhalb aller Normativität das geschichtlich Notwendige im – angeblich dem deutschen Volk aufgezwungenen – »Rassenkrieg«, aus dem nur der Stärkere als Sieger und Herrscher hervorgehen könne, verwirklichen zu müssen. Überzeugt von der geschichtlichen Notwendigkeit ihres Handelns, in einem sozialen Ausnahmezustand befindlich, in dem es vorgeblich um Leben und Tod des deutschen Volkes ging, handelten sie in ideologischer Übereinstimmung mit der uneingeschränkt und gläubig anerkannten Staatsführung. War die Verbindlichkeit des Befehls für die Täter keine Rechtsverbindlichkeit, sondern außernormativ eine Verbindlichkeit der weltanschaulichen und politischen Treue, so war das Unrechtsbewusstsein keins, das durch die Verletzung von zur Tatzeit und heute geltenden Rechts sich hätte bilden können.

Wiederum stand Buchheims Auffassung der herrschenden Meinung entgegen, die die strafrechtlich zu beurteilende Situation der Täter simplifizierte, um ihre Taten auf der Grundlage des deutschen Strafrechts justiziabel zu machen. Die NS-Täter hatten schlicht geltendes Recht, d.h. NS-Recht[180] verletzt und um die Rechtswidrigkeit ihres Tuns, das ihnen von der obersten Staatsführung befohlen worden war, gewusst.

6.3. Zeugen

Nach den Anhörungen der ersten drei Gutachter, denen sich jeweils eine intensive Befragung der Sachverständigen anschloss, begann am 24. Februar 1964 (19. Verhandlungstag) die erste Zeugenvernehmung. Schwurgericht und Strafverfolgungsbehörde[181] hatten vereinbart, zu Beginn der Hauptverhandlung sogenannte »Milieuzeugen«[182] zu hören, die den Prozessbeteiligten über das Gesamtgeschehen in Auschwitz Aufklärung geben konnten. Überlebende wie Otto Wolken, Häftlingsarzt im Quarantänelager BIIa in Birkenau, dessen Vernehmung[183] sechs Stunden dauerte, Ella Lingens, Hermann Langbein[184], der über vier Stunden aussagte, und SS-Angehörige wie Hans-Wilhelm Münch (Hygiene-Institut), Joachim Caesar (Leiter der Abt. Landwirtschaft) und Konrad Morgen (Reichskriminalpolizeiamt, später SS-Polizei-Gericht Krakau) informierten die Prozessbeteiligten über die Ereignisse im Lager.

6.4. Stimme der Opfer

Die Geschichte des Tonbandmitschnitts des Auschwitz-Prozesses lässt sich aufgrund der schlechten Quellenlage schwer rekonstruieren. Auf Anregung des Vorsitzenden des Schwurgerichts ist in Anbetracht der voraussichtlichen Dauer des Großverfahrens gegen 23 Angeklagte Ende 1963 wohl durch Bauer beim Generalbundesanwalt angefragt worden, ob eine Aufnahme der Zeugenvernehmungen auf Tonband in der Hauptverhandlung zulässig sei. Einem Vermerk Bauers vom 23. Dezember 1963[185] zufolge erging von Karlsruhe die Mitteilung, der BGH werde am 4. Februar 1964 eine Entscheidung zur Tonbandfrage treffen, die abzuwarten sei.

In der Entscheidung legte der BGH[186] dar, eine Aufnahme der Zeugenvernehmungen sei zulässig, wenn der Verwendungszweck des Mitschnitts klar bestimmt und den Aussagepersonen bekannt gemacht sei und wenn Zeugen ihr ausdrückliches oder stillschweigendes Einverständnis zur

Aufnahme ihrer Vernehmung auf Tonband gegeben hätten. Der BGH hatte über eine Rüge zu befinden, die die StA b. LG Darmstadt in ihrer Revision erhoben hatte. In einem Strafverfahren hatte das Landgericht »in der Hauptverhandlung Teile der Einlassung der Angeklagten sowie der Zeugenaussagen und der gutachtlichen Äußerung des Sachverständigen auf Tonband aufgenommen und dieses Tonband bei der Urteilsberatung verwertet«.[187] Gerügt worden war die Verletzung der §§ 244 Abs. 2 und 261 StPO.[188]

Dem BGH zufolge ist das in den Beratungen genutzte Tonband, das die in der Hauptverhandlung gemachten Aussagen enthielt, den Notizen des Berichterstatters oder einem auf Anordnung des Vorsitzenden aufgenommenen Stenogramm gleichzusetzen. Da das Tonband ebenso wie die Notizen des Berichterstatters allein dazu bestimmt seien, »als Gedächtnisstütze für eine möglichst getreue Wiedergabe und Vergegenwärtigung in der Hauptverhandlung gemachter Aussagen bei der Urteilsberatung zu dienen«[189], liege eine Verletzung von § 261 StPO nicht vor.

Die Entscheidung des BGH kam gerade zur rechten Zeit für das Frankfurter Schwurgericht, das sich in dem Großverfahren vor eine kaum zu bewältigende Aufgabe gestellt sah. Mit Beginn der Zeugenvernehmungen (24.2.1964, 19. Verhandlungstag) lief mit Zustimmung der vor Gericht erschienenen Aussagepersonen ein Tonband mit. Der Vorsitzende fragte am Anfang der Einvernahme die Zeugen, ob sie damit einverstanden seien, dass zur Stützung des Gedächtnisses des Gerichts ihre Vernehmung aufgenommen werde. Bis auf die Zeugen Albert Stenzel[190], Józef Gabis[191] und Czesław Sowul[192] haben alle anderen ihr Einverständnis erklärt. Von 34 Zeugen sind die Aussagen wohl aus technischen Gründen nicht aufgezeichnet worden.

Anzumerken ist, dass die Verlesung von Schriftstücken, die zum Gegenstand der Hauptverhandlung gemacht wurden, generell nicht auf Tonband aufgenommen worden ist, gleichviel ob es sich um Vernehmungsniederschriften, Urkunden oder Gutachten[193] gehandelt hatte. Gelöscht wurden die Vernehmungen von Fritz Putzker[194] (Häftling Nr. 103.792), Kurt Jurasek[195] (SS-Apotheke), Fenny Hermann[196] (Häftling Nr. 38.434), Friedrich Schlupper[197] (Lagerverwaltung) und Emanuel Schäfer[198] (SS-Oberführer). Nach Angaben des Beisitzenden Richters Josef Perseke[199] und der Geschworenen Erna Grob[200] wurde bei den Beratungen des Gerichts der Tonbandmitschnitt nur gelegentlich herangezogen. Bei der Absetzung des Urteils (Oktober 1965 bis März 1966) stützte sich Perseke ausschließlich auf seine eigene Mitschrift.

Seitens der Verteidigung wurden gegen die Aufnahme der Vernehmungen auf Tonband keine Bedenken vorgebracht. Ein Jahr nach dem Beginn der Zeugenvernehmungen beantragten jedoch mit Schriftsatz vom 18. Februar 1965[201] (auf der Sitzung vom 25.2.1965) die RAe Laternser und Steinacker, die Tonbandaufnahmen zur Auswertung für die Verteidigung zur Verfügung zu stellen bzw. hilfsweise Abschriften durch das Gericht erstellen zu lassen und diese der Verteidigung zugänglich zu machen. Dem Antrag schlossen sich weitere 15 Verteidiger und der Vertreter der Nebenkläger, RA Christian Raabe[202], an. In Anbetracht der Prozessdauer und des Umfangs der Zeugenaussagen hielten es die Verteidiger für erforderlich, für die Ausarbeitung ihrer Plädoyers den Mitschnitt als Gedächtnisstütze beiziehen zu können. Ihre eigenen Notizen erachteten sie als nicht ausreichend. In ihrem Antrag erhoben Laternser/Steinacker Einwände gegen die Entscheidung des BGH, die Tonbandaufnahme den Notizen des Berichterstatters gleichzustellen. Da die Aufnahme die Aussagen der Zeugen »objektiv« festhalte, sie wörtlich und getreu wiedergebe, sei sie den Notizen, die »subjektiv gefärbt sind oder es zumindest sein können«, nicht gleichzusetzen. Wohl habe die Verteidigung unzweifelhaft »keinen Anspruch auf Einsicht« in die vom Gericht gemachten

Notizen, in den die Zeugenaussagen unverändert und lückenlos wiedergebenden Mitschnitt aber schon. Die Verteidiger wiesen auf einen weiteren Umstand hin. Die Aufnahme der Zeugenaussagen auf Tonband habe dem Gericht, da es sich anders als die Verteidigung keine ausführlichen Notizen habe machen müssen, einen Vorteil verschafft, insofern das Gericht seine volle Aufmerksamkeit den Zeugenaussagen habe widmen können. Darüber hinaus habe die Verwendung des Tonbands den Ablauf der Zeugenvernehmung zum Nachteil der Verteidigung beschleunigt. Hätte das Gericht sich allein auf seine Notizen bei der Urteilsfindung stützen müssen, sich also nicht auf die Tonbandaufnahmen verlassen können, wäre die Befragung der Zeugen weniger schnell verlaufen. Die gemäß der BGH-Entscheidung festgelegte Zweckbestimmung der Tonbandaufnahme schloss nach Laternsers und Steinackers Auffassung die Verteidigung nicht aus. Da die Tonbandaufnahmen der Rechtsfindung des Gerichts dienten und sowohl StA als auch Verteidigung an der Rechtsfindung teilnähmen, erstrecke sich die Einwilligung der Zeugen zur Aufnahme ihrer Aussagen auch auf die Verteidigung.

Auf der Sitzung vom 5. April 1965 verkündigte das Schwurgericht den Beschluss, den Antrag zurückzuweisen, »da die Tonbänder nur zur Gedächtnisstütze des Schwurgerichts eingeschaltet und damit Bestandteil der Notizen des Berichterstatters geworden sind und andere Prozessbeteiligte keinen Anspruch auf ihre Überlassung haben«.[203] Im Urteil wies das Gericht zwei Hilfsbeweisanträge von Laternser/Steinacker auf Anhörung der Tonbandaufnahme zweier Zeugen mit dem Hinweis zurück, das Tonband sei »kein Beweismittel«[204] im Sinne der Strafprozessordnung, es sei »nur eine Ergänzung der Notizen des Berichterstatters«[205] bzw. nur ein »Teil der Notizen des Berichterstatters«[206] und diene »nur zur Stützung des Gedächtnisses des Gerichts«.

Die Verteidigung hat in der Ablehnung ihres Antrags vom 18. Februar 1965 eine (in einem für die Entscheidung des

Gerichts wesentlichen Punkt) unzulässige Beschränkung und folglich einen absoluten Revisionsgrund gesehen. In ihren Revisionsbegründungen haben deshalb die RAe Gerhardt[207], Göllner[208], Staiger[209], Stolting II/Eggert[210] und Laternser/Steinacker[211] gemäß § 338 Ziffer 8 StPO diese Auffassung vorgetragen, vor dem BGH aber keinen Erfolg gehabt. Dem BGH zufolge war der Revisionsangriff unbegründet. Da der Tonbandmitschnitt nicht »Bestandteil der Akten im Sinne des § 147 StPO«[212] geworden sei, habe kein »Anspruch auf Überlassung der Tonbänder oder Abschriften von ihnen«[213] bestanden. In seiner Entscheidung wies der BGH eine von Adolf Arndt (1904 – 1974) vorgetragene Auffassung zurück, auf die RA Staiger in seiner Revisionsbegründung sich berufen hatte.

Im Zusammenhang mit Erörterungen über die Brauchbarkeit und Verwendbarkeit des Tonbands im Strafprozess[214] ist allgemein davon ausgegangen worden, dass der Tonbandmitschnitt Bestandteil der Akten sei und somit allen Prozessbeteiligten zur Verfügung stehe. Den gerichtsinternen Gebrauch der Tonbandaufnahme hielt Arndt in zwei in den Jahren 1962 und 1966 veröffentlichen Beiträgen für bedenklich, da diese Zweckbestimmung der Tonbandaufnahme »dem Grundsatz der Transparenz und der Öffentlichkeit jeder Ausübung staatlicher Gewalt in einem Rechtsstaat nicht gerecht«[215] werde. Arndt führte aus: »Entweder ist es überhaupt unzulässig, dass das Gericht in der Beratung sein Gedächtnis durch das Abspielen von Tonbändern [...] überprüft, weil es allein ›aus dem Inbegriff der Verhandlung‹ seine Überzeugung schöpfen darf (§ 261 StPO), oder die Tonbandaufnahme gehört zu dieser Verhandlung und ihrem ›Inbegriff‹, dann dürfen die am Verfahren Beteiligten, insbesondere Verteidiger und Staatsanwalt, nicht davon ausgeschlossen werden. Das Tonband [...] [ist] eine in der Verhandlung und durch sie entstandene Aufzeichnung des Gerichts, um jederzeit eine sinnlich wahrnehmbare

Reproduktion der Verhandlung zu ermöglichen, nicht aber [ist sie] eine private Gedächtnishilfe eines einzelnen Richters für sich persönlich.«[216] Der Grundsatz der Offenheit in einem Verfahren gebiete es, so Arndt, dass dem Gericht kein Wissen bzw. kein Mittel des Wissens zur Verfügung stehen solle, »das nicht auch für den Verteidiger und den Staatsanwalt zugänglich und nachprüfbar«[217] sei.

Anders der BGH. Nach höchstrichterlicher Rechtsprechung gehöre »eine lediglich als Gedächtnisstütze angefertigte Tonbandaufnahme [...] nicht zum Inbegriff der Verhandlung im Sinne des § 261 StPO« und werde »nicht als solche Bestandteil der Akten gemäß § 147 StPO«.[218] Entscheidend sei der Zweck der Tonbandaufnahme, über den allein das Gericht bestimme. Der Zweck sei maßgeblich dafür, ob das Tonband Aktenbestandteil werde. Da das Gericht die Tonbänder unmissverständlich »nur zu seiner Gedächtnisstütze für ein in der Hauptverhandlung [...] erworbenes Wissen aufgenommen« habe, seien die Bänder »nicht selbst Erkenntnisquelle oder Teile der Sitzungsniederschriften, sondern ähnlich wie Notizen, Stenogramme usw. nur ein technisches Hilfsmittel für das Gedächtnis, demnach auch nicht Bestandteil der Akten«.[219]

Der als Gedächtnisstütze in den Beratungen verwendete Tonbandmitschnitt diente dem BGH auch als Argument für die Zurückweisung der mit gutem Grund in dem Großverfahren vorgebrachten Rüge, das Gericht habe über das Ergebnis der Beweisaufnahme nicht »nach seiner freien, aus dem Inbegriff der Verhandlung geschöpften Überzeugung« (§ 261 StPO) entschieden. Den angesichts der Prozessdauer und der Zeugenanzahl unstreitig bestehenden Erinnerungsschwierigkeiten des Gerichts hatte dem BGH zufolge durch das technische Hilfsmittel Tonbandaufnahme begegnet werden können. »Alle Mitglieder des Gerichts«, führte das Revisionsgericht aus, »hatten [...] die Möglichkeit, ihre Erinnerung durch Abhören des Tonbandes wieder aufzufrischen, sich jeden

Verhandlungsteil wieder genau zu vergegenwärtigen und dann aus eigenem Wissen zu beraten und abzustimmen.«[220] Ob bei der vom BGH als unbedenklich erachteten Notwendigkeit der Verwendung von Hilfsmitteln in der Urteilsberatung noch von freier Überzeugung die Rede sein kann, nach der das Gericht gemäß § 261 StPO über das Ergebnis der Beweisaufnahme entscheiden muss, hat Hofmeyer in einem Vortrag auf dem 46. Deutschen Juristentag in Frage gestellt. Im Rückblick auf das »Mammut-Verfahren«, wie er es nennt, gelangte Hofmeyer zu der Einsicht, die Art der Urteilsfindung im Auschwitz-Prozess grenze »sehr hart an ein schriftliches Verfahren« und sei »daher äußerst bedenklich«.[221] Er legte seine rechtlichen Bedenken ausführlich dar: »Die Strafprozessordnung schreibt vor, dass das Urteil aufgrund des frischen und unmittelbaren Eindrucks des Gerichts von den Angeklagten, den Zeugen und den Sachverständigen gefällt werden soll. Aus diesem Grund verbietet sie eine Unterbrechung des Prozesses auf eine Dauer von mehr als 10 Tagen. Mutet es aber nicht geradezu grotesk an, dass auf der einen Seite ein Verfahren nicht länger als 10 Tage unterbrochen werden soll, während auf der anderen Seite geurteilt werden muss über Aussagen, die fast 2 Jahre zurückliegen? Es ist praktisch ausgeschlossen, dass die einzelnen Gerichtsmitglieder, insbesondere die Laienrichter, nach so langer Zeit die wörtlichen Aussagen und die Person eines jeden Zeugen noch im Gedächtnis haben. Man muss notgedrungen bei der Beratung von Aufzeichnungen der einzelnen Gerichtsmitglieder und eventuell von Tonbandaufnahmen Gebrauch machen, um überhaupt den gesamten Prozessstoff wieder richtig in Erinnerung zu bringen.«[222]

Die 103 Tonbänder enthalten neben den Vernehmungen von 320 Zeugen die Plädoyers von Staatsanwalt Kügler[223], RA Kaul[224], zehn Verteidigern[225], die Replik von Kaul[226], die Schlussworte der Angeklagten[227] sowie die zehneinhalbstündige mündliche Urteilsbegründung.[228]

Der Verlauf der Beweisaufnahme ließe sich anhand des Tonbandmitschnitts, der Mitschrift des Berichterstatters Perseke[229] und der Vernehmungsniederschriften aus dem Vorverfahren nachzeichnen. Anzumerken bleibt, dass die auf Tonband mitgeschnittene Befragung der Zeugen durch das Gericht, die StA, die Vertreter der Nebenkläger und die Verteidigung die immensen Schwierigkeiten vor Augen führt, die ein Beweis der gegen die Angeklagten erhobenen Tatvorwürfe mit sich brachte. Da nach dem Strafprozessrecht der Nachweis der individuellen Schuld des einzelnen Angeklagten zu erbringen war, erwiesen sich angesichts der gebotenen Vorhalte nicht wenige Aussagen als zweifelhaft.

6.5. Ortsbesichtigung hinter dem Eisernen Vorhang

Die Vertreter der Nebenkläger, die durch die Herbeischaffung von Beweismitteln (Urkunden und Zeugen) eine bedeutsame Rolle im Verfahren spielten, die Stimme der Opfer zu Gehör brachten, mithin mehr als nur Gehilfen der StA darstellten, waren für das Zustandekommen des Ortstermins in Auschwitz von ausschlaggebender Bedeutung. Mit Schriftsatz vom 8. Juni 1964 stellte RA Ormond Antrag[230] auf Augenscheinseinnahme des Tatortes Auschwitz. Die Ortsbesichtigung sollte als Teil der Beweisaufnahme zur Klärung von Fragen beitragen, die im Verlauf der Hauptverhandlung sich ergeben hatten. Zweifel der Verteidigung an der Glaubwürdigkeit von Zeugen, am Beweiswert von Aussagen, ließen sich am ehesten durch einen Ortstermin in Auschwitz zerstreuen. RA Kaul[231] schloss sich mit Schriftsatz vom 11. Juni 1964 Ormonds Antrag an und versuchte, die von Vertretern der Verteidigung vorgebrachten Bedenken bezüglich der Vornahme einer Amtshandlung eines deutschen Gerichts auf dem Boden eines anderen Staates zu entkräften.

Mit Schriftsatz vom 22. Juni 1964 legten die RAe Laternser/Steinacker ihre Bedenken dar. »In materieller Beziehung« sei eine Ortsbesichtigung 20 Jahre nach dem Tatgeschehen »ein

Widerspruch in sich selbst«, sei doch der Tatort durch die Einrichtung eines Museums auf dem Lagergelände, durch Instandsetzungen, durch »Verdeutlichungen« derart verändert worden, dass eine »Gewinnung sicherer Beweisanzeichen nach 20 Jahren [...] nicht mehr einwandfrei möglich« scheine. »In formeller Beziehung« setze eine »Durchreise durch die SBZ« bzw. eine »Durchreise durch die Tschecho-Slowakei« eine »Vereinbarung mit der SBZ« bzw. eine zwischenstaatliche Vereinbarung mit Prag voraus. Ebenso habe die Durchführung einer richterlichen Tätigkeit auf polnischem Boden eine Vereinbarung zwischen der Bundesrepublik Deutschland und der Volksrepublik Polen zur Voraussetzung. Überdies sei eine »Reise hinter den Eisernen Vorhang [...] unter den augenblicklichen politischen Verhältnissen in keinem Falle zumutbar«.[232] Gleichfalls mit Schriftsatz vom 22. Juni 1964 gab die Strafverfolgungsbehörde eine »Stellungnahme« ab, in der sie die Durchführung eines Lokaltermins bejahte. Eine Augenscheinseinnahme schien der StA im Interesse der Wahrheitsfindung zweckdienlich, weil sie »im besonderen Maße geeignet« sei, »dem Gericht eine eindeutige Kenntnis der räumlichen Gesamtsituation und räumlichen Zusammenhänge zu geben«.[233]

Ormond[234] war es gewesen, der in Verhandlungen mit Jan Sehn, dem Beauftragten der polnischen Regierung, die Möglichkeiten einer Ortsbesichtigung durch das Schwurgericht erörtert hatte. In der Anlage zu seinem Schreiben vom 8. Juni 1964 übergab er dem Gericht eine vom polnischen Minister der Justiz erteilte Vollmacht Sehns[235], dem Frankfurter Schwurgericht gegenüber zu erklären, die Regierung der Volksrepublik Polen wolle einen etwaigen Antrag des Gerichts auf Abhaltung eines Ortstermins wohlwollend prüfen. Das Gericht hatte über die gestellten Anträge[236] zu entscheiden. Mit Schreiben vom 23. Juni 1964 wandte es sich an den Hessischen Minister der Justiz, stellte den Sachverhalt dar und bat um die Prüfung der Frage, »ob von Seiten des

Ministeriums geeignete Schritte unternommen werden sollen, eine Amtshandlung des Schwurgerichts im Raum des polnischen Staates zu ermöglichen«.[237] Das Justizministerium wandte sich mit Schreiben vom 30. Juni 1964 an den Bundesminister der Justiz und hob hervor, dass die Frage, »ob ein deutsches Schwurgericht in Polen Amtshandlungen vornehmen« könne, einer »Klärung auf diplomatischem Wege« bedürfe, weshalb eine »Stellungnahme des Auswärtigen Amtes zu der Frage« herbeizuführen sei, »ob es auf diplomatischem Wege möglich ist, mit der polnischen Regierung Verhandlungen über einen etwaigen Augenscheinstermin in Auschwitz und den Nebenlagern durch das Schwurgericht«[238] zu führen. Am 23. Juli 1964 fand eine Ressortbesprechung[239] im Bundesministerium der Justiz wegen der Behandlung der Frage des Rechtshilfeersuchens betr. Lokaltermin in Auschwitz statt. Vertreter des Bundesministeriums der Justiz, des Auswärtigen Amtes, des Bundesministeriums des Innern und des Bundeskanzleramtes nahmen an der Besprechung teil. Das Auswärtige Amt und das Bundesjustizministerium sahen die Möglichkeit, mit der Volksrepublik Polen, mit der die BRD keine diplomatischen Beziehungen unterhielt, eine Vereinbarung bezüglich des geplanten Ortstermins zu treffen. Mit Schnellbrief vom 31. Juli 1964[240] an den Hessischen Minister der Justiz bat das Bonner Ministerium um eine erneute Stellungnahme des Schwurgerichts, die dieses mit Datum vom 21. August 1964[241] vorlegte. Eine Entscheidung über die Notwendigkeit einer Beweiserhebung am Tatort, wie sie von den Bonner Stellen erwartet wurde, traf das Gericht jedoch noch nicht. Die Situation war unklar: Das Auswärtige Amt machte die Aufnahme von Verhandlungen mit Polen von dem ausstehenden Beschluss des Schwurgerichts abhängig. Das Schwurgericht wiederum betrachtete den Abschluss einer zwischenstaatlichen Vereinbarung als Voraussetzung für einen eigenen Beschluss über die von Ormond und anderen gestellten Beweisanträge.

Nachdem das Gericht am 16. Oktober 1964 Untersuchungsrichter Düx[242] über seine Wahrnehmungen im ehemaligen Konzentrationslager Auschwitz anlässlich einer Auschwitz-Reise im Juli 1963[243] befragt und Vorsitzender Richter Hofmeyer bei einer Besprechung im Bundesministerium der Justiz[244] am 21. Oktober 1964 eine Klärung offener Fragen erlangt hatte, beschlossen die Frankfurter Richter am 22. Oktober 1964[245], durch ein richterliches Mitglied des Schwurgerichts als beauftragten Richter eine Augenscheinseinnahme durchführen zu lassen. Eine zwischenstaatliche Vereinbarung erachtete das Gericht jedoch als notwendige Voraussetzung für die Durchführung des Lokaltermins.

Da die Ortsbesichtigung nicht von dem gesamten Schwurgericht, sondern durch einen beauftragten Richter durchgeführt werden sollte, war die in Auschwitz vorzunehmende Beweiserhebung nicht Teil der Hauptverhandlung. Die Anwesenheit der Prozessbeteiligten war (§§ 224, 225 StPO) nicht vorgeschrieben. Den Vertretern der Verteidigung und den auf freiem Fuß befindlichen Angeklagten wurde anheimgestellt, an der kommissarischen Augenscheinseinnahme teilzunehmen. Mit Schreiben vom 27. Oktober 1964[246] an den polnischen Justizminister ersuchte das Gericht, dem beauftragten Richter eine Vornahme der Augenscheinseinnahme zu genehmigen. Auf einer Besprechung in Frankfurt am Main, die am 2. Dezember 1964 stattfand und an der von Seiten der Regierung Polens die Beauftragten Jan Sehn und Eugeniusz Szmulewski (1912 – 1990), von Seiten des Gerichts Hofmeyer sowie je ein Mitarbeiter des Bundesjustiz- und Außenministeriums teilnahmen, erklärten die Vertreter der polnischen Regierung[247] das Einverständnis des polnischen Ministers der Justiz mit den im Schreiben vom 27. Oktober 1964 vorgebrachten Wünschen der Frankfurter Richter. Mit Schreiben vom 2. Dezember 1964[248] gab der Justizminister Polens seine Einwilligung zur Vornahme der Ortsbesichtigung, somit zur Ausübung der deutschen Gerichtsbarkeit auf polnischem Boden.

Die Teilnehmer[249] am Lokaltermin flogen am 12./13. Dezember 1964 von Stuttgart über Wien nach Warschau und setzten die Reise per Bus nach Krakau fort. Am Morgen des 14. Dezember 1964 fuhren sie nach Oświęcim und wurden von Sehn, Szmulewski und dem Direktor des Staatlichen Museums Auschwitz-Birkenau Kazimierz Smoleń (1920 – 2012) willkommen geheißen. Sehn hielt eine Ansprache und endete mit den Worten: »Und nun, Herr Amtsgerichtsrat Hotz, bitte, walten Sie Ihres Amtes.«[250] Hotz hatte einen Aufgabenkatalog mit rund 40 Fragen ausgearbeitet, in dem er neben den Zeugen, auf welche die zu prüfenden Beweistatsachen zurückgingen, auch die entsprechenden Angeklagten aufgeführt hatte.

Der Fragenkatalog und das am 7. Januar 1965 verlesene dreiundzwanzigseitige richterliche Protokoll[251] der Augenscheinseinnahme, dem in der Anlage 37 Fotos beigefügt sind, gibt Aufschluss über das Bemühen des beauftragten Richters[252], die durch die Aussagen der Zeugen aufgekommenen Fragen und Zweifel anhand einer genauen Besichtigung des Tatorts zu klären. Sichtverhältnisse wurden überprüft, Sichtmöglichkeiten durch das Abmessen der Örtlichkeiten genauestens getestet, die Erkennbarkeit von Personen durch Sehproben verifiziert, die Hörbarkeit von Stimmen in den Zellen von Block 11 experimentell festgestellt. Die beim Ortstermin gewonnenen Erkenntnisse[253] bestätigten im Großen und Ganzen die Aussagen der Zeugen.

6.6. Kommissarische Vernehmungen in Polen

Mit Schreiben vom 8. Februar 1965[254] an die Anklagevertretung teilte die Hauptkommission zur Untersuchung der Nazi-Verbrechen in Polen mit, eine Reihe von polnischen Belastungs- und Entlastungszeugen, von StA und Verteidigung benannt, könnten nicht zur Hauptverhandlung nach

Frankfurt am Main kommen. Sowohl die Strafverfolgungsbehörde als auch die Verteidigung stellten Antrag auf kommissarische Vernehmung der Zeugen durch einen ersuchten polnischen Richter. Das Gericht wandte sich daraufhin an das Bundesjustizministerium mit dem Ersuchen, die Vernehmung der Zeugen durch polnische Richter zu genehmigen. Bonn ermächtigte das Schwurgericht, das polnische Justizministerium um Rechtshilfe zu bitten und die erforderlichen Vereinbarungen eigenständig zu schließen. Mit Schreiben vom 29. März 1965[255] an die zuständigen Bezirksgerichte der Volksrepublik Polen benannte das Gericht insgesamt 25 Zeugen. Sehn und Szmulewski vereinbarten mit dem Schwurgericht am 31. März 1965[256] die Vernehmung der aufgeführten Zeugen im Beisein von Vertretern der StA, der Verteidigung und der Nebenklage. In der Sitzung vom 5. April 1965 (148. Verhandlungstag) beschloss das Gericht[257] die kommissarische Vernehmung der polnischen Zeugen. In Anwesenheit der Staatsanwälte Vogel und Wiese, des Nebenklägervertreters Kaul sowie der Verteidiger Göllner und Gerhardt wurden in der Zeit vom 21. – 28. April 1965 in Breslau, Łódź, Kattowitz, Krakau und Warschau 20 Zeugen[258] vernommen und die Vernehmungsniederschriften[259] an zwei Verhandlungstagen (30.4. und 3.5.1965) verlesen.

6.7. Schließung der Beweisaufnahme

Bis zur Schließung der Beweisaufnahme am 6. Mai 1965 hatte das Schwurgericht an 134 Verhandlungstagen 360 Zeugen[260] und 8 Sachverständige gehört. Von den 360 Zeugen[261] waren 220 Überlebende (189 Männer und 31 Frauen) von Auschwitz (und anderen Lagern: Ravensbrück, Mauthausen, Sachsenhausen)[262], 85 Zeugen waren Angehörige der SS, 52 waren sonstige Aussagepersonen (Angestellte der I.G. Farbenindustrie AG, Siemens-Angestellte, Angehörige der Angeklagten (Günther Stark, Erna und Rolf Mulka, Ruth Dylewski, Alfred und Werner Schlage, Frieda

Klehr), sachverständige Zeugen wie Danuta Czech (Staatliches Museum Auschwitz-Birkenau), Kurt Hinrichsen (Zentrale Stelle), Nikolaj Alexejew (Universität Leningrad), Michael Musmanno (Richter im Nürnberger Einsatzgruppen-Prozess). 56 Protokolle und andere Schriftstücke, davon 39 Vernehmungsniederschriften von Überlebenden, wurden in der Hauptverhandlung verlesen. Neben den in der Anklageschrift als Beweismittel aufgeführten und in der Hauptverhandlung auf Antrag der StA gehörten Zeugen[263] (173 wurden geladen, davon 153 gehört, von 20 genannten Zeugen wurden Protokolle verlesen) beantragte die Anklagevertretung die Ladung von weiteren 64 Zeugen, von denen 54 gehört wurden. Die Vertreter der Nebenkläger stellten Antrag auf Anhörung von 43 Zeugen (RAe Ormond/Raabe; geladen 39 Zeugen) bzw. von 24 Zeugen (RA Kaul; davon 22 geladen). Seitens der Verteidigung wurden 163 Zeugen benannt, von denen 91 vom Gericht vernommen worden sind.[264]

6.8. Plädoyers der Anklagevertreter

Mit dem 155. Verhandlungstag begannen die Schlussvorträge. Vom 7.5.1965 – 20.5.1965 (sechs Verhandlungstage) plädierten die Ankläger, vom 20.5.1965 – 24.5.1965 (drei Verhandlungstage) die Vertreter der Nebenkläger, vom 31.5.1965 – 29.6.1965 (17 Verhandlungstage lang) trugen 18 Verteidiger ihre Plädoyers vor. Am 179. und 180. Verhandlungstag (29.7. u. 6.8.1965) replizierten Großmann für die Staatsanwaltschaft, Kaul und Ormond für die Nebenklage, Aschenauer, Göllner und Laternser für die Verteidigung auf die Schlussvorträge.

Die Einzelheiten der Beweiswürdigung durch Staatsanwaltschaft, Nebenklage und Verteidigung lassen sich im Rahmen dieses Buches nicht darlegen. Nur durch eine minutiöse Rekonstruktion der Bekundungen der Zeugen im Vorverfahren und in der Hauptverhandlung ließe sich die überaus unterschiedliche Bewertung der Zeugenaussagen durch die Verfahrensbeteiligten nachzeichnen.

OStA Großmann erörterte zunächst in seinem Einführungsplädoyer von der Tatseite her Ursache, Ausmaß und Zeitpunkt der den Angeklagten zur Last gelegten Straftaten sowie von der Täterseite her Fragen des Persönlichkeitsbildes der Angeklagten. Hinsichtlich der Ursache der Taten wies Großmann Deutungen und Erklärungen zurück, die nur als Exkulpationsversuche zu werten seien. Die zur Aburteilung stehenden Taten der Angeklagten seien keinesfalls Kriegshandlungen gewesen, die gängige »Kriegsthese« sei grundfalsch. Die antijüdische Politik des NS-Regimes, die Großmann unter Bezugnahme auf die durch die Sachverständigen in die Hauptverhandlung eingeführten »zeitgeschichtlichen Erkenntnisse« skizzierte, stellte nach Ansicht der StA die »Verwirklichung einer programmatischen Zielsetzung des Nationalsozialismus«[265] dar. Die Mitwirkung der Angeklagten an einem Verbrechen, dessen Ausmaß sowohl im Ganzen als auch in der Feststellung der individuellen Tatbeiträge niemals erfassbar sei, müsse trotz aller prozessualer Schwierigkeiten, auch wider die allerorten vernehmbaren Einwände und Bedenken, geahndet werden. Den strafrechtlichen Primat des Verfahrens hervorhebend, führte Großmann gleichwohl aus, der Prozess diene auch der Bildung eines durch die Nazizeit und die »innere Verstrickung« der Tätergeneration beschädigten Rechtsbewusstseins. Die Bindung der vor Gericht stehenden Auschwitz-Täter (ausgenommen Bednarek) zum Nationalsozialismus und zur SS war nach Ansicht der Anklagebehörde zweifelsfrei festzustellen. Im Durchschnitt waren »die Angeklagten jeweils mehr als 2 Jahre in Auschwitz gewesen«, beteiligten sich auf Befehl und in beflissenem Gehorsam an den Massenverbrechen. Bei keinem, entgegen der im Verlauf des Verfahrens von Rechtsanwälten eingeschlagenen Verteidigungsstrategie, war ein überzeugender Nachweis zu erbringen, dass er sich der Befolgung der verbrecherischen

Befehle zu entziehen versuchte. Die »Flucht in die Problematik der Befehlsverweigerung, in den vermeintlichen Befehls- oder Putativnotstand«[266], die die Angeklagten auf Anraten ihrer Verteidiger antraten, konnte sie vor der bestrittenen Mitverantwortung nicht retten. Befehlsbefolgung war keineswegs die den Angeklagten einzig verbliebene Möglichkeit in Auschwitz. Bei Nichtausführung der Mordbefehle drohte ihnen keine Gefahr für Leib oder Leben. Unter Darlegung der höchstrichterlichen Rechtsprechung zur Frage des Befehlsnotstandes, der von dem Sachverständigen Hans Buchheim und dem sachverständigen Zeugen Kurt Hinrichsen[267] (Zentrale Stelle) vorgetragenen Erkenntnisse sowie der von der Verteidigung (z.B. Werner Best, Bruno Streckenbach) und Anklagebehörde (u.a. Michael Musmanno) benannten Zeugen und ihren Bekundungen konstatierte Großmann, keiner der Angeklagten könne sich auf Befehlsnotstand oder auch nur Putativnotstand berufen. Die Rechtswohltat des entschuldigenden Notstandes könne ihnen nicht zuteil werden. Nach Auffassung der StA hatten die meisten Angeklagten ein Interesse am Taterfolg. Ihr Beitritt zur SS, ihr Werdegang in der Organisation und ihr Verbleiben in dem Todeslager waren als sichere Beweisanzeichen dafür zu werten, dass die Angeklagten konform mit der Staatsführung gingen.

Staatsanwalt Vogel stellte im allgemeinen Teil seines Plädoyers Überlegungen zum Beweiswert der Zeugenaussagen und zum Problem der Glaubwürdigkeit der Zeugen an. Mit Entschiedenheit wies er Behauptungen mancher Angeklagter und Verteidiger zurück, die Belastungszeugen seien »von interessierten Verbänden oder Behörden« beeinflusst worden, hätten »bestellte« Aussagen, »planmäßige falsche Angaben« gemacht. Weiterhin betonte Vogel, in dem Verfahren solle nicht »die deutsche Vergangenheit auf Kosten weniger Angeklagter bewältigt werden«, vielmehr seien die Angeklagten »nach Maßgabe ihrer persönlichen Schuld für die erwiesenermaßen während ihrer Anwesenheit in Auschwitz begangenen Verbrechen des Mordes – oder der Beihilfe dazu – [...]«[268] abzuurteilen. Vogel plädierte im Anschluss zu den Angehörigen der Politischen Abteilung Stark, Dylewski, Broad und Schoberth, Staatsanwalt Wiese[269] zu Boger, sodann Vogel[270] zu den Mitgliedern der Schutzhaftlagerführung Hofmann, Baretzki und Schlage, Wiese[271] zu Kaduk. Weiterhin plädierte Vogel noch zu einem Angehörigen der Lagerverwaltung, zu Breitwieser. Staatsanwalt Kügler[272] hielt seinen Schlussvortrag zu den Angehörigen der Abteilung SS-Standortarzt, Lucas, Frank, Schatz und Capesius, zu den beiden Adjutanten (Kommandantur) Mulka und Höcker, zu dem Funktionshäftling Bednarek sowie zu den Sanitätsdienstgraden Klehr, Scherpe und Hantl. Zu Schatz (Dienstzeit in Auschwitz: Januar 1944 – Herbst 1944), Frank (Dienstzeit in Auschwitz: März 1943 – August 1944), Lucas (Dienstzeit in Auschwitz: Dezember 1943 – Sommer 1944) und Capesius (Dienstzeit in Auschwitz: Dezember 1943 – Januar 1945) führte Kügler aus, die Einlassungen der Angeklagten zur Sache genügten bereits für ihre Verurteilung. Die Angeklagten bestritten nicht, auf der Rampe gewesen zu sein, Rampendienst geleistet zu haben. Sie leugneten aber jegliche Mitwirkung bei den Selektionen und beteuerten, nur herumgestanden zu haben, vollkommen untätig geblieben zu sein. Nach Auffassung der StA hatten die zum Rampendienst eingeteilten Ärzte, Zahnärzte und Apotheker ein sicheres Wissen um Sinn und Zweck der Selektionen. Als SS-Führer auf der Rampe anwesend, dabei für die bei der »Abwicklung« der Transporte tätigen SS-Unterführer Orientierung und Rückhalt, Autorität und Vorbild darstellend, »repräsentierten« sie den Willen, dem die Untergebenen folgten. Die Angeklagten wussten Kügler zufolge um die durch ihre bloße Präsenz ausgeübte Wirkung auf die einfachen Befehlsempfänger. Die von Kügler »Doctores« genannten vier Angeklagten waren somit »für die kleinen Henker der personifizierte Befehl Hitlers«.[273] Die Anwesenheit auf der Rampe, das von den Angeklagten eingeräumte »Herumstehen«, hatte darüber hinaus eine für das reibungslose Funktionieren der Mordaktion wichtige, nämlich die Opfer beruhigende, sie irreleitende und täuschende Wirkung. Als »Glied« in der »Maschinerie«, als »Rad [...] an entscheidender Stelle«[274], am Erfolg der Tat maßgeblich beteiligt, waren die Angeklagten mitverantwortlich, mithin als Mittäter zu beurteilen. Ihren Dienst haben die Angeklagten im Einverständnis mit den gegebenen Befehlen versehen. Nach Auffassung der StA war es ein sicheres Ergebnis der Beweisaufnahme, dass Schatz, Frank, Lucas und Capesius sich aktiv am Selektionsvorgang beteiligten, über Leben und Tod entschieden, wobei die Aussortierung von Arbeitsfähigen, entgegen der Argumentation der Verteidigung, mitnichten als Lebensrettung zu werten war. Die Einweisung ins Lager war nur ein verlängerter Tod. Zudem selektierten die Angeklagten nicht nur, sie fuhren auch zu den Gaskammern, überwachten das Einwerfen des Gases und stellten den Tod der Opfer fest.

Zu den Angeklagten Mulka (Dienstzeit in Auschwitz: Januar 1942 – März 1943) und Höcker (Dienstzeit in Auschwitz: Mai 1944 – Januar 1945) stellte Kügler anhand des Beweismaterials überzeugend den Aufgabenbereich und die Funktion der Adjutanten dar, wies anhand der Urkunden nach, dass die Adjutanten »umfassend auf den reibungslosen Ablauf der Ermordung von Menschen hinzuwirken«[275] hatten, und führte hinsichtlich der subjektiven Tatseite aus, dass sich Mulka und Höcker mit dem Geschehen in Auschwitz identifiziert, sich den Massenmord zur eigenen Sache gemacht hätten. Unzweifelhaft erschien der StA, dass die herausragende Stellung eines Adjutanten des Kommandanten, der nachweislich von der Kommandantur aus die »Abwicklung« der vom Berliner Reichssicherheitshauptamt (RSHA) organisierten Transporte durch die verschiedenen Abteilungen und Stellen zu befehlen und zu organisieren hatte, nur von SS-Führern eingenommen worden sein konnte, die mit den Morden einverstanden waren.

Bis auf vier Angeklagte (Scherpe und Hantl wegen Beihilfe zum Mord 12 Jahre Zuchthaus[276], Breitwieser Freispruch mangels Beweises[277], Schoberth Straffreiheit gemäß § 47 MStGB[278]) beantragte die StA, die Angeklagten wegen Mordes gemäß § 211 StGB zu lebenslangem Zuchthaus zu verurteilen. Bezüglich der Beteiligungsform an den Massenvernichtungen war die StA der Auffassung, dass die Angeklagten allesamt als Mittäter gehandelt hätten. Mit Blick auf den Angeklagten Dylewski führte Staatsanwalt Vogel aus, man könne »einfach nicht jahrelang immer wieder Menschen erschiessen, und sich bei jedem Schuss, der abgegeben wird, jeweils einzureden versuchen, eigentlich wolle man diese Erschiessungen gar nicht als eigene Tat durchführen, sondern nur die Tat eines andern fördern«.[279] Der StA zufolge war es ein eindeutiges Ergebnis der Beweisaufnahme, dass die Angeklagten mit Täterwillen ihre Tatbeiträge geleistet hatten. Für viele sei Auschwitz »die große Stunde des kleinen Mannes in Uniform«[280] gewesen.

6.9. Plädoyers der Opferanwälte

Als erster Vertreter der Nebenkläger hielt RA Kaul am 20. Mai 1965 seinen Schlussvortrag. Hinsichtlich des Problems der Subsumtion der Taten der Angeklagten und der rechtlichen Qualifikation der in Auschwitz begangenen Verbrechen vertrat Kaul[281] die Auffassung, die Verbrechen seien Objekt des Völkerstrafrechts. Da die völkerrechtlichen Prinzipien auch in der Zeit des Nationalsozialismus verbindlich gewesen seien, liege keine Verletzung des Rückwirkungsverbots vor. Kaul zufolge sei die Schuld der Angeklagten, die sich »bei Begehung ihrer Untaten in voller Übereinstimmung mit der zur Tatzeit bestehenden Staatsordnung«[282] fühlten, festzustellen gewesen allein durch die umfassende und gründliche Aufklärung der sozioökonomischen und politischen

Tatumstände. An der Prozessführung Kritik übend, die auf die vom Gesetz vorgeschriebene Begrenzung des Verfahrens auf die strafrechtliche Schuld der Angeklagten strikt achtete, bemängelte Kaul die Einschränkung des Fragerechts im Falle derjenigen Zeugen, die seiner Auffassung nach als Haupttäter und Hintermänner für die Verbrechen in Auschwitz zu gelten hatten. Die Angeklagten Mulka, Höcker und Klehr, von den von Kaul vertretenen Nebenklagen erfasst, hatten ihm zufolge die ihnen zur Last gelegten Handlungen nicht als Einzeltäter begangen. Alle zum Gegenstand des Verfahrens gemachten Handlungen der Angeklagten waren aus seiner Sicht als strafrechtliche Einheit zu betrachten, da die in einer strafrechtlich bedeutsamen Beziehung zueinander stehenden Handlungen einen, wie die Beweisaufnahme ergeben habe, gemeinsamen Ursprung, Hintergrund und Zusammenhang aufwiesen. Die Angeklagten gehörten einer »Gemeinschaft von Mittätern«[283] an und hätten auf Befehl und auf Anweisung der SS, der Ministerialbürokratie, der Wehrmachtsführung und der »Konzernindustrie« gehandelt.[284] Ihre Mitwirkung am Fließband des Todes sei mithin ein »notwendiger und wesentlicher Bestandteil eines einheitlichen, auf die systematische Massenvernichtung von Menschen gerichteten Tatvorganges«.[285] Die Angeklagten, so Kaul, hätten sich »gegen die Menschheitsordnung vergangen, die sich ihren Schutz in den auch zur Tatzeit in Kraft gewesenen völkerrechtlichen Verboten geschaffen«[286] habe. Kaul, betont gesamtdeutsch argumentierend, nannte den Auschwitz-Prozess, der der »echten Bewältigung der Vergangenheit und damit der Sicherung der Zukunft unserer Nation«[287] diene, eine »sittliche Notwendigkeit [...] für die Nation überhaupt«.[288]

Nebenklagevertreter Raabe setzte sich in seinem Schlussvortrag ausführlich mit dem Angeklagten Franz Lucas auseinander. Dessen anfängliches Leugnen, sein Teilgeständnis, seine Berufung auf eine angebliche Notstandslage, insgesamt seine in der Hauptverhandlung praktizierte Verteidigungsstrategie unterzog er einer scharfen Kritik. Den Gipfel der von dem Opferanwalt dem Angeklagten vorgeworfenen Unwahrhaftigkeit sah er in Lucas' Teilnahme an der Ortsbesichtigung. Mit der Reise an den Ort der Verbrechen habe Lucas »vor aller Welt seine Unschuld demonstrieren«[289] wollen. Raabe beantragte für Lucas wegen Beihilfe zum Mord in mindestens 30.000 Fällen 12 Jahre Zuchthaus, für die Zahnärzte Frank und Schatz jeweils wegen Mordes in 30.000 Fällen dreißigtausendmal lebenslanges Zuchthaus. Für die Angeklagten Mulka, Höcker, Boger, Stark, Dylewski, Hofmann, Kaduk, Baretzki und Klehr stellte er Strafantrag auf lebenslanges Zuchthaus, für Scherpe beantragte er 12 und für Hantl 10 Jahre Zuchthaus, bezüglich Breitwieser plädierte Raabe ebenso wie die StA für Freispruch.

Die Einlassungen der Angeklagten und ihre Haltung gegenüber den vorgebrachten Tatvorwürfen machte RA Ormond zum Gegenstand seines Plädoyers. Indem er ihre Schutzbehauptungen, die zum Zweck der Schuldabweisung vorgetragenen Legenden, Mythen, Märchen und Ausreden, einer scharfen Analyse unterzog, zeichnete Ormond nicht nur ein treffendes Bild der Persönlichkeit der Angeklagten, er hielt auch einer ihre Haftung leugnenden deutschen Gesellschaft den Spiegel vor. Ormond zufolge bildeten die Auschwitz-Täter eine »verschwiegene und verlogene Gemeinschaft«[290] und kennten weder Reue noch Skrupel. Ihr schlechtes Gewissen, ihr Bewusstsein der Rechtswidrigkeit zur Tatzeit sei einer selbstgerechten Gewissenlosigkeit gewichen. Mit Blick auf die Bedeutung und die Wirkung des Prozesses, der »einmal in die Geschichte als der größte deutsche Strafprozess eingehen« werde, hob Ormond hervor, ohne das Verfahren, das »der Mitwelt« die Möglichkeit gegeben habe, »die Wahrheit über Auschwitz aus dem Munde der Überlebenden zu hören, hätten die Unbelehrbaren ihre Bagatellisierungs- und Anzweiflungsversuche fortgesetzt«.[291]

Neben der »Abstrafung der Schuldigen« sei es »das große, das bleibende Verdienst dieses mustergültig, überlegen und souverän geführten Prozesses«[292], die Massenvernichtung in Auschwitz als unzweifelhafte, bewiesene historische Tatsache zum Bewusstsein gebracht zu haben. Bezüglich Capesius, »den diabolischsten« und Broad, den »zwielichtigsten und intellektuellsten [...] von allen Angeklagten«[293], beantragte Ormond, Capesius wegen Mordes in mindestens 30.000 Fällen zu lebenslangem Zuchthaus in ebenso vielen Fällen zu verurteilen, Broad zu lebenslangem Zuchthaus.

6.10. Plädoyers der Verteidiger

Siebzehn Verhandlungstage lang plädierten die achtzehn noch im Verfahren verbliebenen Verteidiger. Die RAe Laternser (für Schatz, Frank und Capesius)[294] und Stolting II (für Mulka, Höcker und Bednarek)[295] haben ihre Plädoyers publiziert, RA Gerhardt hat als einziger seinen Schlussvortrag (für Baretzki) zu den Akten gegeben. Der Tonbandmitschnitt enthält die Schlussvorträge von zehn Verteidigern. Aus privaten Beständen[296] liegen die Plädoyers der RAe Erhard (für Stark), Bürger (für Schlage), Steinacker (für Dylewski, Broad und Capesius), Knögel (für Scherpe) und Fertig (für Schlage und Klehr) vor.

Durchweg legte die Verteidigung in ihren Schlussvorträgen größtes Gewicht auf die Problematik des Beweiswertes der Zeugenaussagen. Die Beweislage war nach Ansicht der Verteidigung denkbar schlecht, die Beweisnot groß. Gute, einwandfreie Beweise konnte es der Verteidigung zufolge angesichts des Zeitablaufs nicht mehr geben, Tatsachenfeststellungen ließen sich nicht mehr sicher treffen. Die Möglichkeit von Erinnerungsfehlern und Namen- und Personenverwechslungen, die Vermengung von tatsächlich Gesehenem und später Gehörtem wurde hervorgehoben. Nahezu alles, was die Zeugen bekundet hätten, sei überdies Hörensagen. Bei nicht wenigen Zeugen gelangten die Rechtsbeistände zu der Erkenntnis, sie hätten bewusst die Unwahrheit gesagt und Meineide[297] geschworen, seien vorvernommen worden und hätten bestellte Aussagen gemacht. Gar eine »Aussage im Komplott«[298] sei gemacht worden. Die Verwertbarkeit der Aussagen jüdischer Zeugen sah RA Laternser per se in Frage gestellt, weil jüdische Zeugen eingedenk des erlittenen Schicksals des jüdischen Volkes hassende Zeugen seien. Ihr laut Laternser allzu verständlicher Hass gegen alle am Völkermord Beteiligten mache ihre Bekundungen aber unbrauchbar. Weiter führten Verteidiger aus, die aus dem Ausland vor dem Schwurgericht erschienenen Zeugen[299] hätten in dem Bewusstsein unwahre Aussagen gemacht, von einem deutschen Gericht wegen vorsätzlicher Falschaussage kaum belangt werden zu können. Die Tatsache, dass sich die ausländischen Zeugen schwerlich zu verantworten hätten, für ihre Aussagen nicht einstehen müssten, minderte nach Auffassung nicht weniger Verteidiger[300] den Beweiswert ihrer Aussagen erheblich.

Einige Verteidiger erhoben den Vorwurf, in Frankfurt am Main sei ein »Schauprozess«[301], ein »politischer Prozess«[302], ein »Monstre-Verfahren«[303] bzw. ein »Monstreprozess«[304] geführt worden. Gegenüber der StA und der Nebenklage wurde verschiedentlich vorgebracht, keine kritische Würdigung des Zeugenbeweises vorgenommen, die Zeugenaussagen nicht sorgfältig und gründlich genug geprüft zu haben. Insbesondere die Aussagen der ausländischen Zeugen hätten die Ankläger und Nebenklagevertreter gutgläubig für bare Münze genommen. RA Laternser[305] hielt der StA vor, die Beweiswürdigung nach der Faustregel durchgeführt zu haben, Belastungszeugen seien glaubwürdige Zeugen.

Großes Gewicht legte die Verteidigung auf den Umstand, dass die lange Dauer des Prozesses und der Umfang des Prozessstoffes notwendig zur Folge hätten, dass insbesondere die sechs Laienrichter keine sichere Erinnerungen mehr an die Aussagen der Zeugen haben, mithin aus dem »Inbegriff der

Verhandlung« (§ 261 StPO) keine sichere Überzeugungen schöpfen könnten.

Laternser, der es zutiefst bedauerte, dass die Verteidigung keine gemeinsame Linie finden konnte, führte in seinem allgemeinen Plädoyer vom 10. Juni 1965[306] aus, die in Auschwitz mit RSHA-Transporten angekommenen Juden seien durch den Befehl Hitlers zur »Endlösung der Judenfrage« zur vollständigen Vernichtung bestimmt gewesen. Selektionen auf der Rampe, Laternser zufolge ausschließlich die Auswahl von Arbeitsfähigen unter den bereits zum Tode verurteilten Deportierten, seien deshalb keine Tatbeiträge zum Mord gewesen. Die Auswahl von arbeitsfähigen Juden sei vielmehr als ein Beitrag zur Nichtausführung, zur Verweigerung von Hitlers Befehl zu verstehen, da durch die Selektion von Personen, die ins Lager eingewiesen wurden, die Zahl der in die Gaskammern verbrachten Opfer vermindert worden sei. Der »Selekteur«[307] habe nicht über Leben und Tod entschieden, sondern Leben gerettet, bedeutete doch der »Befehl, an der Rampe in Birkenau zu selektieren«[308], Menschen für die Arbeit, mithin für das Leben auszuwählen, sie also vor dem Tod in den Gaskammern zu bewahren. Eine Erklärung dafür, dass untergeordnete Stellen (möglicherweise das Wirtschafts-Verwaltungshauptamt) angeblich Hitlers Befehl missachteten und die Auswahl von Arbeitsfähigen befahlen, obgleich ihr sofortiger Tod von Hitler entschieden worden war, gibt Laternser nicht. Die Angeklagten, auch die von Laternser vertretenen, schlossen sich seiner abwegigen Auffassung nicht an. Sie leugneten, wie bereits bei ihrer Vernehmung zur Sache, jegliche Beteiligung an Selektionen. Auf das Argument Laternsers, durch die Mitwirkung an Selektionen Leben gerettet zu haben, wollten sie ihre Verteidigungsstrategie offenbar nicht stützen.

Die Frage nach Sinn und Zweck von NS-Prozessen stellte RA Steinacker in seinem Schlussvortrag und führte aus, die von ihm vertretenen Angeklagten seien »›Regimetäter‹«[309], die staatliche Befehle im Bewusstsein der Straflosigkeit befolgt hätten. Nicht Einzelpersonen, vorgeblich die Mordgehilfen, von denen man sich im Nachhinein pharisäerhaft abwende, hätten die Verbrechen begangen. Der Staat, die Bürokratie, der »Verbrechensapparat«, habe vielmehr die Morde verübt. Das »ganze Volk« trage die geschichtliche Verantwortung, sei an den Verbrechen »beteiligt« gewesen. Die Angeklagten Dylewski und Broad, für die Steinacker zunächst plädierte, seien kleine Untergebene gewesen, die ohne jegliches Unrechtsbewusstsein gehandelt hätten. Da überdies der Beweis des Nichtvorhandenseins eines Befehls- bzw. eines Putativnotstandes nicht zu erbringen sei, müsse zugunsten der Angeklagten angenommen werden, sie hätten sich in einem sie entschuldigenden Notstand befunden.

RA Erhard zufolge waren »Regierungsbefehle« keine Befehle in Dienstsachen. Die Angeklagten, die Befehle der Staatsführung befolgt hätten, seien bloße Vollstrecker gewesen, vergleichbar dem Scharfrichter, der ein von einem Gericht gefälltes Urteil vollziehe. In seinem Plädoyer für Stark, fraglos ein beeindruckendes Beispiel für die pflichtgemäße Anstrengung eines Verteidigers, Recht und Gerechtigkeit für seinen Mandanten zu erlangen, führte Erhard aus, sichere Feststellungen hinsichtlich des Vorhandenseins eines Unrechtsbewusstseins seien im Falle Stark nicht zu treffen. Der Angeklagte, bereits als Jugendlicher totaler Indoktrination ausgesetzt, in einer Zeit »grenzenloser Verwirrung der Geister und Gewissen«[310] aufgewachsen, habe kein Unrechtsbewusstsein haben können. Dass er das Unrecht nicht erkannte, könne ihm nicht angelastet werden. Von der Notwendigkeit und Richtigkeit der staatlichen Maßnahmen überzeugt, handelte er im Glauben, sein Tun sei rechtens. Mit verblendetem Gewissen, bar gesunden Rechtsempfindens, habe Stark den vom BGH stipulierten »Kernbereich des Rechts« nicht kennen können. Normen, Werte außerhalb der von der Obrigkeit verordneten, durch Schulung und Belehrung eingeimpften

Vorstellungswelt habe es für zur Hörigkeit erzogene Menschen wie Stark nicht gegeben.

RA Fertig vertrat die Auffassung, zur Tatzeit seien die strafrechtlichen Schutzvorschriften für das Menschenleben[311] teilweise beseitigt bzw. faktisch außer Kraft gesetzt, mithin die §§ 211 u. 212 StGB[312] obsolet gewesen. Die den von ihm vertretenen Angeklagten (Klehr und Schlage) vorgeworfenen Handlungen müssten straflos bleiben, da die Strafandrohung der §§ 211 u. 212 StGB durch den als Gesetz geltenden »Führerwillen« suspendiert gewesen sei. Auch erklärte Fertig das Gericht für unzuständig. Da Staatsgewalt und Gerichtsbarkeit der Bundesrepublik Deutschland mit der des NS-Staates identisch seien, könne dieselbe Staatsgewalt über Angeklagte nicht zu Gericht sitzen, deren Handlungen sie einst befohlen habe. In Übereinstimmung mit Laternser hob Fertig weiterhin hervor, die Klehr zur Last gelegten Selektionen[313] seien für den Tod der Lagerinsassen nicht kausal gewesen. Über die Vernichtung der Menschen sei vor allen Selektionen, mag es sich um Selektionen auf der Rampe, Lagerselektionen oder Selektionen im Häftlingskrankenbau gehandelt haben, bereits entschieden gewesen. Die auf Befehl getroffene Auswahl der Arbeitsfähigen für das Lager bzw. der Kranken zum Verbleib im HKB und der Genesenen zur Entlassung ins Lager sei nicht ursächlich für den Tod der Übrigen gewesen, die im Rahmen des Vernichtungsprogramms ihren letzten Weg in die Gaskammer gehen mussten. Die Befehle der Vorgesetzten hätten die Angeklagten ihrer Gehorsamspflicht gemäß befolgen müssen. Um den verbrecherischen Charakter der Befehle hätten sie nicht gewusst, positive Unrechtskenntnis nicht gehabt. Die Angeklagten seien somit als ausführende, gehorchende Untergebene schuldlos im Sinne des § 47 MStGB.

Bis auf wenige Ausnahmen beantragten die Verteidiger für ihre Mandanten Freispruch mangels Beweises. Die Zweifel an den Aussagen der Belastungszeugen seien derart schwerwiegend, dass das Gericht zugunsten der Angeklagten sein Urteil fällen, sie mithin freisprechen müsse.

6.11. »Nichts getan«: Schlussworte der Angeklagten

Die Angeklagten haben in ihren »Letzten Worten«[314], mit Ausnahme von Stark, weder Reue noch Bedauern zu erkennen gegeben, sie sahen sich frei von Schuld und stellten jede Tatbeteiligung in Abrede. Kein Wort des Gedenkens an die Opfer fiel im Gerichtssaal. Die wenigsten hielten ihr Tun für strafwürdig, keinen plagte ein schlechtes Gewissen.

Mulka legte sein »weiteres Schicksal« und das seiner »unglücklichen Familie vertrauensvoll in die Hände des hohen Gerichtes«, sprach die Erwartung und die Bitte »auf und um eine gerechte Entscheidung« aus und brachte seine »tiefe Überzeugung« zum Ausdruck, dass das Gericht »sämtliche so wahrhaft schicksalshaften Umstände, die mich damals in meine unglückselige Konfliktslage geführt haben, bis ins einzelne erwägt und berücksichtigt«.

Höcker unterstrich, in Auschwitz »keinem Menschen etwas zu leide getan« zu haben, und beteuerte, durch ihn sei niemand in Auschwitz umgekommen.

Für Boger gab es während der »nationalsozialistischen Herrschaft« nur den »Gesichtspunkt, die gegebenen Befehle des Vorgesetzten ohne Einschränkung auszuführen«. Nicht das »Auschwitz als grausame Vernichtungsstätte des europäischen Judentums« habe »im Mittelpunkt« seiner »Betrachtungen« gestanden, »sondern allein die Bekämpfung der polnischen Widerstandsbewegung und des Bolschewismus«. Boger brachte noch seine Einsicht zum Ausdruck, dass die »Idee«, der er anhing, Verderben gebracht habe und falsch gewesen sei.

Stark bekannte, wie bereits in seiner ersten Vernehmung[315] im Jahre 1959, seine Mitwirkung an den Tötungen in Auschwitz, verwies auf seinen unbedingten Führerglauben und auf das Fehlen jeglichen Unrechtsbewusstseins und äußerte sein

Bedauern über seinen damaligen »Irrweg«.

Dylewski verwahrte sich »mit allem Nachdruck« gegen die ihm zur Last gelegten Taten.

Broad bestritt jedwede unmittelbare Beteiligung an der Tötung von Menschen und betonte die Unrichtigkeit der von den Zeugen vorgebrachten Belastungen.

Voller Selbstmitleid sprach der Angeklagte Schoberth von seinem Schicksal als Soldat und gab dem Gericht zu bedenken, ob er und andere »nicht auch Opfer des Nationalsozialismus« seien.

Eines der längsten Schlussworte trug der Angeklagte Schlage vor. Er ließ sich über die an seiner Familie begangenen Verbrechen »bei der Besetzung unseres Vaterlandes« aus, hielt Belastungszeugen vor, »aus Hass und Rache« falsche Beschuldigungen erhoben zu haben, und schilderte beredt das Schicksal »deutscher Menschen« in einem Arbeitslager.

Hofmann fand gar keine Worte.

Kaduk[316] verwies auf seine Verurteilung durch ein sowjetisches Militärgericht.

Für Baretzki war jeder Befehl seiner Vorgesetzten »heilig« gewesen. Nachdrücklich beteuerte er, dass niemand durch seine Hand in Auschwitz zu Tode gekommen sei.

Breitwieser setzte sich ausführlich mit den gegen ihn vorgebrachten Tatvorwürfen auseinander und bekundete seine Unschuld.

Lucas hob hervor, in seiner »ausweglosen Situation« auf der Rampe versucht zu haben, »möglichst viele jüdische Häftlinge dem Leben zu erhalten«, und brachte seine Hoffnung zum Ausdruck, das Urteil des Gerichts helfe mit, seine »Verstrickung« zu lösen und ihm einen neuen »Lebensweg« zu eröffnen.

Frank bekannte, auf der Rampe gewesen zu sein, bestritt aber entschieden selektiert zu haben. Seine Aufgabe sei lediglich gewesen, »zahnärztliches Personal und [...] Material« festzustellen.

Schatz versicherte, niemals auf der Rampe selektiert und sich jeder Tätigkeit enthalten zu haben.

Capesius erklärte, in Auschwitz »zu allen höflich, freundlich und hilfsbereit« gewesen zu sein, keinem »Menschen etwas zu leide getan«, niemals auf der Rampe selektiert und am »Häftlingsgut« sich nicht bereichert zu haben. Er bat um Freispruch.

Klehr reklamierte für sich, die Wahrheit gesagt und nur die Befehle der SS-Ärzte widerstrebend befolgt zu haben.

Scherpe wollte keinem Menschen »ein Leid zugefügt« haben und war sich keiner »persönlichen Schuld« bewusst.

Hantl ließ sich dahingehend ein, vom »ideologischen Standpunkt der reinen Vernunft [...] ohne jede Rassenvorurteile, noch Standesunterschiede, noch Nationalität« gehandelt zu haben.

Bednarek fühlte sich »vor Gott und den Menschen nicht schuldig«.

6.12. Urteil

Die Feststellung der individuellen Tatbeiträge der Angeklagten, der persönlichen Schuld des einzelnen, war Aufgabe des Schwurgerichts.[317] Aufzuklären waren Verbrechen, die vor zwei Jahrzehnten begangen worden waren. Als Beweismittel standen dem Gericht bei der Urteilsfindung neben den Einlassungen der Angeklagten Urkunden und Zeugen zur Verfügung. Urkunden waren zum Nachweis der individuellen Schuld der Angeklagten kaum verwertbar.[318] Auch wenn im Verlauf der Beweisaufnahme Urkunden wie das Bunkerbuch[319], Sterbebücher[320], Fahrbefehle, Kraftfahrzeuganforderungen, Funksprüche, Fernschreiben, Medikamentenanforderungen, Überstellungslisten, Standort- und Kommandanturbefehle, der Broad-Bericht[321], das Kremer-Tagebuch[322], die Aufzeichnungen von Höß[323] u.a. durch Verlesung zum Gegenstand der Hauptverhandlung gemacht wurden, um z.B. die Richtigkeit von Aussagen[324] zu überprüfen,

Zuständigkeiten, Dienststellungen, Unterstellungsverhältnisse und Anwesenheiten aufzuklären, so gaben die Urkunden doch keinen Aufschluss über die Beteiligung von Einzelnen an bestimmten, im Eröffnungsbeschluss aufgeführten Tatvorwürfen. Gleichwohl waren die als Beweismittel von der StA und den Vertretern der Nebenkläger zur Verfügung gestellten Urkunden wichtig. Aus diesen Beweismitteln ließen sich Erkenntnisse gewinnen, die für das zur Schuldfeststellung unerlässliche Gesamtbild grundlegend waren.

Das erkennende Gericht musste sich bei der Urteilsfindung auf den Zeugenbeweis stützen. Im Strafprozess gelten Zeugen[325] gemeinhin als das schlechteste Beweismittel. Die Zeugen hatten über Tatsachen auszusagen, die vor rund 20 Jahren Gegenstand ihrer sinnlichen Wahrnehmung gewesen waren. Der Zeitabstand zur Tat war ungewöhnlich groß, die Beweisvergänglichkeit mithin strengstens zu berücksichtigen. Die überwiegende Zahl der Zeugen war zudem unmittelbar am Geschehen beteiligt, einerseits als Mitwirkende am Tatgeschehen, andererseits als das Geschehen Erleidende. Keiner der zum jeweiligen Beweisthema aussagenden Zeugen war neutraler, objektiver und unbeteiligter Beobachter. Die Erforschung der Wahrheit wurde dem Gericht auch dadurch erschwert, dass ehemalige Mitglieder der SS-Besatzung von Auschwitz ihrer Zeugenpflicht in geringem Maße nachkamen, ihre Pflicht zur Wahrheit wohlweislich missachteten. Obschon keiner der SS-Zeugen die Vorgänge leugnete, behaupteten sie durchweg Erinnerungslücken, beteuerten Nichtwissen und Unkenntnis, wenn es darum ging, die Mitwirkung eines Angeklagten an bestimmten Straftaten zu bezeichnen, die Verantwortlichkeiten und Zuständigkeiten personenbezogen genau zu benennen. Die Überlebenden, die vernommen wurden, waren allesamt Menschen, die in der Zeit ihrer Lagerhaft Schlimmstes gesehen, beobachtet und oftmals am eigenen Leibe erlitten hatten. Versehrte, beschädigte Menschen, die größtenteils im Leben nach dem Überleben Auschwitz zu vergessen und zu verdrängen suchten, waren vor einem deutschen Strafgericht gehalten, ihr Gedächtnis bis ins Kleinste zu erforschen, um Selbsterlebtes und Gesehenes von Gehörtem und später Erfahrenem zu unterscheiden. Doch viele der schrecklichen, grauenhaften Ereignisse hatten sich unvergesslich, unvergänglich in das Gedächtnis der Überlebenden eingebrannt. Unauslöschlich eingegraben hatten sich bestimmte Taten und Täter. Dem Gericht[326] oblag es, die Glaubwürdigkeit und Zuverlässigkeit der Zeugen genauestens zu prüfen. Durch die intensive Befragung der Zeugen versuchte es, die Schuld von Angeklagten festzustellen. Geringste Zweifel an der Zuverlässigkeit eines Zeugen, die größtenteils im guten Glauben aussagten, veranlassten die Richter, eine Aussage nicht zu verwerten und zugunsten eines Angeklagten zu entscheiden. Widersprüche zwischen den in Vernehmungen gemachten Einlassungen und den vor Gericht vorgetragenen Bekundungen versuchte das Strafgericht sorgfältig aufzuklären. Sachlich und leidenschaftslos, klar und widerspruchsfrei, ruhig und überlegt, frei von Rache- und Hassgefühlen sollten Überlebende, die in nicht wenigen Fällen auf der Rampe Frau, Mann und Kind, Mutter und Vater, Schwester und Bruder zum letzten Male gesehen hatten, aussagen. Nicht alle der nach Frankfurt am Main gekommenen Opfer deutscher Vernichtungspolitik erfüllten die Voraussetzungen, die an einen als glaubwürdig und zuverlässig zu wertenden Zeugen zu stellen waren. Meist guten Glaubens, doch gelegentlich auch wider besseres Wissen wurden Falschaussagen gemacht. Das Gericht gelangte deshalb zu der Erkenntnis, dass einige Belastungszeugen vorsätzlich falsch aussagten. Nicht selten fabulierten Zeugen und rechneten Taten bestimmten Angeklagten zu, ohne jedoch glaubhafte Angaben machen zu können. Das Gedächtnis trog verschiedentlich, die scheinbar klare Erinnerung erwies sich bei näherer Prüfung als unsicher und unbestimmt.

Blieb ein Schuldvorwurf zweifelhaft, ließ sich mit letzter Gewissheit eine sichere Schuldfeststellung nicht treffen, sahen die Richter von einer Aussageverwertung ab. Alles, was zugunsten von Angeklagten sprach, fand die gebotene, vom Gesetz vorgeschriebene Berücksichtigung.

6.12.1. Täter, Mittäter und Gehilfen

Die Frage der Abgrenzung zwischen Täterschaft und Teilnahme bereitete dem erkennenden Gericht nicht geringe Mühen. Die Strafrichter erkannten, wenn befehlslos, eigenmächtig, mit einverständlichem Eifer, aus eigenem Interesse oder aus unnatürlicher Freude getötet wurde, wenn der Tatantrieb von dem Angeklagten ausging, das Verhältnis zur Tat erkennbar eng und das Interesse am Taterfolg nachweislich groß war, auf Täterschaft. Auch wer aus eigenem Ermessen über gegebene Befehle hinaus Tötungen beging, aus innerster Überzeugung die befohlenen Massentötungen bejahte, sich mit den Zielen der NS-Machthaber identifizierte, deren Ziele sich zum eigenen Anliegen machte, war dem erkennenden Gericht zufolge Täter bzw. Mittäter.[327]

Bei jedem der Angeklagten war nach der herrschenden Rechtsprechung auf der Grundlage der subjektiven Teilnahmetheorie für die ihm zur Last gelegten Handlungen seine Willensrichtung[328] festzustellen. Das Gericht glaubte bei den meisten der auf Befehl handelnden Angeklagten, keinen Täterwillen erkennen zu können. Bei Angeklagten, die keine Eigeninitiative, keinen Eifer gezeigt hatten, die lediglich auf Befehl und oftmals (vorgeblich) widerstrebend, ohne die Taten innerlich zu bejahen, ohne sie sich zu eigen zu machen, an Vernichtungsaktionen mitwirkten, erkannte das Gericht auf Gehilfenschaft. Als Gehilfen hatten sie nach Auffassung des Gerichts bewusst und gewollt die Taten anderer gefördert und unterstützt.

Die Feststellung der inneren Einstellung der Angeklagten zu den Taten (innere Tatseite) auf der Grundlage der in der ständigen Rechtsprechung geltenden subjektiven Teilnahmelehre[329] erwies sich angesichts des Zeitablaufs, der Art der Verbrechen und des Tätertyps als überaus schwierig.[330] Bezüglich der Angeklagten, die auf Befehl sich an der »Massentötung jüdischer Menschen« beteiligt hatten (außer Scherpe, Hantl, Schlage und Bednarek alle verurteilten 13 Angeklagten), erkannte das Gericht nur bei den Angeklagten Stark, Kaduk und Hofmann auf Mittäterschaft. Einzig bei diesen glaubten die Frankfurter Richter unter Ausschluss jeden Zweifels auf der Grundlage ihres Gesamtverhaltens festgestellt zu haben, dass sie als überzeugte Nationalsozialisten die von der Staatsführung befohlene Vernichtungspolitik innerlich bejaht hatten.[331]

Stark wurde wegen der Mitwirkung bei Vergasungen in Krematorium I (Stammlager) und in Birkenau (Bunker 1 oder Bunker 2) sowie wegen Erschießungen des gemeinschaftlichen Mordes an 342 Menschen für schuldig befunden, Kaduk wegen seiner Beteiligung an einer Lagerselektion im Stammlager des gemeinschaftlichen Mordes an 1.000 Menschen und Hofmann wegen seiner Teilnahme an Selektionen auf der Rampe des gemeinschaftlichen Mordes an 2.250 Menschen.

Hinsichtlich der an den befohlenen Massenverbrechen beteiligten Angeklagten Mulka und Höcker (in ihrer Funktion als Adjutanten der Kommandanten Höß bzw. Baer an maßgeblicher Stelle der Befehlskette tätig und an Selektionen auf der Rampe beteiligt), Lucas, Frank, Capesius (Rampen- und teilweise auch Gaskammerdienst) sowie Dylewski und Broad (Rampendienst) will das Gericht dagegen mit jeden Zweifel ausschließender Sicherheit keinen Täterwillen festgestellt haben. Dem Gericht zufolge hatten diese Angeklagten die ihnen nachgewiesenen, im Rahmen der »Endlösung« begangenen Taten nicht als eigene, sondern nur als fremde gewollt. Einzig Gehilfen-, keinen Täterwillen sah das Gericht für zweifelsfrei gegeben an. Das Schwurgericht verurteilte demnach als Beihelfer: Mulka und Höcker jeweils wegen gemeinschaftlicher Beihilfe zu gemeinschaftlichem Mord an 3.000 Menschen, Lucas, Frank und Capesius wegen gemeinschaftlicher Beihilfe zu gemeinschaftlichem Mord an 4.000 Menschen (im Falle Lucas), an 6.000 Menschen (im Falle Frank) und an 8.000 Menschen (im Falle Capesius). Dylewski und Broad hatten nach Erkenntnis des Gerichts gemeinschaftliche Beihilfe zu gemeinschaftlichem Mord an 1.530 Menschen (im Falle Dylewski) bzw. 2.020 Menschen (im Falle Broad) geleistet.

Selbst bei den Angeklagten Boger, Klehr und Baretzki, die in einer Vielzahl von Fällen (Erschießungen nach »Bunkerentleerungen«, Tötungen bei »verschärften Vernehmungen«, »Abspritzungen«, HKB-Selektionen usw.) eigenmächtig, befehlslos und mit Eifer getötet hatten und die deshalb das Gericht wegen Täterschaft verurteilte (Boger wegen Mordes an fünf Menschen und des gemeinschaftlichen Mordes an 109 Menschen[332], Klehr wegen Mordes an 475 Menschen, Baretzki wegen Mordes an fünf Menschen), selbst bei diesen exzessiven Tätern war nach Auffassung des Gerichts bezüglich ihres befohlenen Rampendienstes und der Beteiligung an Lagerselektionen nicht mit letzter Sicherheit festzustellen gewesen, dass sie mit Täterwillen gehandelt, die Massenvernichtung als eigene Tat gewollt hatten. Nicht festzustellen sei gewesen, dass Boger, Klehr und Baretzki die befohlenen Verbrechen in Übereinstimmung mit der Staatsführung, im ideologischen Konsens mit dem Regime begangen hätten. Ihren Eifer, ihre Beflissenheit in der Befolgung der Befehle werteten die Frankfurter Richter nicht als sicheres Beweisanzeichen dafür, dass sie die Taten mit Interesse ausgeführt hatten. Ermessensspielraum, Entscheidungsgewalt und Tatherrschaft veranschlagte das Gericht bei diesen Angeklagten als gering. Boger wurde deshalb wegen gemeinschaftlicher Beihilfe zu gemeinschaftlichem Mord an 1.010 Menschen, Klehr wegen gemeinschaftlicher Beihilfe zu gemeinschaftlichem Mord an 2.730 Menschen und Baretzki wegen gemeinschaftlicher Beihilfe zu gemeinschaftlichem Mord an 8.250 Menschen verurteilt. Auch bei den Adjutanten Mulka und Höcker gelangten die Richter zu der Bewertung, ihr Ermessensspielraum sei klein gewesen. Allein dem Kommandanten sprach es eine gewisse Herrschaft über das Tatgeschehen zu.

Die in der ständigen Rechtsprechung seit den 1960er Jahren[333] vorherrschende subjektive Teilnahmetheorie führte auch im Auschwitz-Urteil zu dem wenig überzeugenden Ergebnis, dass ranghohe Angeklagte in herausragenden Dienststellungen wegen Gehilfenschaft verurteilt wurden. Wer befehlsgemäß handelte, im Vernichtungsapparat reibungslos und ohne Aufhebens funktionierte, seinen Morddienst verrichtete, ohne sich hervorzutun, war nahezu immer bloßer Gehilfe. Da durchweg strafmildernde Gründe geltend gemacht wurden, kamen die Gehilfen oft mit niedrigen Freiheitsstrafen davon.[334]

6.12.2. Unrechtsbewusstsein

Die Angeklagten handelten nach Auffassung des Gerichts im Bewusstsein des Unrechts. In positiver Kenntnis der Rechtswidrigkeit der Befehle und der Tötungen hatten sie ihre Tatbeiträge geleistet. §§ 211 und 212 StGB galten dem Gericht zufolge auch im Lager Auschwitz. Eine partielle Aufhebung des Mordverbots für bestimmte Menschengruppen (Juden, Polen, Sinti und Roma, sowjetische Kriegsgefangene, KZ-Häftlinge) habe es nicht gegeben. Der »Führerbefehl«, den die Angeklagten glaubten gehorsam ausführen zu müssen, habe – so die herrschende Meinung und mithin auch das Urteil – kein Recht gesetzt, keinen Gesetzesrang gehabt, er habe die Täter nicht von geltendem Recht entbunden. Die Strafvorschriften §§ 211 und 212 StGB seien durch die von der Staatsführung gegebenen Tötungsbefehle nicht außer Kraft gesetzt worden. Mord sei strafbar geblieben, obschon er unter dem nationalsozialistischen Regime nicht verfolgbar gewesen sei.

Die Angeklagten waren nach Erkenntnis des Gerichts nicht tätig im Glauben, die Befehle, die sie befolgten, seien rechtmäßig. Gerade die Art und Weise, wie die Massenvernichtung organisiert und ausgeführt (Geheimhaltung, Tarnsprache, Schweigeverpflichtung etc.) wurde, habe den Beteiligten unzweifelhaft vor Augen führen müssen, dass von Rechtmäßigkeit keine Rede sein könne, dass die Befehle geltendes positives Recht verletzten. Die Rechtslage sei folglich für jeden eindeutig erkennbar gewesen.

Die Bekundung mancher Angeklagten, kein Unrechtsbewusstsein[335] gehabt zu haben, im Bewusstsein der Rechtmäßigkeit der von der Staatsführung gegebenen und in Auschwitz von befehlsergebenen SS-Führern an sie als untergeordnete Befehlsempfänger weitergeleiteten Vernichtungsbefehle gehandelt zu haben, betrachtete das Gericht durchweg als Schutzbehauptung. Gerade die angesichts der Schuldvorwürfe verfolgte Strategie, ihre Nichtbeteiligung zu beteuern bzw. ausschließlich widerstrebend oder unter Zwang gehandelt zu haben bzw. nur dabei gestanden zu haben und gänzlich inaktiv gewesen zu sein, wertete das Gericht als sicheres Beweisanzeichen dafür, dass keiner der Angeklagten im irrigen Glauben an die Rechtmäßigkeit der praktizierten Massenvernichtung[336] gehandelt hatte. Auch habe keiner in der irrtümlichen Annahme am Tatgeschehen mitgewirkt, der Tötungsbefehl sei trotz seines erkannten verbrecherischen Zwecks verbindlich. Die Angeklagten befanden sich nach Erkenntnis des Gerichts demnach nicht in einem Verbotsirrtum, der sie entschuldigt hätte.

6.12.3. Auch Untergebene machen sich schuldig

Die Angeklagten gehörten (ausgenommen Bednarek) der Waffen-SS an und hatten die überwiegende Zahl der ihnen zur Last gelegten Taten auf Befehl von Vorgesetzten begangen.

Gemäß der »Verordnung über eine Sondergerichtsbarkeit in Strafsachen für Angehörige der SS und für die Angehörigen der Polizeiverbände bei besonderem Einsatz« vom 17. Oktober 1939 (Reichsgesetzblatt, Teil I, Nr. 214 (1939), S. 2107 – 2108) unterstanden die SS-Leute dem Militärstrafrecht. Ihre strafrechtliche Verantwortung war somit nach § 47 MStGB[337] zu beurteilen.

§ 47 MStGB zufolge ist für einen Befehl in Dienstsachen, durch dessen Ausführung ein Strafgesetz verletzt wird, allein der den Befehl erteilende Vorgesetzte verantwortlich. Den gehorchenden Untergebenen, den Befehlsausführenden, trifft aber die Strafe des Teilnehmers, wenn er den verbrecherischen Charakter des Befehls erkannte, sicher darum wusste, dass der von ihm ausgeführte Befehl ein allgemeines oder militärisches Verbrechen oder Vergehen bezweckte, dass die Befehlsbefolgung ein allgemeines Verbrechen war.

Nach Auffassung des Gerichts hatten die Angeklagten durchweg ein sicheres Wissen[338] um den verbrecherischen Charakter der Vernichtungsbefehle, waren mithin auch als befehlstreue, willfährige Untergebene für die Ausführung der verbrecherischen Befehle individuell verantwortlich. Ihre wohlfeile Berufung auf blinden Gehorsam[339], auf ihre unbedingte, strengstens geforderte Gehorsamspflicht konnte sie nicht entschuldigen.

6.12.4. Keine Entschuldigungsgründe

Andere Entschuldigungsgründe waren bei der Urteilsfindung nicht zu veranschlagen. Bei keinem der Angeklagten erkannte das Gericht auf das Vorhandensein eines Notstands. Keiner habe die Straftaten in einem Notstand vollzogen, der ihn nach §§ 52, 54 StGB entschuldigt hätte. Die an Selektionen von deportierten Juden beteiligten Angeklagten seien zum Rampendienst, in Kenntnis der Rechtswidrigkeit der Befehle, nicht durch unmittelbare Gefahr für Leib oder Leben gezwungen worden. Keinem sei durch unwiderstehliche

Gewalt oder durch Drohung mit einer gegenwärtigen, auf andere Weise als durch befehlsergebenes Handeln nicht abwendbaren Gefahr für Leib oder Leben wider seinen Willen das Selektieren auf der Rampe abgenötigt worden. Mithin sei der Wille der Angeklagten durch Drohung nicht gebeugt worden (Nötigungs- bzw. Befehlsnotstand, § 52 aF StGB). Den Dienst auf der Rampe und bei den Gaskammern verrichteten die Angeklagten nach Feststellung des Schwurgerichts auch nicht in einem unverschuldeten, auf andere Weise als durch Befehlsausführung nicht zu beseitigenden Notstand zur Rettung ihrer selbst aus einer gegenwärtigen Leibes- oder Lebensgefahr (Allgemeiner Notstand, § 54 aF StGB). Ebensowenig hätten die Angeklagten subjektiv angenommen, ihnen drohe eine objektiv nicht vorliegende, also vermeintliche Gefahr für Leib oder Leben, wenn sie ihre befohlene Mitwirkung an den Vernichtungsaktionen verweigerten. Mithin seien ihre Straftaten nicht in der irrigen Annahme der tatsächlichen Voraussetzungen einer Notstandslage im Sinne der §§ 52 aF und 54 aF StGB verübt worden. Die Angeklagten hätten sich demnach nicht in einem sie entschuldigenden Putativnotstand befunden.[340]

Die Beweisaufnahme hatte ergeben, dass die Nichtausführung eines verbrecherischen Befehls[341] auch in Auschwitz möglich war. Glaubwürdige, zuverlässige Zeugen bekundeten Fälle von Befehlsverweigerung, die für die Befehlsempfänger durchweg folgenlos geblieben waren. In Auschwitz wurde also keiner genötigt mitzumachen, der unbedingt und mit Entschiedenheit nicht mittun wollte. Nachweislich gab es erbetene Versetzungen von Auschwitz, sofern die Gesuche mit dem nötigen Nachdruck betrieben wurden. Wer nicht morden, wer weg wollte, konnte dies erreichen. Schaden an Leib oder Leben hatte er nicht zu befürchten.

Die meisten Angeklagten hatten aber gar nicht den Versuch ernsthaft unternommen, sich von Auschwitz versetzen zu lassen. Die allgemeine Rede, man müsse bleiben und dienen gerade da, wo der »Führer« einen »im Krieg« »hingestellt« habe, war nicht wenigen Angeklagten ausreichende Begründung. Da der Dienst in Auschwitz als »Frontdienst« verstanden wurde, dem man sich als »Soldat« und Volksgenosse nicht entziehen durfte, gaben anfangs durchaus widerstrebende Akteure alsbald alle zaghaften Anstrengungen auf, von Auschwitz wegzukommen. Überdies betrachtete die SS den »schweren« Dienst im Rahmen der von Hitler befohlenen »Endlösung« als besonders verantwortungsvollen und ehrenhaften Einsatz. Fähig zu der nach Auffassung überzeugter Nationalsozialisten geschichtsnotwendigen Tat waren nur auserlesene, zuverlässige SS-Angehörige. Zu dieser »Elite« des »Führers« zu gehören, erachteten viele als Auszeichnung. Wer sich der einmaligen geschichtlichen Aufgabe »charakterlich« nicht gewachsen sah, wer also die Ausführung der Mordbefehle verweigerte, wurde einzig als »Schwächling« qualifiziert und möglicherweise innerhalb des Lagers versetzt oder zur »kämpfenden Truppe« abkommandiert.

6.12.5. Strafmaß

Die gerechte Tatschuldbewertung, die Findung einer richtigen Strafe[342], die Abwägung aller in Betracht kommenden Strafzumessungsgründe waren bei den Angeklagten, die ausschließlich auf Befehl gehandelt hatten, nicht einfach. Das Gericht verurteilte diejenigen Angeklagten, denen Täterschaft nachgewiesen werden konnte, zu lebenslangem Zuchthaus. Hofmann, Boger, Kaduk, Klehr, Baretzki und Bednarek wurden wegen Mordes, Hofmann, Boger und Kaduk auch wegen gemeinschaftlichen Mordes zu lebenslangem Zuchthaus verurteilt. Stark ausschließlich wegen gemeinschaftlichen Mordes (§ 211 StGB) in Anwendung von § 105 Jugendgerichtsgesetz (JGG) zu zehn Jahren Jugendstrafe.

Die Morde hatten die Angeklagten (Hofmann, Boger, Kaduk, Klehr, Baretzki und Bednarek) nach Erkenntnis des

Gerichts befehlslos und eigenmächtig begangen. Die Beteiligung von Kaduk, Stark und Hofmann bei befohlenen Massenvernichtungen im Rahmen der »Endlösung« wertete das Gericht wie erwähnt als Mittäterschaft. Die Angeklagten hatten die Taten nach der Auffassung des Gerichts durchaus als eigene gewollt. Die Teilnahme von Klehr, Boger und Baretzki an Vernichtungsaktionen bewertete das Gericht hingegen als Beihilfehandlungen.

Die übrigen Angeklagten: Mulka, Höcker, Capesius, Frank, Lucas, Dylewski, Broad, Schlage, Scherpe und Hantl wurden wegen gemeinschaftlicher Beihilfe zum gemeinschaftlichen Mord zu zeitigen Zuchthausstrafen verurteilt. Die Freisprüche für Schoberth, Breitwieser und Schatz, gegen die weiterhin begründeter Tatverdacht[343] bestand, erfolgten aus Mangel an Beweisen.

Für Beihilfehandlungen gilt ein Strafrahmen von drei Jahren bis zu lebenslangem Zuchthaus. Hinsichtlich des Strafmaßes hob das Gericht hervor, jedem Angeklagten einzig die »nach dem Umfang seines persönlich geleisteten, nachgewiesenen Tatbeitrages und seiner persönlich nachgewiesenen strafrechtlich wertbaren Schuld gerecht erscheinende Strafe«[344] zumessen zu können. Das Gericht machte Schuldmilderungsgründe[345] bei den als Mordgehilfen abgeurteilten Angeklagten geltend. Da die Tatantriebe zu den in Auschwitz verübten Verbrechen von der höchsten Staatsführung ausgegangen und die Angeklagten allesamt in einer Zeit »beispiellose[r] geistige[r] Verwirrung« und ideologischer Verstrickung von dem NS-Regime zu verbrecherischen Zwecken »missbraucht«[346] worden seien, sahen die Tatrichter von der Verhängung der Höchststrafe ab. Eine zeitige Zuchthausstrafe erschien ihnen durchweg ausreichend.

War die Dienststellung niedrig wie in den Fällen Broad und Dylewski blieb das Gericht im unteren Strafrahmen (vier bzw. fünf Jahre Zuchthaus für gemeinschaftliche Beihilfe zu gemeinschaftlichem Mord an 2.020 bzw. 1.530 Menschen).

Agierte ein Angeklagter, obgleich in einer wichtigen Funktion, in einem bereits eingespielten Apparat, war er nach Erkenntnis des Gerichts nur ein Rad in der Vernichtungsmaschinerie von Auschwitz, fiel die Strafe ebenfalls niedrig aus, auch wenn der Tatbeitrag gemessen an den Mindestopferzahlen nicht unbedeutend war. So wurde der ehemalige Adjutant Höcker, obschon der gleichen Tat wie Mulka überführt (gemeinschaftliche Beihilfe zu gemeinschaftlichem Mord an jeweils 3.000 Menschen), nur zu 7 Jahren Zuchthaus verurteilt. Mulka, zu einer Zeit (Anfang 1942 bis März 1943) in Auschwitz tätig, als der Vernichtungsapparat erst aufgebaut wurde, hingegen zu 14 Jahren. Höcker, seit 1940 im KZ-Dienst tätig, ein beflissener Vollstrecker der Mordbefehle in Konzentrations- und Vernichtungslagern (u.a. Neuengamme und Majdanek), im Mai 1944, zu Beginn der Vernichtung der ungarischen Juden, nach Auschwitz versetzt, war dem Gericht zufolge in die bereits reibungslos funktionierende Todesfabrik kommandiert worden. Seinen Ermessensspielraum, seine Tatherrschaft erachtete es deshalb trotz seiner herausragenden Dienststellung als gering.

Dem Unrechtsgehalt der im Urteil festgestellten Taten der Angeklagten werden einige der verhängten Strafen schwerlich gerecht. Milde, unangebrachte Milde ist festzustellen. Sichtlich war das Gericht darum bemüht, bei Angeklagten, bei denen ausschließlich »Handeln auf Befehl« vorlag, Strafmilderungsgründe zu veranschlagen. Da die vom Gericht als Gehilfen qualifizierten Angeklagten mit dem Staat, dem treu und willig zu dienen sie als oberste Pflicht erachteten, konform gehandelt hatten, da die besonderen Umstände von Tat und Tätern zu berücksichtigen waren, die Hauptverantwortung des Verbrecherstaats und der gesamtgesellschaftliche Schuldzusammenhang in Rechnung zu stellen waren, erkannte das Gericht auf mindere Schuld der Gehilfen.

Einen gerechten Schuldausgleich stellen die milden Strafen nicht dar. Das Rechtsempfinden der Opfer der nationalsozialistischen Verfolgungspolitik und ihrer Angehörigen ist durch das geringe Strafmaß fraglos verletzt worden. Sühne hob das Schwurgericht als Strafzweck hervor. Die milden Strafen freilich, die gegen die Mordgehilfen ausgesprochen wurden, dürften für die Angeklagten kein Anlass gewesen sein, Sühnebereitschaft zu zeigen. Einen Anstoß zu Schuldeingeständnis und Schuldverarbeitung gaben sie ihnen gewiss nicht.

Die im 1. Auschwitz-Prozess nachgewiesene individuelle Schuld der Angeklagten nimmt in Anbetracht des Gesamtgeschehens eine Dimension an, die ungemessen ist. Den ehemaligen Adjutanten Mulka und Höcker wurden vier respektive drei Fälle von Tatbeteiligung nachgewiesen, Lucas und Capesius vier, Frank sechs Fälle von Beihilfe. Addiert man die vom Gericht angeführten Mindestzahlen an Opfern, so haben 13 Angeklagte an der Tötung von 40.900 Menschen mitgewirkt. Sechs Angeklagte wurden des Mordes an 619 Menschen überführt, drei Angeklagte des gemeinschaftlichen Mordes an 3.624 Menschen. Stellt man in Rechnung, dass die Dienstzeit der meisten Angeklagten weit über ein Jahr betrug, so wird deutlich, dass die den Angeklagten nachgewiesenen Tatbeiträge nur einen kleinen Teil ihrer Gesamttätigkeit in Auschwitz darstellen können.

7. Revisionsverfahren und Neuverhandlung gegen Lucas

Die schriftliche Urteilsbegründung war im April 1966[347] abgesetzt und lag im Oktober des Jahres den Prozessbeteiligten vor. Fünfzehn[348] der siebzehn verurteilten Angeklagten[349], die Vertreter der Nebenkläger[350] sowie die StA[351] legten gegen das ergangene Urteil Revision ein. In Karlsruhe wurde vom 14. bis zum 30. Januar 1969 verhandelt. Mit Entscheidung vom 20. Februar 1969 (2 StR 280/67)[352] hob der 2. Strafsenat des BGH[353] das Urteil gegen Lucas auf und verwies die Sache zu neuer Verhandlung und Entscheidung an das Schwurgericht zurück. Hinsichtlich der übrigen eingelegten Revisionen hatte das Urteil jedoch Bestand.

Die von dem Beschwerdeführer Lucas erhobene Rüge[354] der »Nicht-Anwendung der Bestimmung des Putativnotstandes« hatte nach Ansicht des Revisionsgerichts Erfolg, weil das Schwurgericht Lucas' Einlassung, unter Zwang und Drohungen auf der Rampe selektiert zu haben, nicht lückenlos widerlegt habe. Die Tatrichter hatten dem BGH zufolge unter Zugrundelegung der Feststellungen über die innere Einstellung von Lucas und bei Ausschließung des vom Angeklagten behaupteten Notstands nicht einleuchtend und schlüssig begründet, warum der Angeklagte, was er am Ende der Hauptverhandlung[355] – nach langem Leugnen jeglicher Mitwirkung – selbst zur Überraschung seiner Verteidiger eingestanden hatte, sich an Selektionen beteiligt habe. Die Bekundung des Angeklagten, im Putativnotstand gehandelt zu haben, musste folglich zugunsten von Lucas angenommen werden.

Fünf Jahre nach der Urteilsverkündung in der Strafsache gegen Mulka u.a., am 20. August 1970, begann beim LG FFM das Verfahren gegen den vormaligen SS-Arzt (4 Ks 2/63). Mit Urteil vom 8. Oktober 1970[356] sprach das Schwurgericht unter Vorsitz von Landgerichtsdirektor Werner Baumann Lucas frei. In strafrechtlicher Hinsicht war ihm aus seinem Verhalten auf der Rampe in Birkenau, das objektiv mehrfach den Tatbestand der Beihilfe zum Mord, begangen an einer unbestimmten Vielzahl von Menschen, erfüllte, kein Schuldvorwurf zu machen. Zum einen ließ sich nach Auffassung des Gerichts nicht ausschließen, dass Lucas im Putativnotstand gehandelt habe, zum anderen sprach »eine Reihe von Umständen« dafür, »dass der Angeklagte tatsächlich im Putativnotstand gehandelt haben kann, also unter dem Eindruck einer objektiv nicht bestehenden, subjektiv aber – schuldlos – als gegeben empfundenen Zwangslage im Sinne des § 52 StGB gehandelt haben kann und somit gemäß § 52 StGB ›eine strafbare Handlung nicht vorhanden‹ ist«.[357] Die am Ende der Beweisaufnahme im Frühsommer 1965 gemachte Einlassung, von SS-Standortarzt, SS-Sturmbannführer Eduard Wirths (1909 – 1945), zum Rampendienst befohlen und von dem auf der Rampe anwesenden, als eifrig und fanatisch eingeschätzten Kommandanten von Birkenau, SS-Hauptsturmführer Josef Kramer (1906 – 1945), zum Selektieren gezwungen worden zu sein, war »zwar nicht nachweisbar, konnte aber andererseits dem Angeklagten nicht nur nicht widerlegt werden, sondern hatte einen starken Grad von Wahrscheinlichkeit für sich«.[358]

Lucas, der in der Zeit vom 24. März 1965 bis zum 26. März 1968 in Untersuchungshaft gewesen war, hatte keinen Anspruch auf Entschädigung für die erlittene U-Haft, denn bei »aller strafrechtlich schuldlosen Verstrickung des Angeklagten«, so heißt es im Beschluss des Schwurgerichts vom 8. Oktober 1970,[359] sei »sein Verhalten vom allgemeinen sittlichen Standpunkt aus doch verurteilenswert«, und es bleibe »nach den festgestellten Umständen [...] eine grobe Unsittlichkeit der zur Untersuchung gezogenen Tat des Angeklagten bestehen«.

8. Strafverbüßung[360]

1. Baretzki (geb. 24.3.1919 in Czernowitz/Polen, gest. 21.6.1988 in Bad Nauheim), U-Haft seit 12.4.1960, zu lebenslangem Zuchthaus und acht Jahren Zuchthaus verurteilt, seit 13.7.1968 in Strafhaft, am 21.6.1988 Freitod in Konitzky-Stift/Bad Nauheim, in das Baretzki wegen schwerer Erkrankung eingeliefert worden war.

2. Bednarek (geb. 20.7.1907 in Königshütte/Oberschlesien, gest. 27.2.2001 in Waldsassen/Oberpfalz), U-Haft seit 25.11.1960, zu lebenslangem Zuchthaus verurteilt, Gnadenentscheidung (Mai 1975): Umwandlung der lebenslangen Freiheitsstrafe in eine zeitige von 20 Jahren, am 1.12.1975 aus der Justizvollzugsanstalt Butzbach entlassen.

3. Boger (geb. 19.12.1906 in Stuttgart-Zuffenhausen, gest. 3.4.1977 in Bietigheim), U-Haft seit 8.10.1958, zu lebenslangem Zuchthaus und fünf Jahren Zuchthaus verurteilt, am 3.4.1977 im Krankenhaus Bietigheim/Enz in Strafhaft verstorben.

4. Breitwieser (geb. 31.7.1910 in Lemberg/Polen, gest. 20.12.1978 in Bonn), U-Haft vom 9.6.1961 – 22.6.1961, Freispruch.

5. Broad (geb. 25.4.1921 in Rio de Janeiro/Brasilien, gest. 28.11.1993 in Düsseldorf), U-Haft vom 30.4.1959 – 23.12.1960, 6.11.1964 – 21.2.1966, zu vier Jahren Zuchthaus verurteilt, Haftbefehl mit Beschluss der 3. Strafkammer des LG FFM vom 21.2.1966[361] aufgehoben, am selben Tage Entlassung aus der Untersuchungshaft.

6. Capesius (geb. 2.7.1907 in Reußmarkt, Krs. Hermannstadt/Rumänien, gest. 20.3.1985 in Göppingen), U-Haft seit 4.12.1959, zu neun Jahren Zuchthaus verurteilt, am 17.1.1968 aus der Untersuchungshaft entlassen.

7. Dylewski (geb. 1.6.1916 in Finkenwalde, Krs. Stettin, gest. 1.4.2012 in Hilden), U-Haft vom 24.4.1959 – 25.5.1959, 16.12.1960 – 22.3.1961, erneut U-Haft ab 5.10.1964, zu fünf Jahren Zuchthaus verurteilt.

8. Frank (geb. 9.2.1903 in Regensburg, gest. 9.6.1989 in München), Verhaftung am 5.10.1964 (97. Verhandlungstag), zu sieben Jahren Zuchthaus verurteilt.

9. Hantl (geb. 14.12.1902 in Mährisch-Lotschnau, gest. 18.8.1984 in Plochingen), U-Haft seit 26.5.1961, zu dreieinhalb Jahren Zuchthaus verurteilt, am 19.8.1965 auf freien Fuß gesetzt.

10. Höcker (geb. 11.12.1911 in Engershausen, Krs. Lübbecke, gest. 30.1.2000 in Lübbecke), U-Haft seit 25.3.1965, zu sieben Jahren Zuchthaus verurteilt. Am 31.7.1970 bedingt aus der Haft entlassen, die Vollstreckung der Reststrafe wurde auf die Dauer von 4 Jahren zur Bewährung ausgesetzt.

11. Hofmann (geb. 5.4.1906 in Hof a.d. Saale, gest.

14.8.1973 in Straubing), zu lebenslangem Zuchthaus verurteilt, in Strafhaft gestorben.

12. Kaduk (geb. 26.8.1906 in Königshütte/Oberschlesien, gest. 31.5.1997 in Langelsheim/Harz), U-Haft seit 21.7.1959, zu lebenslangem Zuchthaus verurteilt, am 31.1.1989 entlassen, Reststrafe bis zum 5.11.1995 zur Bewährung ausgesetzt.

13. Klehr (geb. 17.10.1904 in Langenau/Oberschlesien, gest. 23.8.1988 in Leiferde), U-Haft seit 17.9.1960, zu lebenslangem Zuchthaus und fünfzehn Jahren Zuchthaus verurteilt, 1988 entlassen.

14. Lucas (geb. 15.9.1911 in Osnabrück, gest. 7.12.1994 in Elmshorn), U-Haft seit 24.3.1965, zu dreieinviertel Jahren Zuchthaus verurteilt, Urteil vom BGH aufgehoben, 1970 freigesprochen.

15. Mulka (geb. 12.4.1895 in Hamburg, gest. 26.4.1969 in Hamburg), U-Haft vom 8.11.1960 – 6.3.1961, 29.5.1961 – 13.12.1961, 3.12.1964 – 6.1.1966, zu 14 Jahren Zuchthaus verurteilt, am 6.1.1966 wegen Haftunfähigkeit aus der Strafanstalt Kassel entlassen, am 23.3.1967 erneut in Haft, am 20.2.1968 wegen Haftunfähigkeit entlassen.

16. Schatz (geb. 1.2.1905 in Hannover, gest. 17.2.1985 in Hannover), freigesprochen.

17. Scherpe (geb. 20.5.1907 in Gleiwitz/Oberschlesien, gest. 23.12.1997 in Mannheim), U-Haft vom 15.8.1961 – 20.8.1965, zu viereinhalb Jahren Zuchthaus verurteilt, am 20.8.1965 zunächst auf freien Fuß gesetzt, seit 7.4.1967 in Haft, am 1.10.1967 entlassen.

18. Schlage (geb. 11.2.1903 in Truttenau, Krs. Königsberg, gest. 9.2.1977 in Minden), U-Haft seit 19.8.1965, zu sechs Jahren Zuchthaus verurteilt.

19. Schoberth (geb. 17.12.1922 in Aufseß, Krs. Ebermannsstadt, gest. 8.8.1988 in Hollfeld), Freispruch.

20. Stark (geb. 14.6.1921 in Darmstadt, gest. 29.3.1991 in Darmstadt), U-Haft vom 23.4.1959 – 23.10.1963,

15.5.1964 – 21.2.1966, zu zehn Jahren Jugendstrafe verurteilt. Haftverschonung durch Beschluss[362] der 3. Strafkammer des LG FFM vom 21.2.1966, Entlassung aus der Untersuchungshaft, Aufhebung des Haftverschonungsbeschlusses durch Beschluss des 3. Strafsenats des OLG Frankfurt vom 18.4.1966[363], Verhaftung Starks am 20.4.1966, am 16.8.1968 entlassen, Restjugendstrafe zur Bewährung ausgesetzt.

9. Subsumtion von Auschwitz unter den Mordparagrafen[364]

In Auschwitz wurde eigenmächtig, befehlslos, aus Mordlust und sonst aus niedrigen Beweggründen gemordet. Diese Taten, begangen von sogenannten Exzesstätern, meist unteren Chargen, lassen sich unschwer unter § 211 StGB subsumieren.[365] Die Morde fanden im Lager oder auf den Arbeitskommandos statt. Meist war eine Vielzahl von Augenzeugen zugegen. Die Tötungen, allesamt selbstständige, an meist einzelnen Opfern begangene Handlungen einzelner Täter, waren problemlos individuell zurechenbar. Die Verwirklichung der Tatbestandsmerkmale des § 211 StGB war in diesen Fällen sicher nachzuweisen.

In Auschwitz wurde aber auch (seit Frühjahr 1942) auf höheren Befehl, im Rahmen eines staatlich organisierten Vernichtungsprogramms, eines von der Staatsführung initiierten und von Staatsorganen ausgearbeiteten und realisierten Gesamtplans, Massenmord verübt.[366] Die in Auschwitz von SS und beauftragten Firmen erbaute Tötungsmaschinerie arbeitete effektiv durch das reibungslose Funktionieren des Vernichtungsapparats, den Tausende SS-Männer und -Frauen (SS-Gefolge) gemäß ihrer Aufgabenstellung und Dienstpflichten bedienten und am Laufen hielten. Tatnah waren die befehlsergebenen, den »Führerwillen« exekutierenden Täter, die den Tatzeugen, den Überlebenden des Lagers, aber zumeist unbekannt blieben.

Seit Anfang 1942 rollten Todeszüge nach Auschwitz. Das Judenreferat IV B 4 im Reichssicherheitshauptamt ordnete die Transporte an. In Zusammenarbeit mit der Reichsbahn organisierte der Leiter des Referats, SS-Obersturmbannführer Adolf Eichmann, die Sonderzüge mit den zu »evakuierenden« Juden »nach dem Osten«. In Auschwitz, das ab Anfang 1942 zu einem Tötungszentrum, zu einer Todesfabrik ausgebaut wurde, kamen 1942 nachweislich 166 RSHA-Transporte mit ca. 180.000 deportierten Juden an, 1943 waren es 174 Todeszüge mit ca. 220.000 Juden, im Jahr 1944 beförderte die Reichsbahn mit ca. 300 Zügen rund 650.000 Opfer der »Endlösung« nach Auschwitz.[367]

Ein eingespielter Vernichtungsapparat führte die »Abwicklung« der Transporte durch. Fernschreiben und Funksprüche des RSHA kündigten der Kommandantur des Lagers die Ankunft eines Transports an. Durch die Kommandantur erfolgten Anweisungen an die Schutzhaftlagerführung, die Politische Abteilung (Aufnahme), die Dienststelle SS-Standortarzt, die Fahrbereitschaft, den Wachsturmbann und den Arbeitseinsatz. In jeder mit der »Abwicklung« eines Transports befassten Abteilung gab es einen Dienstplan für den »Einsatz« bei »Sonderaktionen« auf der Rampe.

Die zum Rampendienst eingeteilten Führer, Unterführer und SS-Männer hatten festgelegte Aufgaben: Sie beaufsichtigten das Gesamtgeschehen, öffneten die Türen der Waggons, forderten die eingepferchten Menschen zum Aussteigen auf, nahmen von Transportführern die Transportpapiere entgegen, teilten die Ankömmlinge in Männer, Frauen und »Arbeitsunfähige« (Alte, Kranke, Kinder) ein, formierten die Deportierten in Fünferreihen und zählten sie ab. Sie bestätigten dem Transportführer die Übernahme des Todeszuges unter Angabe der »Transportstärke«, selektierten die Deportierten, befehligten das Aufräumkommando auf die Rampe (die sog. »Alte Rampe« oder »Judenrampe«, seit Mai 1944 die »Neue Rampe« zwischen den Lagerteilen BI und BII in

Birkenau) zur Übernahme der Habseligkeiten der angekommenen Juden, sperrten die Rampe ab und standen Posten, transportierten die zum Tode Verurteilten mit Lastwagen zu den Gaskammern oder führten die Opfer in Kolonnen dorthin, gaben Anweisungen, sich zum »Duschen« zu entkleiden, täuschten die Opfer mit lügnerischen Reden, schoben die Nackten in die Vergasungsräume, verriegelten die Türen, brachten mit einem »Sanka« Zyklon B zu den Todesfabriken, warfen das Gas ein, beobachteten den Vergasungsvorgang und den Todeskampf der Opfer durch ein Guckloch, befahlen das Öffnen der Gaskammern, stellten den Tod der Menschen fest, ordneten die Verbrennung der Leichen in den Krematorien an, kontrollierten das Ausreißen von Goldzähnen, das Abscheren von Frauenhaar, überwachten den Raub von Wertgegenständen, vermeldeten per Fernschreiben an die im RSHA sitzenden Buchhalter des Massenmordes die Gesamtzahl der Deportierten, aufgeteilt nach Männern und Frauen, führten die Anzahl der ins Lager eingewiesenen Häftlinge an sowie die Zahl der mit Gas Ermordeten, eskortierten die »arbeitsfähigen« Männer und Frauen ins Lager, befahlen ihnen, sich zu entkleiden, sich zu duschen, ließen sie scheren und einkleiden, karteimäßig erfassen und tätowieren, verbrachten sie in Blocks, teilten sie Arbeitskommandos zu.

In etwa 30 Monaten bzw. 900 Tagen kamen über 600 RSHA-Transporte mit etwa einer Million Juden in Auschwitz an. Tag für Tag, Tag und Nacht, rund um die Uhr, waren die zum »Rampendienst« und zu »Sonderaktionen« eingeteilten SS-Leute an der Massenvernichtung beteiligt.

Die Frage der strafrechtlichen Beurteilung der in Auschwitz begangenen Verbrechen hat Rechtsprechung und Rechtswissenschaft beschäftigt. In einem Strafprozess hat das Gericht Tatsachen festzustellen, um gemäß des Umfangs der Tat und der Schwere der Schuld des einzelnen Angeklagten eine »gerechte«, tat- und schuldangemessene Strafe zuzumessen.

Die Durchführung der Massentötungen in Auschwitz, der Verwaltungsmassenmord, lässt sich freilich nicht in Einzelhandlungen jeweiliger Tatbeteiligter, in Einzeltätern individuell zurechenbare Einzeltaten, die als selbstständige Handlungen in Tatmehrheit zueinanderstehen, zerlegen. Die deutsche Strafjustiz musste aber, da das zum Zeitpunkt der Tat geltende Strafrecht[368] weder den Tatbestand des Massenverbrechens noch den des Völkermords[369] kannte, die unter totalitärer Herrschaft begangene Kollektivkriminalität, die nationalsozialistischen Gewaltverbrechen, unter die Strafvorschriften subsumieren, die beispielsweise auch für den Mord an einem Kassenboten gelten.

Die in NS-Verfahren größtenteils zum Ausdruck gekommene Rechtsauffassung hat Fritz Bauer scharf kritisiert. Ihm zufolge machten die Gerichte »den Versuch, das totale Geschehen, z.B. den Massenmord an Millionen in den Vernichtungslagern, in Episoden aufzulösen, etwa in die Ermordung von A durch X, von B durch Y oder von C durch Z.

Dem einzelnen Angeklagten wünschte man sein individuelles Tun im Detail nachzuweisen. Dergleichen vergewaltigt aber das Geschehen, das nicht eine Summe von Einzelereignissen war. Diese juristische Behandlung wich auch völlig von dem ab, was sonst in unseren Strafprozessen üblich, ja selbstverständlich ist. Der Auschwitzprozess war gewiss der bisher längste aller deutschen Schwurgerichtsprozesse, in Wirklichkeit hätte er einer der kürzesten sein können, womit freilich nicht gesagt sein soll, dass dies aus sozialpädagogischen Gründen auch wünschenswert gewesen wäre.«[370] Und Bauer in seiner Kritik an der Rechtsprechung weiter: »Eine Aufteilung z.B. der ›Endlösung der Judenfrage‹ oder eine Aufteilung der Beiträge der ganz überwiegenden Mehrzahl der Beteiligten – seien es Mittäter oder Gehilfen – in Episoden, die Auflösung des Geschehens und der Tätigkeit der Mitwirkenden in – im Zeitlupenstil aufzuklärende – Details ist ein *historisch* und *rechtlich* untauglicher Versuch, ja ein unmögliches Unterfangen.«[371]

Die Prüfung des Einzelfalles, die Feststellung des konkreten Tatbeitrags des einzelnen Angeklagten sollte nach Bauer nicht zu einer »punktuellen Aufklärung«, einer »Atomisierung des Gesamtgeschehens«[372] führen. Das »kollektive Geschehen« konnte nicht aus tatsächlichen Gründen, aus Gründen angemessener historischer Darstellung, »durch Atomisierung und Parzellierung der furchtbaren Dinge sozusagen«[373] privatisiert und entschärft werden.

Angesichts der Art der Verbrechen und der Besonderheit von Tat und Schuld der Beteiligten unternahm es Bauer, die Notwendigkeit einer Rechtsansicht darzulegen, die den im Rahmen eines staatlich organisierten Vernichtungsprogramms exekutierten Massenmord in seiner Totalität und Dimension historisch angemessen zu erfassen vermag. Nach Auffassung Bauers stellte »die Tätigkeit eines jeden Mitglieds eines Vernichtungslagers [...] vom Eintritt in das Lager, womit in der Regel sofort die Kenntnis von dessen Aufgabe, Tötungsmaschinerie zu sein, verbunden war, bis zu seinem Ausscheiden eine *natürliche Handlung* dar, was immer er physisch zur Verwaltung des Lagers und damit zur ›Endlösung‹ beigetragen hat. Er hat fortlaufend, ununterbrochen mitgewirkt. Die gesamte Tätigkeit stellt bei einer natürlichen Betrachtungsweise ein *einheitliches*, von Stunde zu Stunde verbundenes *Tun* dar. Alle Willensäußerungen sind unselbständige Elemente einer Gesamtaktion; schon die Anwesenheit ist psychische Beihilfe, die [...] gerade bei Massenphänomenen nicht vernachlässigt werden darf. [...] Die Opfer während seines Lageraufenthalts sind ihm zuzurechnen.«[374] Ebenso: »Es gab einen Befehl zur Liquidierung der Juden in dem von den Nazis beherrschten Europa; Mordwerkzeug waren Auschwitz, Treblinka usw. Wer an dieser Mordmaschine hantierte, wurde der Mitwirkung am Morde schuldig, was immer er tat, selbstverständlich vorausgesetzt, dass er das Ziel der Maschinerie kannte, was freilich für die, die in den Vernichtungslagern waren oder um sie wussten, von der Wachmannschaft angefangen bis zur Spitze, außer jedem Zweifel steht.«[375] Und weiter: »Zur Diskussion steht das ungeheure Verbrechen der ›Endlösung der Judenfrage‹, um den größten Komplex zu nennen. [...] Entscheidend ist, dass Hitler und seine Mannen einen verbrecherischen Befehl gegeben haben und dass an der Durchführung dieses Befehls einige Leute beteiligt waren. [...] Sie waren dabei und waren daran interessiert und haben mitgewirkt, diese Befehle, z.B. den Befehl zur ›Endlösung der Judenfrage‹, also zur Liquidierung aller Juden, durchzuführen.«[376]

In der Strafsache gegen Mulka u.a. machte die StA den Versuch, die von Bauer vertretene Rechtsauffassung[377] zum Tragen zu bringen. Am 6. Mai 1965, dem Tag der Schließung der Beweisaufnahme (154. Verhandlungstag), beantragte die Anklagevertretung gemäß § 265 StPO, das Schwurgericht möge »die Angeklagten darauf hinweisen, daß in ihrer Anwesenheit in Auschwitz eine *natürliche Handlungseinheit* gemäß § 73 StGB [Idealkonkurrenz, W.R.] gesehen werden kann, die sich rechtlich, je nach den subjektiven Voraussetzungen im Einzelfall, als psychische Beihilfe oder Mittäterschaft zu einem einheitlichen Vernichtungsprogramm qualifiziert«.[378]

Im Antrag der StA auf Eröffnung der gerichtlichen Voruntersuchung vom 12. Juli 1961[379] wurden Baer u.a. unter Anführung der Strafvorschriften § 211 aF und nF, §§ 43 aF (Versuch), 47 aF (Mittäterschaft), 49 aF (Beihilfe), 74 aF (Realkonkurrenz) StGB sowie (den Mitbeschuldigten Stark betreffend) §§ 105 ff. JGG angeschuldigt, »in Auschwitz und Umgebung [...] durch mehrere selbständige Handlungen, teils allein, teils gemeinschaftlich mit anderen [...] Menschen getötet zu haben oder dies versucht zu haben oder hierzu durch Rat und Tat wissentlich Hilfe geleistet zu haben«[380]. In den Verbindungs- und Ausdehnungsanträgen vom 23. Januar 1962 für Lucas und Höcker[381], vom 14. Februar 1962 für Schlage[382] und vom 9. April 1962 für Neubert[383] führt die StA die Strafbestimmungen §§ 211 aF u. nF, 47 aF und 74 aF StGB an. Hingegen gibt im Verbindungs- und Ausdehnungsantrag vom 28. August 1961 gegen Scherpe[384] die StA neben den Strafvorschriften §§ 211 aF u. nF, 47 aF und 74 aF StGB auch § 73 aF StGB an.

Der Untersuchungsrichter hat in den Eröffnungsverfügungen vom 9. August 1961 ff.[385] die von der StA angegebenen Strafvorschriften aufgeführt. In der Schwurgerichtsanklage vom 16. April 1963 wurden Baer u.a. unter Anführung der Strafbestimmungen § 211 aF und nF, §§ 43 aF, 47 aF, 74 aF StGB sowie (betrifft den Mitbeschuldigten Stark) §§ 105 ff. JGG[386] beschuldigt, »in den Jahren 1940 bis 1945 im Bereich des Konzentrationslagers Auschwitz/Polen [...] durch mehrere selbständige Handlungen, teils allein, teils gemeinschaftlich mit anderen [...] Menschen getötet zu haben«[387]. Das LG FFM hat das Verfahren am 7. Oktober 1963 nach Maßgabe der Anklageschrift eröffnet[388] und die Anklage zur Hauptverhandlung vor dem Schwurgericht zugelassen.

Einen Tag nach dem Antrag vom 6. Mai 1965 begann die Anklagevertretung mit den Schlussvorträgen und legte hinsichtlich der Frage der strafrechtlichen Subsumtion ihre Rechtsansicht dar. OStA Hanns Großmann hob in seinem Einführungsplädoyer bei der Erörterung des Persönlichkeitsbildes der Angeklagten deren gewollte und bewusste Bindung an den Nationalsozialismus und die SS hervor und führte aus: »Die Angeklagten arbeiteten auf der Grundlage ihrer Anwesenheit in Auschwitz und ihrer erkannten und ernstlich unwidersprochen gebliebenen Einschaltung in das dortige Geschehen, wenn auch bei unterschiedlicher Bedeutung und Intensität ihres Einsatzes, sämtlich am Fließband der Todesmaschinerie Auschwitz. Das durch die Dauer der Anwesenheit umgrenzte Gesamtverhalten der Angeklagten in Auschwitz ist bereits insoweit als psychische Mittäterschaft bzw. Beihilfe zum Mord zu werten; es bildet eine natürliche Handlungseinheit (§ 73 StGB).«[389] Auch Staatsanwalt

Georg Friedrich Vogel unterstrich in seinen Ausführungen zum Angeklagten Hans Stark, »bei der strafrechtlichen Subsumtion« seien Starks Teilnahme an Selektionen und Vergasungen »wie überhaupt alle Tötungs- und Vernichtungsaktionen in Auschwitz als ein einheitlicher Tatvorgang im Sinne einer natürlichen Handlungseinheit zu bewerten, nämlich als die schubweise Verwirklichung eines einheitlichen Vernichtungsprogramms«.[390] Ebenso führte Vogel hinsichtlich des Angeklagten Franz Hofmann aus: »Bei der rechtlichen Subsumtion ist die Beteiligung des Angeklagten an den Vernichtungsaktionen in Auschwitz-Birkenau als eine natürliche Handlungseinheit bei der Durchführung eines einheitlichen Vernichtungsprogramms zu bewerten.«[391]

Unter Zugrundelegung dieser Rechtsauffassung bestimmte sich der Umfang der Tat des einzelnen Angeklagten nicht allein nach den auf der Grundlage von Zeugenaussagen gemachten tatsächlichen Feststellungen über die konkrete Mitwirkung bei der Ermordung der Opfer eines einzelnen Transports. Gaben die in der Beweisaufnahme gewonnenen Erkenntnisse über das Gesamtgeschehen und das auf unzweifelhaften Feststellungen sich gründende Wissen um die Funktion eines Angeklagten im Gesamtgefüge des Lagers klaren, jeden Zweifel ausschließenden Aufschluss über die Art und Weise seiner *funktionellen Mitwirkung* und die Häufigkeit seiner Beteiligung,[392] dann war ein Angeklagter nach Maßgabe dieser ihm zuzurechnenden Tatbeiträge zu verurteilen. Der dem schieren Zufall geschuldete Umstand, dass es überlebende Opfer gab, davongekommene Tatzeugen des Massenmords, war angesichts der den einzelnen Angeklagten zurechenbaren Tatbeiträge nicht der alleinige Beweis für ihre Tatbeteiligung.

Die Vertreter der Nebenkläger waren unterschiedlicher Auffassung. Ormond und Raabe sprachen sich entschieden gegen die von der StA vertretene »Theorie der sogenannten natürlichen Handlungseinheit«[393] aus. Obschon Raabe konzedierte, die »Rechtsansicht, die Anwesenheit und Tätigkeit der Angeklagten in Auschwitz als natürliche Handlungseinheit zu betrachten«, entspreche »dem berechtigten Wunsch, das Massenverbrechen und damit das Phänomen der Todesfabrik Auschwitz in einer den tatsächlichen Verhältnissen entsprechenden Weise rechtlich zu erfassen«, machte er sowohl prozessuale als auch materielle Bedenken geltend. Raabe zufolge hätte die von der StA nunmehr vertretene Rechtsauffassung »auch in Anklage und im Eröffnungsbeschluss ihren Niederschlag [...] finden müssen«.[394] Der am 3. u. 6. Mai 1965 gemäß § 265 StPO erfolgte Hinweis seitens der Ankläger auf die Veränderung des rechtlichen Gesichtspunkts habe nicht ausgereicht, den Schuldvorwurf (Anwesenheit und Funktion im Vernichtungslager) »rechtlich zulässig [...] in das Verfahren [...] einzuführen«.[395] Mit Bezug auf die Entscheidung des BGH, ein »allgemeiner Begriff des Massenverbrechens als einer rechtlichen Handlungseinheit« sei »für das deutsche Strafrecht nicht anzuerkennen«,[396] machte der Opferanwalt auch materielle Bedenken geltend. Darüber hinaus hob er hervor, dass eine »gerechte Abgrenzung der Schuld des einzelnen Angeklagten lediglich aufgrund seiner Funktion im Lager praktisch nicht möglich«[397] sei.

Auch Ormond führte in seinem Schlussvortrag vom 24. Mai 1965 aus, »schon aus tatsächlichen Gründen« könne »bei dem vielfältigen Geschehen in Auschwitz, den Tötungsarten und den näheren Umständen der einzelnen Fälle von einer natürlichen Handlungseinheit nicht die Rede sein«.[398] Ebenso wie sein Sozius Raabe lehnte er mit Verweis auf Entscheidungen des BGH[399] einen allgemeinen Begriff des Massenverbrechens als rechtlicher Handlungseinheit ab und beharrte darauf, dass die Taten der Angeklagten als selbstständige, auf einzelnen Willensbetätigungen beruhende Handlungen rechtlich zu werten waren.

Nebenklagevertreter Kaul sprach sich hingegen vehement für die von der StA vertretene Rechtsmeinung aus.

In Übereinstimmung mit der Anklagevertretung vertrat er die Ansicht, dass die Handlungen der Angeklagten, da die gleichförmigen Taten untereinander in sachlicher Beziehung stünden, als eine strafrechtliche Einheit zu bewerten seien.[400] In seiner Replik vom 29. Juli 1965 auf die Schlussvorträge der Verteidigung ging er ausführlich auf die Frage der Subsumtion der zur Verurteilung anstehenden Taten ein. Kaul zufolge lag angesichts der im Rahmen eines einheitlichen Vernichtungsprogramms geleisteten Tatbeiträge eine einmalige Tatbestandserfüllung vor. Da die Angeklagten »in einem engen zeitlichen und örtlichen Zusammenhang, nämlich während ihrer Zugehörigkeit zum Befehlsbereich des SS-Standortes Auschwitz, mit einem und demselben, gleichbleibenden Betätigungswillen handelten, nämlich mit dem Willen zur Mitwirkung an der Verwirklichung des einheitlichen nazistischen Massenvernichtungsprogramms«, seien die in der Beweisaufnahme »festgestellten, strafrechtlich relevanten Verhaltensweisen der Angeklagten rechtlich jeweils als eine natürliche Handlungseinheit anzusehen«.[401] Die Annahme vieler einzelner, von Tatbeteiligung zu Tatbeteiligung sich neu äußernden Willensbetätigungen war nach Kaul verfehlt. Unter Bezugnahme auf die von Raabe/Ormond gegen die Auffassung der StA angeführte Entscheidung des BGH, der Richter dürfe bei der rechtlichen Würdigung der Taten sich nicht »von einer in ihren Grenzen unklaren Gesamtvorstellung beeinflussen«[402] lassen, hob Kaul hervor, es gehe »nicht darum, die konkrete Tatsachenfeststellung durch die Annahme einer natürlichen Handlungseinheit zu ersetzen«, vielmehr handele es sich darum, »die in Umfang und Ausmaß in der Beweisaufnahme exakt festgestellten einzelnen, strafrechtlich relevanten Verhaltensweisen juristisch richtig als eine natürliche Handlungseinheit zu qualifizieren«. Nur dadurch könne auch »der Umfang der Schuld und die Schwere der Tat der einzelnen Angeklagten richtig gewürdigt werden«.[403] Die richtige juristische Qualifizierung der

Verbrechen hielt er auch im Hinblick auf Sinn und Zweck des Auschwitz-Prozesses für grundlegend.

Die Verteidigung verwarf naheliegender Weise die Rechtsansicht der StA. RA Steinacker hob hervor, die »Theorie der natürlichen Handlungseinheit« führe »zu einer uferlosen Ausweitung des Verfahrens«, zu einer »völligen Verwässerung und Aushöhlung des Sinnes und Zwecks der Vorschrift des § 207 StPO«.[404] Laternser erblickte einen Widerspruch in den Ausführungen der Staatsanwälte. Hätten bisher die Ankläger den Schuldvorwurf erhoben, Rampendienst sei Mitwirkung an Selektionen gewesen, betrachteten sie nunmehr das »bloße Dortsein auf der Rampe«, das »bloße Herumstehen an der Rampe« als »Beteiligung in Form der Mittäterschaft«.[405] »Das bloße Dortsein – ohne irgendeine Tätigkeit – kann«, so legte der Verteidiger dar, »rein begrifflich keine Teilnahme an einer strafbaren Handlung darstellen. Strafbar ist immer nur eine vorwerfbare Handlung des Täters, die als historischer Vorgang und als Geschehen in einem Tun oder Unterlassen bestehen kann.«[406] RA Erhard hielt der StA »allgemeine Verurteilungen« und »allgemeine Beurteilungen« vor und betonte, die »bloße Anwesenheit auf der Rampe«[407] könne Mittäterschaft nicht begründen.

Das Schwurgericht betrachtete gemäß der höchstrichterlichen Judikatur Hitler, Himmler, Göring, Heydrich u.a. als Haupttäter, die die »Tötungen der jüdischen Menschen im Rahmen der sog. ›Endlösung der Judenfrage‹ geplant, die organisatorischen Voraussetzungen hierfür geschaffen und ihre Durchführung angeordnet«[408] hatten. Obgleich die in Ausführung des vom Gericht angenommenen Geheimbefehls Hitlers[409] durchgeführten »massenweisen Tötungen der jüdischen Menschen während eines Zeitraumes von mehreren Jahren auf einem Willensentschluss und einer Willensäußerung Hitlers«[410] beruht hätten, könnten »die gesamten Vernichtungsaktionen nicht als eine einzige Handlung angesehen werden«, da das deutsche Strafrecht den Begriff des

Massenmords nicht kenne. Das Schwurgericht hielt die von der StA mit Antrag vom 6. Mai 1965 vorgetragene Auffassung, »die Massentötungen jüdischer Menschen im Rahmen der sog. ›Endlösung der Judenfrage‹ rechtlich als eine einzige Handlung im Sinne einer gleichartigen Idealkonkurrenz (§ 73 StGB) anzusehen«[411] für »grundsätzlich möglich«, sie erschien ihm aber »aus tatsächlichen Gründen« unzutreffend. Der Vernichtungsprozess stellte sich den Frankfurter Tatrichtern wie folgt dar: »Die Auslösung der einzelnen Aktionen in den verschiedenen Ländern Europas bedurfte einer Vielzahl von Willensentschlüssen der verschiedensten Personen in den oberen, mittleren und unteren zuständigen Dienststellen und jeweils eines besonderen Einsatzbefehles. Mit der Durchführung der Aktionen war eine Vielzahl von Personen befasst, die sich ebenfalls jeweils auf Grund besonderer Willensentschlüsse zur Mitwirkung bereitfanden. Die Tötungsaktionen selbst erfolgten nicht einheitlich und erforderten unzählige Willensbetätigungen einer großen Anzahl von Personen.«[412] Hinsichtlich der Tötungszentren und der Tätigkeit des SS-Personals gelangte das Gericht zu der Feststellung: »In den verschiedenen Vernichtungslagern wurden die Juden auf verschiedene Weise umgebracht, teils durch Erschießen, teils in Gaswagen, teils in festen Gaskammern wie im Konzentrationslager Auschwitz. Das Einwerfen des Zyklon B erforderte jeweils einen besonderen Entschluss und besondere Willensbetätigungen der damit beauftragten Personen. Die Orte der Vernichtung lagen weit auseinander. Die Aktionen selbst erstreckten sich über einen Zeitraum von mehreren Jahren. Ein enger räumlicher und zeitlicher Zusammenhang fehlt daher. Auch kann nicht von einem Ineinandergreifen der verschiedenen einzelnen Aktionen gesprochen werden.«[413]

Das Schwurgericht hat die Shoah nicht als Ganzes, wie Bauer es später darlegte, aber auch nicht den in Auschwitz durchgeführten Massenmord, wie die Anklagevertretung argumentierte, als eine im Rechtssinne einzige Handlung betrachtet. Die Richter sahen vielmehr in der Vernichtung eines einzelnen RSHA-Transports, dessen Ankunft freilich durch Urkunden oder Zeugenbekundungen bewiesen sein musste, im Sinne des § 73 aF StGB eine gleichartige Tateinheit, insofern eine jede einzelne »Abwicklung« eines Transports als eine einheitliche Handlung anzusehen sei, durch die § 211 StGB (i.S. der Idealkonkurrenz) mehrfach verletzt sei.[414] Die Vernichtung der mit *einem* Todeszug nach Auschwitz verbrachten Juden war nach Auffassung des Schwurgerichts bei natürlicher Betrachtungsweise gegenüber allen vorausgegangenen und allen späteren Transporten als selbstständige Handlung anzusehen, weil die *einzelnen* Vernichtungsaktionen »jeweils durch besondere Willensbetätigungen der zum Rampendienst eingeteilten SS-Angehörigen und insbesondere der mit dem Einwerfen des Zyklon B beauftragten SS-Männer«[415] erfolgt seien. Die Beteiligung an einer (einen Transport umfassenden) Vernichtungsaktion sei mithin als besondere Willensbetätigung des einzelnen SS-Mannes, zu der er sich von Dienst zu Dienst jeweils neu habe entschließen müssen, zu betrachten. Die individuelle Mitwirkung an der Vernichtung von Juden eines RSHA-Transports stelle somit eine im Sinne des § 74 aF StGB selbstständige Handlung, einen Mord dar, begangen in gleichartiger Tateinheit an einer vom Gericht angenommenen Mindestzahl von Menschen, die aus dem Transport direkt in die Gaskammer verbracht worden seien.

Die StA machte in ihrer Revisionsbegründung den abermaligen Versuch, ihrer Rechtsansicht Geltung zu verschaffen. In der mit der Revision vom 25. August 1965[416] erhobenen Rüge der Verletzung materiellen Rechts bezog sie sich auf den Antrag vom 6. Mai 1965 und führte in ihrem Schriftsatz vom 9. Mai 1967[417] aus, dass der »Wertung des Schwurgerichts, die von den Angeklagten begangenen strafbaren Handlungen seien als Einzelhandlungen im Sinne des § 74

StGB anzusehen, [...] rechtliche Bedenken«[418] entgegenstünden. Nach Auffassung der StA war das historische Ereignis Auschwitz »nur bei Zugrundelegung einer natürlichen Handlungseinheit [...] zutreffend zu subsumieren«. Da das »besondere Geschehen in Auschwitz [...] ein in sich geschlossener Teil« des NS-»Vernichtungsprogramms« gewesen sei, müssten »die gesamten strafbaren Handlungen jeweils für den einzelnen Angeklagten als in natürlicher Handlungseinheit begangen angesehen werden«. Wer bei Vernichtungsaktionen zugegen gewesen sei, wie der vom Schwurgericht freigesprochene 2. Lagerzahnarzt Willi Schatz, von Februar 1944 bis Januar 1945, d.h. in der Zeit der »Ungarn-Aktion«, in Auschwitz tätig, könne unter Geltendmachung dieser Rechtsanschauung nicht straffrei bleiben.

Mit ihrer mit Anträgen vom 3. und 6. Mai 1965 und mit Schriftsatz vom 9. Mai 1967 vertretenen Rechtsauffassung befand sich die Frankfurter StA durchaus in Übereinstimmung mit der vom BGH bestätigten Rechtsprechung gegen Personal der Vernichtungslager, wie in III.3. noch zu zeigen ist. Dennoch stieß sie beim Schwurgericht und auch beim BGH auf Ablehnung. Christoph Safferling stellt aus der Perspektive der Demjanjuk- (2011) und Gröning-Entscheidung (2015) zurecht fest: »Das Gericht konnte sich nicht dazu durchringen, für die Vollstrecker des Holocaust eine spezielle Form der strafrechtlichen Zurechnung anzunehmen und die Massentötung als eine einheitliche Tat zu bewerten.«[419]

In seinem auf der Sonderveranstaltung des 46. Deutschen Juristentages in Essen 1966 gehaltenen Vortrag über »Prozessrechtliche Probleme und praktische Schwierigkeiten bei der Durchführung der Prozesse« führte Hans Hofmeyer aus, die von der Strafverfolgungsbehörde vertretene Auffassung »würde den rechtsstaatlichen Grundsätzen und Erfordernissen unserer Strafprozessordnung gewiss nicht gerecht«.[420] Bauers Ausführungen (ohne Namensnennung und Quellenangabe) zitierend, wonach der Mitwirkung am Mord schuldig sei, wer an der Mordmaschinerie[421] hantiert habe, spricht Hofmeyer von einem unakzeptablen, von seinem Gericht deshalb abgelehnten »summarische[n] Verfahren« und betont: »Jeder Angeklagte hat nicht nur das Recht, vom Gericht gehört zu werden, wenn er behauptet und dartun will, er sei nicht aus eigenem Antrieb, sondern auf Befehl Regierender tätig geworden, er habe ihre Ziele nicht rechtzeitig durchschaut, sie sich nicht zu eigen gemacht, oder er sei einem Zwang im allgemeinen oder im besonderen erlegen; es muss darüber hinaus auch geprüft werden, inwieweit das Tätigwerden des Einzelnen überhaupt kausal für den Enderfolg des Todes der Opfer gewesen ist. Gerade mit Rücksicht auf die Feststellung der Mitverantwortung von Staat und Gesellschaft [...] muss unter allen Umständen das rechtsstaatlich geordnete Verfahren eingehalten werden, um in größtmöglichem Umfange allen Umständen von Tat und Tätern Rechnung zu tragen.«[422]

Der BGH hat die in der Revisionsbegründung vom 9. Mai 1967 gemachten Ausführungen der StA zu Recht mit Bauers Aufsatz über Ideal- und Realkonkurrenz bei NS-Verbrechen in Zusammenhang gebracht, wenn er im Revisionsurteil vom 20. Februar 1969 (2 StR 280/67) darlegt: »[...] in Übereinstimmung mit Bauer« meint die Revision der StA, »dass jeder, der in das Vernichtungsprogramm des Konzentrationslagers Auschwitz eingegliedert war und dort irgendwie anlässlich dieses Programms tätig wurde, sich objektiv an den Morden beteiligt hat und für alles Geschehene verantwortlich ist«. Dem BGH zufolge ist »diese Ansicht [...] nicht richtig. Sie würde bedeuten, dass auch ein Handeln, das die Haupttat in keiner Weise konkret fördert, bestraft werden müsste. Folgerichtig wäre auch der Arzt, der zur Betreuung der Wachmannschaft bestellt war und sich streng auf diese Aufgabe beschränkt hat, der Beihilfe zum Mord schuldig. Dasselbe gälte sogar für den Arzt, der im Lager

Häftlingskranke behandelt und sie gerettet hat. Nicht einmal wer an seiner Stelle dem Mordprogramm kleine Hindernisse, wenn auch in untergeordneter Weise und ohne Erfolg, bereitet hätte, wäre straffrei. Das ist nicht angängig. Die Revision kommt auf dem Umweg über den Begriff der natürlichen Handlungseinheit zu der Annahme eines Massenverbrechens, die in der Rechtsprechung des Bundesgerichtshofs immer abgelehnt worden ist [...]«.[423]

Die Ausführungen des BGH verdeutlichen, dass sein Verständnis und seine Deutung des Verbrechensgeschehens in Auschwitz gerade die von Bauer kritisierte »Atomisierung« vornimmt. »In Auschwitz handelte es sich, was die Angeklagten betrifft, nicht um einen fest umgrenzten, abgeschlossenen Tatkomplex eines einzigen bestimmten Täters, sondern um Tötungen aus den verschiedensten Beweggründen, zum Teil auf Befehl, zum Teil durch eigenmächtiges Handeln, zum Teil als Täter, zum Teil als Gehilfe, wobei zwischen den Tatkomplexen oft große Zeiträume liegen und die Tatkomplexe sich wesentlich voneinander unterscheiden.«[424]

Die vom BGH vorgebrachten Bedenken resultieren zumindest teilweise aus einer die Rechtsansicht der StA stark vereinfachenden Interpretation. Ob die Darstellung des BGH Bauers Ansicht zutreffend wiedergibt, bleibe offen. In seinem Plädoyer zum Angeklagten Hans Stark führte Staatsanwalt Vogel im Zusammenhang mit der rechtlichen Würdigung von Starks Beteiligung an Selektionen und Vergasungen aus, dass die genaue Feststellung des Umfangs der Tat geboten sei. Vogel, wie auch Kaul, rekurrieren auf die Entscheidung des BGH, der Richter dürfe bei der Würdigung des Umfangs der Schuld oder der Schwere der Tat eines Angeklagten sich nicht von einer »unklaren Gesamtvorstellung«[425] beeinflussen lassen. In strikter Ablehnung eines zu weit gefassten Begriffs der natürlichen Handlungseinheit legte der BGH – wie bereits ausgeführt – fest, Schuldspruch und Strafe dürften sich nur auf bestimmte Tatsachen stützen,

»von deren wirklichem Geschehen« der Tatrichter »eine an die volle Gewissheit grenzende eigene Überzeugung gewonnen haben«[426] müsse. Eben dies betonte Vogel explizit, indem er ausführte, Stark solle und dürfe »nicht nach gefühlsmäßigen Erwägungen bestraft werden«, Grundlage einer Verurteilung könne »nur die sichere Überzeugung von dem Umfang der Verbrechen sein«[427], weshalb bei der Urteilsfindung »die Mindestzahl der Opfer zugrunde gelegt werden« müsse, »wie sie sich für den Angeklagten aus den zu seiner Tätigkeit in Auschwitz getroffenen Feststellungen in Verbindung mit den allgemeinen Angaben über die Anzahl der in dieser Zeit getöteten Menschen«[428] ergebe. Von einer unzulässigen Ausweitung des Begriffs der natürlichen Handlungseinheit in der von der StA vorgetragenen Rechtsauffassung kann mithin keine Rede sein. Nicht wer »irgendwie« in Auschwitz tätig bzw. bloß anwesend war, sollte nach Auffassung der Anklagevertreter seiner gerechten Strafe im Rahmen eines rechtsstaatlichen Verfahrens zugeführt werden. In allen im Auschwitz-Prozess zur Aburteilung anstehenden Fällen war die StA in der gebotenen Sorgfalt darum bemüht, tatsächliche Feststellungen zu treffen und die Tatbeiträge der einzelnen Angeklagten im Rahmen des Gesamtgeschehens in Auschwitz und ihres Gesamtverhaltens zu bestimmen und zu bewerten. Folgerichtig beantragte sie im Fall des in der Politischen Abteilung (Standesamt) tätigen Angeklagten Johann Schoberth gemäß § 47 Abs. 2 MStGB von einer Bestrafung abzusehen und den Haftbefehl aufzuheben, weil der Angeklagte – obgleich in seiner »Anwesenheit« in Auschwitz »eine psychische Beihilfe zu den während dieser Zeit als Teil des allgemeinen Vernichtungsprogramms begangenen Tötungshandlungen«[429] liege – eine »völlig untergeordnete Stellung ohne eigene Machtbefugnisse« gehabt und »niemals eigene Initiative entwickelt und sich nicht aktiv an den Vernichtungsaktionen beteiligt«[430] habe. Eine konkrete Förderung der Haupttaten, zum Beispiel bei der »Abwicklung« von

Transporten, war der niederen Charge in seiner Position nicht nachzuweisen.

Ganz anders bewertete die StA das Maß der Schuld des Angeklagten Stark. Als Leiter des Aufnahmereferats der Politischen Abteilung an durchaus zentraler Stelle im Vernichtungsapparat tätig, war Stark in die Tötungsaktionen maßgeblich eingebunden, leistete nachweislich erhebliche Tatbeiträge. Die in der Zeit seiner Anwesenheit in Auschwitz getöteten Opfer waren ihm deshalb nach Auffassung der StA unter Zugrundelegung einer absoluten Mindestzahl individuell zuzurechnen.

Eine und dieselbe Handlung kann mehrere verschiedene Strafgesetze (ungleichartige Tateinheit) oder dasselbe Strafgesetz mehrfach (gleichartige Tateinheit) verletzen. Den Begriff der natürlichen Handlungseinheit hat die Rechtsprechung »allmählich in sachgerechter erweiternder Auslegung des Begriffs ›ein und dieselbe Handlung‹ im Sinne des § 73 StGB entwickelt«[431], den dem »deutschen Strafrecht seit jeher geläufigen Begriff der natürlichen Handlungseinheit«[432] aber eng ausgelegt und sich gegen jede Erweiterung des Begriffs[433] ausgesprochen. Ob im Rechtssinne eine oder mehrere Handlungen vorliegen, hängt nach Auffassung des BGH davon ab, »ob im natürlichen Sinne eine Handlung, nämlich eine Willensbetätigung, vorliegt oder ob mehrere Willensbetätigungen gegeben und rechtlich zu beurteilen«[434] sind. Die Fälle, in denen eine Mehrheit von Willensbetätigungen eine natürliche Handlungseinheit bilden und sich rechtlich zu einer einheitlichen Handlung, zu einer Handlung zusammenfassen lassen, hat der BGH klar begrenzt.

Das Reichsgericht führte aus, dass der »Wille, durch eine Mehrheit von Willensbetätigungen eine bestimmte als Erfolg des Handelns ins Auge gefasste Einwirkung auf die Außenwelt zu erzielen, [...] die Handlungseinheit«[435] ergebe und legte fest, dass eine »natürliche Handlungseinheit [...] einen [...] unmittelbaren Zusammenhang« erfordere, dass sich »das gesamte Tätigwerden an sich (objektiv) auch für einen Dritten als ein einheitliches zusammengehöriges Tun bei natürlicher Betrachtungsweise erkennbar«[436] mache. Das Vorhandensein eines unmittelbaren, engen räumlichen und zeitlichen Zusammenhangs der Handlungen[437], die Einheitlichkeit und Einmaligkeit des Willens[438], die Gleichartigkeit der Betätigungen[439] und die Einheitlichkeit des Ziels qualifizieren eine Mehrheit von Handlungen als Handlungseinheit.

Bei Zugrundelegung einer Rechtsauffassung, die im und durch das Recht auch Gerechtigkeit herzustellen versucht, bleibt festzuhalten: Wer in Auschwitz Dienst tat, funktionaler Teil des Vernichtungsapparats war, hat in der Zeit seiner Anwesenheit fortwährend fördernde und unterstützende Beiträge zu einer Tat geleistet. Im Rechtssinn ist der in Auschwitz begangene Massenmord der Jahre 1942 bis 1944 als eine Tat zu betrachten. Jede Teilnahme an den Tag für Tag durchgeführten Mordaktionen ist als in natürlicher Handlungseinheit geleisteter Tatbeitrag zu bewerten. Die Tatbeiträge des einzelnen in der Todesfabrik tätigen SS-Angehörigen waren innerlich und äußerlich gleichartige, routiniert und eingespielt ablaufende Betätigungen, die auf einer gemeinsamen, einheitlichen inneren Einstellung und einem einheitlichen Täter- bzw. Gehilfenwillen beruhten. Oder in anderen Worten: »Aber wenn es bei der Shoa, der Ermordung der 6 Millionen Juden, einen Tatkomplex gab, auf den die Kriterien einer Tat im Sinne der natürlichen Handlungseinheit eindeutig zutrafen, das sind: einheitliche Planung, räumliche Begrenzung, gleichförmiger Ablauf – dann ist das die Vernichtung der Juden, die auf der Rampe in Auschwitz selektiert und dann in den Gaskammern ermordet wurden.«[440]

II. Die Frankfurter Nachfolgeprozesse

1. Der gescheiterte Großprozess
Der 2. Frankfurter Auschwitz-Prozess (1965 – 1966)

Als die StA beim LG FFM Mitte 1961 in der Ermittlungssache gegen Baer u.a. (4 Js 444/59) beim LG FFM ihren Antrag auf Eröffnung der gerichtlichen Voruntersuchung stellte, trennte sie das Verfahren gegen die weiteren Beschuldigten ab und leitete ein neues Ermittlungsverfahren ein. Das Verfahren gegen Albrecht u.a. (4 Js 1031/61) richtete sich gegen 839 Beschuldigte.[441] Die intensiven Nachforschungen der Ermittler ergaben freilich in vielen Fällen, dass Beschuldigte bereits verstorben waren. Mit Verfügungen vom 13. Januar[442] und 4. September 1961[443] stellten die Staatsanwälte deshalb fest, dass das Verfahren gegen insgesamt 135 Beschuldigte wegen Todes erledigt sei. Eingestellt wurden mit Verfügungen vom 25. August[444] und 20. September 1961[445] auch das Verfahren gegen weitere 297 Beschuldigte, da neben den Nachnamen, dem SS-Dienstgrad und der »bloßen Anwesenheit« in Auschwitz keine näheren Erkenntnisse über die Beschuldigten zu ermitteln waren. Teilweise hatten die Namen auf amerikanischen Kriegsverbrecherlisten gestanden, ohne dass weiterführende Informationen über die SS-Angehörigen vorgelegen hätten. Die Tatsache, in Auschwitz tätig gewesen zu sein, reichte der Strafverfolgungsbehörde nicht aus.

Mit Antrag vom 18. Oktober 1962 stellte die StA sodann beim LG FFM Antrag auf Eröffnung der gerichtlichen Voruntersuchung[446] gegen zunächst 17 Beschuldigte. Den zweiten Großprozess gegen Auschwitz-Personal galt es in die Wege zu leiten.

Angeschuldigt wurden die Angehörigen der Auschwitzer SS im wesentlichen folgender konkreter Taten:

1. Bruno Hugo Albrecht (geb. 22.4.1901 in Łódź), Angehöriger der Wachkompanie: Erschießung von zwei Häftlingen.

2. Karl Reinhard Broch (geb. 27.1.1904 in Solingen), SS-Unterscharführer und Mitglied der Politischen Abteilung: Mitwirkung an »Bunkerentleerungen« in Block 11 des Stammlagers.

3. Wilhelm Burger (geb. 19.5.1904 in München), SS-Sturmbannführer und Leiter der Abt. IV (Verwaltung): Bestellung, Entgegennahme, Bezahlung und Lagerung von Zyklon B im Wissen um die Verwendung des Gases als Massentötungsmittel.

4. Eugen Dörr (geb. 18.8.1908 in Herne), SS-Rottenführer: Tötung von 20 beim Bau eines Entwässerungsgrabens (»Königsgraben«) eingesetzten sowjetischen Kriegsgefangenen.

5. Reinhard Edele (geb. 15.3.1908 in Wildbad), SS-Oberscharführer und Kommandoführer bei den Deutschen Ausrüstungswerken (DAW): Tötung von vier jüdischen Häftlingsfrauen.

6. Josef Erber (16.10.1897 in Ottendorf), SS-Oberscharführer und Angehöriger der Politischen Abteilung: Teilnahme an Selektionen, Erschießung von Mitgliedern des aufständischen Sonderkommandos am 7. Oktober 1944 in Birkenau.

7. Alois Frey (geb. 16.10.1911 in Bühlertal), SS-Unterscharführer: Meldung von fünf Häftlingen wegen Fluchtversuchs im Wissen um die tödlichen Folgen der Meldung.

8. Erich Alfred Grönke (geb. 15.9.1902 in Berlin), Häftling und später Leiter der »Lederfabrik« in Auschwitz: Misshandlung von Häftlingen mit Todesfolge, versuchter Mord an drei Häftlingen.

9. Kurt Hans Jurasek (geb. 12.7.1922 in Wien), SS-Unterscharführer und Angehöriger der Lagerapotheke: Verwaltung und Herausgabe von Zyklon B im Wissen um den Verwendungszweck des Gases zur Tötung von Häftlingen.

10. Johann Josef Mirbeth (geb. 18.3.1905 in München), SS-Oberscharführer und Kommandoführer: Tötung von

Häftlingen durch Erschießen »auf der Flucht«; Führer der Wachmannschaft auf der Rampe (Postenkette).

11. Friedrich Ontl (geb. 25.8.1908 in Zwittau), SS-Oberscharführer und »Spieß« des SS-Standortarztes: Mitwirkung an Rampenselektionen; Ausarbeitung von Dienst- und Bereitschaftsplänen für das SS-Ärztepersonal und die »Desinfektoren« für den Rampen- und Gaskammerdienst.

12. Elisabeth Ruppert (geb. 2.5.1914 in Dillingen), SS-Aufseherin und Rapportführerin: Tötung von Häftlingsfrauen durch Stehappelle im Winter.

13. Willi Rudolf Sawatzki (geb. 10.11.1919 in Perleberg), SS-Oberscharführer und Arbeitsdienstführer im Zigeunerlager (BIIe): Beteiligung an Rampenselektionen; Mitwirkung an der »Liquidation« des Zigeunerlagers im August 1944.

14. Anton Wilhelm Siebald (geb. 23.10.1912 in Breitenbach), SS-Oberscharführer und Mitglied der Fahrbereitschaft: Transport von deportierten Juden von der Rampe zu den Gaskammern.

15. Robert Sierek (geb. 5.6.1895 in Bielitz), SS-Oberscharführer: Erschießung von fünf Juden bei einer Ghettoräumung im oberschlesischen Sosnowitz.

16. Georg Swierczynski (geb. 12.8.1914 in Beuthen), SS-Rapportführer in den Nebenlagern Günthergrube und Fürstengrube: Tötung von Häftlingen auf dem Todesmarsch im Januar 1945.

17. Josef Windeck (geb. 11.10.1903 in Rheydt), Lagerkapo im Stammlager und Lagerältester in KZ Buna/Monowitz: Eigenmächtige Tötung von Häftlingen.

Der Untersuchungsrichter IV beim LG FFM, Heinz Düx, eröffnete mit Beschluss vom 24. Oktober 1962 die gerichtliche Voruntersuchung.[447] Zu den genannten 17 Beschuldigten kamen durch Ausdehnungsanträge der StA vom 16. September 1963[448] noch folgende Mitglieder der Fahrbereitschaft von Auschwitz hinzu:

18. Fritz Gaar (geb. 7.10.1903 in Opfenried), »Spieß« der LKW-Staffel der Fahrbereitschaft: Mitwirkung an der Tötung von Deportierten durch Transport von der Rampe zu den Vernichtungsstätten.

19. Adam Hradil (geb. 5.5.1904 in Rumänien), Angehöriger der Fahrbereitschaft: Beteiligung an Transporten von Juden zu den Gaskammern.

20. Otto Vollrath (geb. 15.8.1909 in Gierstädt), Mitglied der Fahrbereitschaft: Transport von Insassen von RSHA-Transporten zu den Gaskammern.

Mit Beschluss vom 24. September 1963[449] eröffnete das LG FFM auch gegen die drei LKW-Fahrer die gerichtliche Voruntersuchung.

Hinsichtlich der beiden Beschuldigten Wilhelm Burger und Josef Erber war es die Absicht der Anklagebehörde, ihr Verfahren mit dem Verfahren 4 Js 444/59[450] zu verbinden. Untersuchungsrichter Düx[451] schloss deshalb im Einverständnis mit der StA die gerichtliche Voruntersuchung gegen Burger und Erber (Beschluss vom 1. August 1963) und ermöglichte somit die umgehend am 6. August 1963 erhobene öffentliche Klage gegen sie.[452]

Mit der eingereichten Schwurgerichtsanklage stellte die Strafverfolgungsbehörde beim Landgericht zugleich den Antrag, die Sache zur gemeinsamen Verhandlung und Entscheidung mit dem vor der Eröffnung stehenden Verfahren gegen Baer u.a. zu verbinden. Das LG FFM lehnte den Antrag jedoch ab, die Beschwerde der StA[453] blieb erfolglos. Das Voruntersuchungsverfahren gegen die restlichen 18 Angeschuldigten führte der Untersuchungsrichter fort und schloss es erst am 29. Januar 1964.[454]

Zu dem geplanten zweiten großen Frankfurter Auschwitz-Prozess ist es dennoch nicht gekommen. Da im 1. Auschwitz-Prozess das Verfahren gegen den Angeklagten Gerhard Neubert aus Krankheitsgründen am 23. Juli 1964 abgetrennt worden war, die Anklage gegen Burger und Erber bereits vorlag und die Anklageerhebung gegen die übrigen 18 Angeschuldigten des Verfahrens gegen Albrecht u.a. wegen Beweisschwierigkeiten noch nicht abzusehen war, entschloss sich die StA, gegen Burger und Erber unter Einbeziehung von Neubert das Hauptverfahren eröffnen zu lassen.

Der 2. Frankfurter Auschwitz-Prozess (4 Ks 3/63) begann am 14. Dezember 1965, gerade zwei Jahre nach dem Beginn des Verfahrens gegen Mulka u.a. (4 Ks 2/63) und dauerte bis zum 16. September 1966. Die Frankfurter Ankläger[455] benannten für Burger fünf SS-Zeugen[456], für Erber insgesamt 12 Zeugen, allesamt Überlebende von Auschwitz. Ansonsten stützte sich die StA auf die Anklageschrift in der Strafsache gegen Mulka u.a. vom 16. April 1963 samt den Anlagebänden, die eine Vielzahl von Urkunden enthielten.

Als Leiter der Abteilung Verwaltung hatte Wilhelm Burger einen großen Verantwortungsbereich. Er war unter anderem zuständig für die Verpflegung und Bekleidung der Häftlinge, die Unterkünfte und alle Baulichkeiten des Lagers. Folglich oblag ihm auch die »Betriebsbereitschaft der Krematorien und Gaskammern«.[457] Die Zentralbauleitung der Waffen-SS und Polizei hatte, wie Urkunden belegten, nach Fertigstellung der Vernichtungseinrichtungen die Bauten der Abt. Verwaltung übergeben. Haupttatvorwurf gegen Burger war die Beschaffung von Zyklon B und die Verwaltung des den Deportierten geraubten Hab und Guts (»Aktion Reinhardt«).[458]

Erber hatte nach Erkenntnis der Anklagebehörde als Leiter des Referats Aufnahme der Politischen Abteilung an einer Vielzahl von Rampenselektionen teilgenommen. Zahlreiche Zeugen belasteten den Angeklagten. Darüber hinaus gaben ehemalige Häftlinge in Vernehmungen an, Erber bei Lagerselektionen, bei der Auflösung des Theresienstädter Familienlagers und bei der Niederschlagung des Aufstands des Sonderkommandos im Oktober 1944 gesehen zu haben.

Das Schwurgericht verurteilte Wilhelm Burger wegen Beihilfe zum gemeinschaftlichen Mord zu einer Zuchthausstrafe von acht Jahren, Erber wegen gemeinschaftlichen Mordes in 70 Fällen zu lebenslangem Zuchthaus, Neubert wegen Beihilfe zum gemeinschaftlichen Mord in 35 Fällen zu einer Zuchthausstrafe von dreieinhalb Jahren.[459]

Burger wurde für schuldig befunden, als Verwaltungsleiter von Auschwitz in der Zeit vom 22. Juni 1942 bis zum 1. Mai 1943 Zyklon B beschafft und bezahlt zu haben. Der Nachweis, Burger sei auch für die Lagerung und Herausgabe des Tötungsmittels zuständig gewesen, konnte nach Erkenntnis des Gerichts nicht zweifelsfrei erbracht werden. Die Beweisaufnahme hatte ergeben, dass die Abt. Verwaltung Zyklon B direkt bei der in Hamburg ansässigen Vertriebsfirma Tesch & Stabenow bestellt hatte. Die Firma unterrichtete das Frankfurter Unternehmen Degesch (Deutsche Gesellschaft für Schädlingsbekämpfung m.b.H.)[460] von den Bestellungen. Die Herstellerfirmen, die Dessauer Werke für Zucker und Chemische Industrie AG (Dessau) und die Kali Werke AG (Kolin) lieferten sodann das Gas an das Vernichtungslager. In der Regel holten Angehörige der Fahrbereitschaft die Gasbüchsen, wie Fahrgenehmigungen belegten, an den Produktionsstätten in Dessau und Kolin ab.

Ab Mitte 1943 hatten auch die Konzentrationslager ihre Gasbestellungen wegen einer erforderlichen Kontingentierung der Mangelware Zyklon B an den Hauptsanitätspark der Wehrmacht in Berlin[461] zu richten.

Burger, bis Anfang Mai 1943 Verwaltungsführer in Auschwitz, bestritt, Zyklon B für Tötungszwecke bestellt zu haben. Er räumte zwar Gasbestellungen bei Tesch & Stabenow ein, ebenso die Abholung von Gas in Dessau, er beteuerte jedoch, das Gas ausdrücklich nur für Entwesungsmaßnahmen (Desinfektion von Baracken, Unterkünften, Kleidung) beschafft zu haben.

Hinsichtlich der subjektiven Tatseite qualifizierte das Gericht Burger als Gehilfen. Die Richter waren der Auffassung, der Angeklagte habe sich die befohlenen Vernichtungsaktionen nicht zu eigen gemacht, er habe lediglich einen Beitrag zur Erreichung fremder Ziele leisten wollen. Nach Auffassung des Tatgerichts verkörperte der Angeklagte »den Typ des reibungslos arbeitenden Verwaltungsbeamten«.[462]

Anders urteilte das Schwurgericht im Fall Erber. Der Angeklagte wurde für schuldig befunden, an Rampen- und Lagerselektionen und an der Ermordung von Mitgliedern des aufständischen Sonderkommandos beteiligt gewesen zu sein. Hierbei handelte Erber nach Auffassung des Gerichts in Übereinstimmung mit den Haupttätern, denn er »teilte die Anschauungen derer, die das Vernichtungsvorhaben geplant und befohlen hatten«.[463] Erber war mithin Mittäter und mit der Höchststrafe zu verurteilen.[464]

Wie Burger erachtete das Gericht auch Neubert als Gehilfen. Seine Teilnahme an Selektionen im Häftlingskrankenbau und im Lager geschah auf Befehl eines Vorgesetzten. Der SS-Arzt ordnete eine »Vorauswahl im HKB« an, die Neubert meist in Begleitung des Häftlingsarztes Stefan Budziaszek alias Buthner[465] zu treffen hatte. Neubert führte jedoch nicht nur Vorselektionen durch. Nach Erkenntnis des Gerichts hatte der Angeklagte »in Abwesenheit des SS-Arztes im HKB bei der Auswahl der Häftlinge auch endgültige Entscheidungen getroffen«, die nicht mehr vom Vorgesetzten bestätigt worden sind.

Sowohl die Vorselektionen im HKB als auch die alleinige und endgültige Auswahl kranker Häftlinge zur Überstellung nach Auschwitz bzw. Birkenau hatte Neubert dem Ergebnis der Beweisaufnahme zufolge ausschließlich auf Befehl durchgeführt. Ein »Tätigwerden aus eigener Initiative« konnte das Gericht bei ihm nicht feststellen. Sowohl bei Burger[466] als auch bei Neubert[467] gelangte das Schwurgericht zu der wohlmeinenden Erkenntnis, die beiden Angeklagten hätten sich »nicht aus verbrecherischen Neigungen an dem Vernichtungsvorhaben beteiligt«, vielmehr seien sie »aus menschlichem Versagen schuldig geworden«.

Mit Entscheidung vom 3. Juli 1970 verwarf der BGH die Revisionen der Angeklagten und der Nebenkläger. Die verhängten Zuchthausstrafen wurden jedoch in Folge des 1. Strafrechtsreformgesetzes in Freiheitsstrafen umgewandelt.[468]

2. Im Sande verlaufende Ermittlungsverfahren

Im Verlauf der Durchführung der beiden dargestellten Verfahren 4 Js 444/59 und 4 Js 1031/61 trennte mit Verfügung vom 16. Oktober 1962[469] die StA das Ermittlungsverfahren gegen 481 Beschuldigte ab und führte es unter dem Aktenzeichen 4 Js 1173/62 weiter. Die neue Js-Sache umfasste u.a. die SS-Ärzte Josef Mengele, Horst Fischer, Hans-Wilhelm König, Horst Schumann, Johann Paul Kremer und Heinz Kaschub, Angehörige der Politischen Abteilung wie z.B. Josef Hofer, Wilhelm Hoyer, sowie Joachim Caesar (Abt. Landwirtschaft), auch Rapportführer wie Heinz Hertwig und Gerhard Effinger.

Auf der Beschuldigtenliste standen vielfach nur die Nachnamen von SS-Personal. Kenntnisse über Dienststellung und Dienstzeit im Lager hatten die Strafverfolger größtenteils nicht. Waren die Beschuldigten unbekannten Aufenthalts oder waren keine Einzelheiten über ihre Tätigkeit in Auschwitz und somit keine konkreten Anhaltspunkte für eine strafbare Handlung bekannt, ließ sich folglich über die Tatsache ihrer bloßen Anwesenheit im Lagerkomplex Auschwitz keine weiteren Erkenntnisse gewinnen, stellte die StA die Verfahren ein. Die später im Mai 1965 in der Strafsache gegen Mulka u.a. vorgetragene und im Revisionsverfahren in Karlsruhe vertretene Rechtsauffassung kam bei der Einstellungspraxis der StA nicht zum Ausdruck. Lag ein konkreter Tatbeitrag nicht vor, wurde eingestellt.

Auch die Ermittlungsverfahren gegen Luise Brunner (geb. 25.8.1908 in Aidhausen), Paul Steinmetz (geb. 12.6.1894 in Neu-Ulm), Hans-Wilhelm Münch (geb. 14.5.1911 in

Freiburg i. Br.), Arthur Florin (geb. 23.3.1906 bei Interburg), Alexander Bielow (geb. 28.4.1906 in Polen), Hermann Heierling (geb. 23.7.1901 in Mannheim), Hans Hoffmann (geb. 2.12.1919 in Jugoslawien), Anton Lechner (geb. 18.11.1907 in Buchera), Karl Morla (geb. 8.9.1908 in Trier), Detlef Nebbe (geb. 20.6.1912 in Husum), Alice Orlowski (geb. 30.9.1903 in Berlin), Franz Romeikat (geb. 7.10.1904 in Ivenberg) und Karl Seufert (geb. 1.11.1913 in Würzburg) wurden eingestellt. Nach Erkenntnis der Strafverfolgungsbehörde hatten die Ermittlungen »im Rahmen des Auschwitz-Komplexes [...] keine Anhaltspunkte für eine persönliche Beteiligung dieser Beschuldigten an den Vernichtungsaktionen im Bereich des KZ Auschwitz oder dafür ergeben, dass die Beschuldigten einzelne Häftlinge ermordet oder mit Todesfolge misshandelt hätten«.[470] Da darüber hinaus die genannten Beschuldigten bereits von polnischen Gerichten abgeurteilt worden waren und eine zu erwartende geringe Strafe durch ein deutsches Gericht im Rahmen des anhängigen Verfahrens »nach Anrechnung der polnischen Strafhaft nicht ins Gewicht fallen würde«,[471] war das Verfahren gemäß § 153b Abs. 1 Ziffer 3 a.F. StPO[472] einzustellen.

3. Erfolgversprechende Ermittlungsverfahren

Im Verlauf der Ermittlungsarbeit hatten sich gegen 14 Beschuldigte jedoch konkrete Anhaltspunkte für strafbare Handlungen in Auschwitz ergeben. Die StA leitete deshalb eine neue Js-Sache unter dem Aktenzeichen 4 Js 798/64 ein und stellte am 7. Dezember 1965 Antrag auf Eröffnung der gerichtlichen Voruntersuchung gegen die Angeschuldigten, denen sie folgende Straftaten zur Last legte:

1. Friedrich Ontl (geb. 25.8.1908 in Zwittau), SS-Hauptscharführer und »Spieß« bei der Dienststelle SS-Standortarzt (Abt. V): Ausarbeitung von Dienst- und Bereitschaftsplänen für die als »Desinfektoren« eingesetzten Sanitätsdienstgrade in eigener Verantwortung, somit

Mitwirkung »bei der organisatorischen Abwicklung des Vernichtungsprogramms im Rahmen der ›Endlösung der Judenfrage‹«. Erstellung von Dienstplänen für den Rampendienst der SS-Ärzte (einschließlich der SS-Zahnärzte und der SS-Apotheker).

2. Karl Egersdörfer (geb. 20.7.1902 in Rosenbach), SS-Unterscharführer und Leiter der Häftlingsküche in Auschwitz I (Stammlager): Tötung eines Häftlings bei der Brotausgabe im Dezember 1944.

3. Jakob Fries (geb. 2.5.1913 in Albertshofen), SS-Scharführer und Arbeitsdienstführer: Erschießung von zwei Häftlingen bei Arbeiten an der Bahnlinie Auschwitz-Wieluń.

4. Richard Böck (geb. 2.4.1906 in Harthausen), SS-Unterscharführer und Angehöriger der Fahrbereitschaft (LKW-Staffel): Transport von mit RSHA-Transporten angekommenen, zur Vergasung selektierten Juden zu den sogenannten Bunkern, den provisorischen Vergasungsstätten (»Rotes« und »Weißes Haus«) sowie zu den Krematorien II – V in Birkenau. Transport von Lagerinsassen nach Lagerselektionen bzw. nach der Auflösung des Theresienstädter Familienlagers und des Zigeunerlagers. Transport von SS-Ärzten zur Rampe sowie von zur Vergasung eingesetzten Sanitätsdienstgraden (»Desinfektoren«) samt den benötigten Zyklon B-Büchsen zu den Gaskammern.

5. Hubert August Christoph (geb. 15.7.1909 in Antonienhütte), SS-Unterscharführer und Angehöriger der Fahrbereitschaft (LKW-Staffel): (Tatvorwurf siehe Angaben wie Böck).

6. Helmut Pomreinke (geb. 16.9.1920 in Rumänien), Angehöriger der Fahrbereitschaft (LKW-Staffel): (Tatvorwurf siehe Angaben wie Böck).

7. Johann Sabo (geb. 25.10.1919 in Jugoslawien), Angehöriger der Fahrbereitschaft (LKW-Staffel): (Tatvorwurf siehe Angaben wie Böck).

8. Franz Tomaszewsky (geb. 20.3.1920 in Rumänien), SS-Rottenführer und Angehöriger der Fahrbereitschaft (LKW-Staffel): (Tatvorwurf siehe Angaben wie Böck).

9. Willy Arthur Wildermuth (geb. 13.6.1904 in Ludwigsburg), SS-Unterscharführer und Angehöriger der Fahrbereitschaft (LKW-Staffel): (Tatvorwurf siehe Angaben wie Böck).

10. Anton Glaser (geb. 4.9.1911 in Jokes), Angehöriger der Fahrbereitschaft (Pkw-Staffel): Transport von Sanitätsdienstgraden und von Zyklon B zu den Gaskammern mit Sanitätskraftwagen (Sankas).

11. Richard Günther Hinze (geb. 30.1.1921 in Berlin), SS-Unterscharführer und Angehöriger der Fahrbereitschaft (Pkw-Staffel): (Tatvorwurf wie Glaser).

12. Ludwig Holze (geb. 16.6.1905 in Kassel), SS-Unterscharführer und Angehöriger der Fahrbereitschaft (Pkw-Staffel): (Tatvorwurf wie Glaser).

13. Josef Kaufmann (geb. 13.8.1906 in Scherbeck/Belgien), SS-Unterscharführer und Angehöriger der Fahrbereitschaft (Pkw-Staffel): (Tatvorwurf wie Glaser).

14. Bernhard Heinrich Bonitz (geb. 11.6.1907 in Chemnitz), Häftling Nr. 6 in Auschwitz, Blockältester und Oberkapo: Misshandlung von Häftlingen mit Todesfolge in einer unbestimmten Vielzahl von Fällen.

Nach Auffassung der StA waren »alle […] Angeschuldigten […] durch ihre Tätigkeit im Bereich des KL Auschwitz an der Vollstreckung eines dort durchgeführten einheitlichen, auf die Tötung von Häftlingen gerichteten Vernichtungsprogramms beteiligt«.[473]

Untersuchungsrichter Düx eröffnete umgehend mit Beschluss vom 1. Februar 1966 die gerichtliche Voruntersuchung.[474] Obgleich die Frankfurter StA seit Beginn ihrer Tätigkeit im Sommer 1959 umfassende Kenntnisse über das Tatgeschehen in Auschwitz gewonnen und eine Vielzahl von Opfer- und SS-Zeugen vernommen hatte, darüber hinaus durch die Kooperation mit Archiven im In- und Ausland breiten Zugang zu Dokumenten (Urkunden) fand, gestaltete sich die Beweisermittlung in den anhängigen Verfahren schwierig.

Vom 20. Juni bis zum 11. Juli 1969 waren die beiden Staatsanwälte Gerhard Wiese und Hans Eberhard Klein in Polen. Laut ihrem »Tätigkeits- und Erfahrungsbericht« vom 17. Juli 1969[475] planten die beiden Sachbearbeiter insgesamt 20 Zeugen zu vernehmen, sie sichteten im Staatlichen Museum Auschwitz-Birkenau »Berichte, Zeugenerklärungen und Dokumente«[476] und ließen sich Ablichtungen und Mikrofilme für die weitere Ermittlungsarbeit erstellen. Trotz aller Anstrengungen der Staatsanwälte und der Untersuchungsrichter sah sich die Anklagebehörde veranlasst, beim LG FFM die Einstellung und Außerverfolgungssetzung hinsichtlich der meisten Beschuldigten in den beiden Ermittlungssachen 4 Js 1031/61 und 4 Js 798/64 zu beantragen.

Mit Vermerk vom 30. August 1970[477] stellte sie den Antrag, folgende Beschuldigte außer Verfolgung zu setzen:

1. Alois Frey: Der Nachweis, Frey habe wider besseres Wissen fünf Häftlinge, die später erhängt worden waren, als fluchtverdächtig gemeldet, war nicht zu erbringen. Da er dem allgemeinen Befehl gefolgt war, des Fluchtversuchs verdächtigte Häftlinge zu melden, war seine Tat lediglich »als Beihilfe zum Totschlag«[478] zu werten. Für Totschlag war am 1. Juli 1960 Verjährung eingetreten. Auch im Fall des Tatvorwurfs, bei der Evakuierung des Nebenlagers Gleiwitz die Durchsuchung des Lagers nach versteckten Häftlingen befohlen zu haben, wobei von Untergebenen ein aufgefundener Häftling erschossen worden sei, war »nicht mit zureichender Sicherheit festzustellen, dass Frey den ausdrücklichen Befehl gegeben hat, entdeckte Häftlinge zu erschießen«.[479]

2. Eugen Dörr: Der Tatvorwurf, 20 sowjetische Kriegsgefangene beim Bau des »Königgrabens« getötet zu haben, war nicht zu beweisen. Die Zeugen waren nach Erkenntnis der

StA »nicht in der Lage, den Angeschuldigten als denjenigen SS-Mann zu identifizieren«[480], der die Häftlinge getötet hatte. Weitere Beweismittel ließen sich nicht gewinnen.

3. Reinhard Edele: Die Tötung von vier in den Deutschen Ausrüstungswerken eingesetzten Häftlingsfrauen war Edele nicht nachzuweisen. Der einzige Tatzeuge war bereits 1963 verstorben, zudem seine Bekundungen in verschiedenen Vernehmungen nicht zweifelsfrei.

4. Kurt Hans Jurasek: Entgegennahme und Herausgabe von Zyklon B aus den Räumlichkeiten der SS-Apotheke im SS-Revier (Stammlager) war Jurasek nicht zu belegen. Mit letzter Sicherheit war nicht zu klären, ob Zyklon B nicht nur im sogenannten »Theatergebäude« sondern auch im Keller der SS-Apotheke gelagert worden war. Zeugen, die Jurasek zusammen mit anderen SS-Angehörigen bei der Ausgabe von Zyklon B gesehen haben wollen, waren nach Auffassung der StA nicht glaubwürdig und zuverlässig. Die von dem Angeschuldigten eingestandene einmalige Abgabe von Zyklon B »an die Dienststelle Pflaum und die vorübergehende Verwahrung von Zyklon B-Büchsen«[481] für den Sanitätsdienstgrad Josef Klehr begründete keinen hinreichenden Tatverdacht, da nicht auszuschließen sei, dass das Gas »bestimmungsgemäß Verwendung gefunden hat, also zur Entwesung von Kleidungsstücken und Baracken, nicht jedoch zu Tötung von Häftlingen benutzt worden ist«.[482]

5. Georg Swierszynski: Die Erschießung von drei oder vier Häftlingen auf dem Todesmarsch vom Nebenlager Günthergrube war nicht zu belegen, da erhebliche Zweifel daran bestanden, ob der Angeschuldigte überhaupt wie von einem einzigen Überlebenden bezeugt, Rapportführer in dem Nebenlager gewesen war. Ehemalige Häftlinge von Günthergrube konnten Swierszynski nicht als den dort vormals tätigen Rapportführer identifizieren.

6. Robert Sierek: Der auf einer einzigen Zeugenaussage basierende Tatvorwurf, Sierek habe in Ghetto Sosnowitz

(unweit von Auschwitz gelegen) fünf Menschen getötet, wobei der Zeuge einzig ein Gespräch des Angeschuldigten mit zwei SS-Männern mit angehört haben will, war anhand weiterer Beweismittel nicht zu konkretisieren.

7. Karl Egersdörfer: Der auf nur einer Zeugenbekundung beruhende Tatvorwurf, Egersdörfer habe bei der Brotausgabe einen Häftling erschlagen, ließ sich nicht zweifelsfrei belegen. Da der Tatzeuge den von Egersdörfer geschlagenen Häftling verlassen musste, als sich der Geschlagene erst in bewusstlosem Zustand befunden hat, war nicht eindeutig festzustellen gewesen, ob das Opfer tatsächlich an den Schlägen Egersdörfers gestorben ist.

8. Josef Hofer: Ausreichende Anhaltspunkte für eine aktive Mitwirkung Hofers bei der »Abwicklung« von RSHA-Transporten ergaben die staatsanwaltschaftlichen Ermittlungen nicht. Hofer hatte auf der Rampe die Transportlisten entgegenzunehmen, die Zahl der für das Lager selektierten Häftlinge festzustellen und die Häftlinge ins Lager zu führen. Weiteres ließ sich Hofer nicht nachweisen. Sein nach Auffassung der StA »begrenzter Tatbeitrag«[483] ließ seine Schuld als »gering« erscheinen. Nach § 47 MStGB war von einer Strafe abzusehen.

Im Fall der Angeschuldigten: 9. Anton Wilhelm Siebald, 10. Fritz Gaar, 11. Adam Hradil, 12. Otto Vollrath, 13. Richard Böck, 14. Hubert August Christoph, 15. Helmut Pomreinke, 16. Johann Sabo, 17. Franz Tomaszewsky, 18. Willy Arthur Wildermuth, 19. Anton Glaser, 20. Richard Günther Hinze, 21. Ludwig Holze, 22. Josef Kaufmann beantragte die StA, das Verfahren gemäß § 153a StPO in Verbindung mit § 47 Abs. 2 MStGB einzustellen.

Die diesen Angehörigen der Fahrbereitschaft gemachten Tatvorwürfe, für den Tod selektierte Juden zu den Gaskammern transportiert bzw. in Sanitätsdienstwagen das Giftgas Zyklon B und die zum Einschütten des Gases eingesetzten »Desinfektoren« zu den Krematorien gefahren zu haben, waren unstrittig und von den Angeschuldigten auch eingestanden worden. Keinem der Angeschuldigten waren aber außer der geschilderten Beteiligung an Gaskammerfahrten nach den Feststellungen der StA »persönliche Grausamkeiten an Häftlingen, die auf einen besonderen verbrecherischen Willen schließen«[484] ließen, nachzuweisen. Die Strafverfolgungsbehörde qualifizierte die Angeschuldigten deshalb als »kleine ›Handlager‹«, da sie an den »auf der Rampe getroffenen Entscheidungen über Tod oder Leben der Häftlinge« nicht unmittelbar teilgenommen hätten. Der Tatbeitrag der LKW- und Sankafahrer sei »ein weitaus geringerer, als der eines selektierenden SS-Offiziers oder eines SS-Angehörigen, der in den Vorgang unmittelbar eingeschaltet war«.[485] Die Schuld der 14 Angeschuldigten war deshalb nach Ansicht der Strafverfolgungsbehörde »gering« und nach § 47 Abs. 2 MStGB nicht zu ahnden. Dabei beurteilte die StA das Maß der Schuld der LKW-Fahrer an den im Auschwitz-Urteil vom August 1965 gefällten »Schuldsprüchen« und meinte: »Die Schuld der Mitglieder der Fahrbereitschaft dürfen [sic!] an diesen Schuldsprüchen gemessen werden.«[486]

Nach Auffassung der Frankfurter Staatsanwälte hatte das Auschwitz-Urteil von 1965 »Maßstäbe gesetzt«[487], an denen sich die Strafverfolger zu orientieren hatten. Als Exempel führten sie die Urteile gegen den SS-Arzt Willy Frank und gegen den Angehörigen der Politischen Abteilung Klaus Dylewski an. Beide Angeklagten hatten auf der Rampe unmittelbar an Selektionen mitgewirkt, persönlich über Leben und Tod der angekommenen Juden entschieden. Frank war, wie die StA in ihrem Antrag hervorhebt, »wegen der Auswahl von mindestens 1.000 Personen für den Gastod« zu einer »Einzelstrafe von 5 Jahren Zuchthaus«, Dylewski »wegen seiner unmittelbaren Teilnahme an [...] Selektionen« zu einer »Strafe von 3 Jahren 6 Monaten Zuchthaus«[488] verurteilt worden. Gemessen an den gewichtigen Tatbeiträgen Franks und Dylewskis und der gegen sie verhängten milden Strafen, erschien den Frankfurter Staatsanwälten des Jahres 1970 die Schuld der »Handlanger« der Fahrbereitschaft »gering«. Das MStGB wies für die »Untergebenen« den Ausweg.[489]

Das Verfahren gegen Karl Reinhard Broch (23.) war durch dessen Tod (12.9.1968) erledigt. Gegen Jakob Fries (24.) stellte das Landgericht mit Beschluss vom 30. November 1971[490] das Verfahren wegen Verhandlungsunfähigkeit vorläufig ein. Mit seinen Beschlüssen vom 24. Oktober 1972 zur Außerverfolgungsetzung[491] und zur Verfahrenseinstellung[492] folgte das LG FFM dem Antrag der StA vom 30. August 1970.

Von den insgesamt 33 Beschuldigten der Ermittlungsverfahren 4 Js 1031/61 (20 Beschuldigte) und 4 Js 798/64 (14 Beschuldigte)[493] ist somit gegen 26 Angeschuldigte keine Anklage erhoben worden. Allein Burger und Erber (4 Ks 3/63, 1965/1966) sowie Windeck und Bonitz (4 Ks 1/67, 1967/1968) standen bis zu den beiden Beschlüssen des Landgerichts vor Gericht. Aus dem Vorhaben, nach der Strafsache gegen Mulka u.a. weitere große Auschwitz-Verfahren durchzuführen, ist nichts geworden. Frey und Sawatzki wurden, wie noch zu zeigen ist, in einem langwierigen Verfahren 1973 – 1976 (4 Ks 2/73) vor Gericht gestellt und freigesprochen.

4. Handlanger vor Gericht
Der 3. Frankfurter Auschwitz-Prozess gegen Funktionshäftlinge (1967 – 1968)

Gegen die ehemaligen Häftlinge von Auschwitz Josef Windeck, Erich Grönke und Bernhard Bonitz leitete die StA 1966 eine neue Js-Sache ein und erhob umgehend gegen Grönke mit Schwurgerichtsanklage vom 6. Juni 1966[494] und gegen Bonitz und Windeck unter Einbeziehung von Grönke mit Anklageschrift vom 20. August 1966 Mordanklage.

1. Erich Grönke (geb. 15.9.1902 in Berlin) wurde zur Last gelegt, als Funktionshäftling (Mai 1940 bis Ende 1941,

Häftlings-Nr. 11) und nach seiner Entlassung aus dem Lager als Zivilangestellter der SS und Leiter der sogenannten Schuhfabrik (Ende 1941 bis Januar 1945) zahlreiche Häftlinge allein oder gemeinschaftlich mit anderen getötet zu haben. Grönke erwies sich während seiner Häftlingszeit nach Auffassung der Anklagebehörde als »willfähriges Werkzeug der SS-Lagerführung«, er sei im Lager als »Schläger, Menschenschinder und Totschläger« bekannt gewesen.

2. Bernhard Heinrich Bonitz (geb. 11.6.1907 in Chemnitz) war ebenso wie Grönke im Mai 1940 vom KZ Sachsenhausen nach Auschwitz gebracht worden, um in der Stellung eines Funktionshäftlings (Häftlings-Nr. 6) die »Häftlingsselbstverwaltung« im Sinne der SS zu organisieren. Mitte 1944 wurde er zur Bewährungseinheit Dirlewanger eingezogen. Als Blockältester bzw. Kapo hatte Bonitz allein oder gemeinsam mit anderen Funktionshäftlingen Lagerinsassen misshandelt und getötet. Er verfügte nach Erkenntnis der Ermittler über einen »Spezialschlag«, einen tödlichen Hieb mit einem Knüppel in den Nacken der Opfer. Auf diese Weise soll Bonitz mindestens fünf Häftlinge getötet haben.

3. Josef Windeck (geb. 11.10.1903 in Rheydt), Häftlings-Nr. 3221 in Auschwitz, war Lagerkapo im Stammlager und von Ende Oktober 1942 bis Frühjahr 1943 Lagerältester im KZ Buna/Monowitz. Windeck wurde unter anderem zur Last gelegt, sogenannte Arztvormelder auf grausame Weise eigenmächtig getötet zu haben.

Als Beweismittel benannte die Staatsanwaltschaft[495] insgesamt 37 Zeugen. Die Anklage wurde durch Beschluss des LG FFM[496] zur Hauptverhandlung zugelassen. Das Schwurgericht im 3. Frankfurter Auschwitz-Prozess gegen Bonitz und Windeck (das Verfahren gegen Grönke war wegen Verhandlungsunfähigkeit des Angeklagten abgetrennt worden[497]) verhandelte vom 30. August 1967 bis zum 14. Juni 1968 und verurteilte die beiden Angeklagten wegen Mordes zu lebenslangem Zuchthaus.[498] Nach Auffassung des

Tatgerichts hatten sie sich aus niedrigen Beweggründen entschlossen, Häftlinge zu töten. Ihren Entschluss hatten sie »bis zum Eintritt des gewollten Erfolges, dem Tod, ausgeführt«.[499] Das Gericht führte weiter aus: »Der tatsächliche Beweggrund war bei beiden Angeklagten ihr Wissen, dass ihre Opfer der verfemten Abstammung (oder Nationalität) wegen ihnen schutzlos preisgegeben waren, und ihre Erwartung, dass ihre Taten die Billigung und den Schutz der vom Rassenhass erfüllten SS, ihrer Herren, finden werde. Jeder, auch der geringfügigste Anlass genügte ihnen deshalb, hemmungslos ihre Macht zu missbrauchen und zu töten. Das Handeln aus solcher Gesinnung ist gemein und verächtlich und steht sittlich auf tiefster Stufe [...]«.[500]

Im Unterschied zu den ersten beiden Frankfurter Auschwitz-Prozessen machten die Richter im Verfahren gegen Bonitz und Windeck Angaben zur Geschichte des Lagers Buna/Monowitz und beschrieben im Einzelnen die Topographie des Lagers. Eine Darstellung der Arbeitsverhältnisse auf dem Werksgelände der IG Farbenindustrie AG (Werk »I.G. Auschwitz O/S«), auf dem Tausende von Häftlingen zur Sklavenarbeit für den Chemiekonzern gezwungen waren, unterließ das Gericht jedoch. Eine Schilderung der Zusammenarbeit zwischen IG und SS fehlt ebenfalls.[501] Von der Verantwortung der IG für die zur Zwangsarbeit gezwungenen Konzentrationslagerhäftlinge, von SS und Funktionshäftlingen, aber auch von Meistern der am Bau der Werke beschäftigten Subfirmen und der IG drangsaliert, findet sich im Urteil kein Wort.[502]

5. Skelette für die Reichsuniversität Straßburg
Der 4. Frankfurter Auschwitz-Prozess (1970 – 1971)

In der Zeit vom 27. Oktober 1970 bis zum 6. April 1971 standen Dr. Bruno Karl Beger, Dr. Hans Helmut Fleischhacker und Wolf-Dietrich Wolff vor Gericht. Gegen Beger (geb. am 27.4.1911 in Frankfurt am Main) war bereits im

Rahmen des Verfahrens 4 Js 444/59 ermittelt worden. Im Jahre 1960 saß er siebzehn Wochen in Untersuchungshaft. Er wurde beschuldigt, im Juni 1943 in Auschwitz zusammen mit Fleischhacker (geb. 10.3.1912 in Töttleben) 115 meist jüdische Häftlinge, Männer und Frauen, sowie »mongoloide Typen« und zwei polnische Häftlinge[503] ausgewählt und zur Tötung in das im Elsass gelegene KZ Natzweiler überstellt zu haben.[504] Die Anthropologen Beger und Fleischhacker hatten im Auftrag der SS-Wissenschaftsorganisation »Ahnenerbe«, 1935 von Reichsführer SS Heinrich Himmler gegründet, die Opfer ausgewählt, »anthropologisch« untersucht und vermessen.[505] Das Anatomische Institut der 1941 gegründeten »Reichsuniversität« Straßburg, dessen Leiter SS-Sturmbannführer Prof. Dr. August Hirt (1898 – 1945) war, wollte eine Schädel- und Skelettsammlung von Juden aufbauen. Wolff (geb. 21.5.1913 in Berlin) war persönlicher Referent von Wolfram Sievers, »Ahnenerbe«-Geschäftsführer und Direktor des »Instituts für wehrwissenschaftliche Zweckforschung der Waffen-SS und Deutschen Polizei«, und hatte die Tötungsaktion zusammen mit Sievers und anderen geplant und organisiert. Seit Mitte 1942 war die Erstellung einer Sammlung von »jüdischen Schädeln und Skeletten« in Planung. Im KZ Natzweiler baute die Lagerführung eigens eine Gaskammer für die Ermordung der ausgewählten Opfer und im Anatomischen Institut von Hirt wurde eine Mazerationsanlage (zur Entfettung der Knochen zur Skelettherstellung) gebaut.[506]

Das Verfahren gegen Beger u.a. hatte die Generalstaatsanwaltschaft an sich gezogen und mit Anklageschrift vom 8. Mai 1968 erhob sie öffentliche Klage gegen die drei ehemaligen SS-Führer. In der Hauptverhandlung von Oktober 1970 bis April 1971 wurde die Anklage jedoch von Staatsanwälten der landgerichtlichen StA vertreten.[507]

Nach Auffassung der Ankläger hatten die drei Angeklagten als Mittäter an der Tötung der Häftlinge mitgewirkt. Das

Schwurgericht qualifizierte den Tatbeitrag der Angeklagten jedoch anders. Es verurteilte am 6. April 1971 Beger wegen Beihilfe zum gemeinschaftlich begangenen Mord zur Mindeststrafe von drei Jahren Freiheitsstrafe, das Verfahren gegen Wolff stellte es ein. Fleischhacker, dessen Verfahren Anfang März 1971 abgetrennt worden war, sprach das Schwurgericht mit Urteil vom 5. März 1971 frei.[508]

Begers Einlassung, vom Tötungsplan zunächst keine Kenntnis gehabt zu haben, konnte vom Gericht »trotz verbliebener Zweifel nicht mit der zu einer Verurteilung ausreichenden Sicherheit widerlegt werden«.[509] Da Beger nicht nur in Auschwitz Häftlinge ausgesucht, sondern in Natzweiler – nunmehr in Kenntnis des bevorstehenden Schicksals der Lagerinsassen – die Blutgruppen der zur Tötung bestimmten Häftlinge festgestellt und bei der Anfertigung von Röntgenaufnahmen mitgewirkt[510] hatte, leistete er nach Auffassung des Gerichts zumindest aber Beihilfe zum Mord. Wolff wusste hingegen von Anfang an von den Tötungsabsichten, die Sievers, Hirt und andere klar zum Ausdruck gebracht hatten. Er war sich auch über die Rechtswidrigkeit der Handlungen im Klaren. Erzogen aber im Gehorsam gegenüber den Vorgesetzten, dem im nationalsozialistischen Deutschland geltenden »Führerprinzip« ergeben, glaubte Wolff als subalterner Angestellter ohne Schulabschluss und Ausbildung, die von den Vorgesetzten und aus seiner Perspektive anerkannten Wissenschaftlern geplanten Taten trotz ihres von ihm erkannten Unrechtscharakters unterstützen zu sollen. Wolff hatte, so das erkennende Gericht, »keine Bedenken, die für ihn anfallenden Arbeiten zu erledigen […], obwohl er wusste, dass der Aufbau der Skelettsammlung mit der Tötung von Menschen verbunden war«.[511] Bei Wolff stellten die Richter eine bedingungslose Bereitschaft fest, »jede von ihm verlangte Arbeit prompt auszuführen«.[512] Ein ausdrücklicher Befehl war bei so viel Beflissenheit gar nicht mehr notwendig. Wolff machte sich die Überzeugungen und Ziele seiner Vorgesetzten uneingeschränkt zu eigen und verrichtete seine Dienstgeschäfte pflichtgemäß in ihrem Sinne. Seine Beihilfe zu dem Massenmord an den Häftlingen von Auschwitz leistete er aber nach Auffassung des Gerichts im »Verbotsirrtum«. Das Gericht gelangte zu der Erkenntnis: »Es ist nicht zu verkennen, dass Wolff als langjähriger SS-Führer zu den Menschen gehörte, für die die hierarchische Welt der Über- und Unterordnung mit Befehlssträngen und Gehorsamspflichten (Führerprinzip) nicht nur eine besondere Anziehungskraft besaß, sondern auch einen selbständigen Wert gehabt hat. In dieser Welt des Befehlens und Gehorchens wurden Verantwortlichkeiten klar abgegrenzt und dem einzelnen ein möglichst geringer Spielraum zum Nachdenken gelassen. Da Wolff in dieser Welt groß geworden war, ist nicht auszuschließen, dass er tatsächlich geglaubt hat, die von Himmler und Hirt geplanten Tötungen müssten trotz des – von ihm erkannten – Unrechtscharakters vorgenommen werden«.[513]

Für die von Wolff begangene Tat galt eine Verjährungsfrist von fünfzehn Jahren, die im Juni 1960 vollendet war. Da im Fall Wolff die Verjährung durch eine richterliche Handlung nicht unterbrochen worden war, war seine Tat verjährt. Das Verfahren gegen ihn war deshalb einzustellen.

Mörder der im KZ Natzweiler mit Cyan-Salz getöteten Häftlinge waren dem Gericht zufolge Himmler und Hirt, »möglicherweise auch noch weitere Personen«.[514] Himmler und Hirt waren als Täter zu qualifizieren, denn sie hatten ein persönliches Interesse an der Erstellung der Skelett-Sammlung, sie entschlossen sich zu der Tat und ordneten sie an bzw. ließen sie durchführen. Die Tötung der Häftlinge beruhte auf »einem einheitlichen Plan, einem einheitlichen Willensentschluss und einheitlicher Willensäußerung von Himmler und Hirt«[515], sie war mithin als eine Handlung im Rechtssinne zu werten. Zu diesem Mord hatten Beger und Wolff lediglich Beihilfe geleistet.

6. Erster Abgesang: Verfahren wegen Einzeltaten und Freisprüche

Der 5. Frankfurter Auschwitz-Prozess (1973 – 1976)

Zwei Angeklagte standen Mitte der 1970er Jahre vor Gericht: Alois Frey (geb. 16.10.1911 in Bühlertal/Baden) und Willi Rudolf Sawatzki (geb. 10.11.1919 in Perleberg/ Mark Brandenburg). Der Prozess begann am 18. Dezember 1973 und endete für Frey mit freisprechendem Urteil vom 25. November 1974, für Sawatzki mit Freispruch vom 26. Februar 1976.

In ihrer Schwurgerichtsanklage vom 30. August 1970[516] hatte die StA[517] für Frey insgesamt 45, für Sawatzki 27 Zeugen als Beweismittel benannt. Frey war von Herbst 1942 bis Januar 1945 in Auschwitz, zuerst in der Wachkompanie, anschließend Blockführer in Auschwitz I (Stammlager) und ab Anfang Februar 1944 im Range eines SS-Unterscharführers Schutzhaftlagerführer im Nebenlager Günthergrube. Ihm wurde der Tatvorwurf gemacht, Selektionen im Häftlingskrankenbau des Nebenlagers Günthergrube durchgeführt und die selektierten Häftlinge zur Vergasung nach Birkenau überstellt zu haben. Weiter legte ihm die Anklagebehörde zur Last, SS-Posten den Befehl gegeben zu haben, auf dem Todesmarsch zurückbleibende und nicht mehr gehfähige Häftlinge zu erschießen. Drittens soll er nahe Gleiwitz (Oberschlesien) zwei Häftlinge erschossen haben.

Sawatzki war im Januar 1942 nach Auschwitz kommandiert worden und tat mit einer Unterbrechung von April 1942 – März 1943 bis zur Auflösung des Lagers im Januar 1945 Dienst in Auschwitz. Ebenso wie Frey gehörte er zuerst einer Wachkompanie an, war eine Zeit lang Kommandoführer und wurde im Jahre 1943 Arbeitsdienstführer im Lager BIIe (Zigeunerlager). In seiner Funktion als Arbeitsdienstführer wurde ihm zum Tatvorwurf gemacht, an Selektionen auf der Rampe beteiligt gewesen zu sein sowie die selektierten Opfer zu den Krematorien geführt zu haben. Weiterhin war Sawatzki nach Zeugenbekundungen dabei, als circa 400 Kinder von einem LKW in eine Verbrennungsgrube neben dem Krematorium IV gekippt worden seien. Die Kinder waren in einem RSHA-Transport aus Ungarn in Auschwitz angekommen. Zuletzt soll er auch an der »Liquidation« des Zigeunerlagers im August 1944 mitgewirkt haben.

Erst mehr als zwei Jahre nach der Klageerhebung ließ mit Beschluss vom 24. Oktober 1972[518] das LG FFM die Hauptverhandlung gegen Frey und Sawatzki zu. Im Fall Frey hatte das LG hinsichtlich des Anklagepunkts, Selektionen im HKB durchgeführt zu haben, den Angeklagten außer Verfolgung gesetzt.

Mit Urteil vom 25. November 1974[519] wurde Alois Frey vom Schwurgericht freigesprochen. Die beiden ihm noch zur Last gelegten Straftaten – Befehl zur Erschießung gehunfähiger Häftlinge auf dem Todesmarsch sowie Tötung von zwei Häftlingen – sah das Gericht durch die Zeugenaussagen als nicht bewiesen an. Eine Überführung des Angeklagten war nach den Ergebnissen der Beweisaufnahme zweifelsfrei nicht möglich. Die in der Hauptverhandlung vernommenen Zeugen hatten nach Auffassung des Gerichts keine sicheren Erinnerungen an Tat und Tatumstände, so dass unzweifelhafte Feststellungen nicht mehr getroffen werden konnten.

Gegen Sawatzki verhandelte das Gericht noch weitere 14 Monate und sprach den Angeklagten mit Urteil vom 26. Februar 1976[520] ebenfalls frei. Auch in seinem Fall konnte das Gericht auf die von Zeugen gemachten Aussagen keine sicheren Feststellungen im Sinne der Anklage stützen. Sawatzkis Anwesenheit auf der Rampe stand außer Zweifel, seine aktive Beteiligung an Selektionen war hingegen nicht mit letzter Sicherheit nachweisbar. Auch seine Mitwirkung an der Verbrennung von Kindern und bei der Auflösung des Zigeunerlagers war trotz einer Vielzahl von Zeugen, die zu

Lasten des Angeklagten aussagten, dem erkennenden Gericht zufolge nicht erwiesen. Da eine sichere Schuldfeststellung auf der Grundlage der gemachten Zeugenaussagen nicht zu treffen war, war der Angeklagte nach dem Zweifelsgrundsatz freizusprechen.

Der Nebenklagevertreter Friedrich Karl Kaul legte gegen das Urteil Revision[521] ein, der der Generalbundesanwalt beim BGH aber nicht beitrat. Mit Antrag vom 10. Dezember 1976 beantragte der Generalbundesanwalt, die Revision zu verwerfen, was der BGH mit Entscheidung vom 4. Februar 1977[522] tat.

Die Durchführung des Verfahrens gegen Frey und Sawatzki war nicht unumstritten. Der erste Vorsitzende Richter wurde durch Beschluss des Landgerichts vom 12. Februar 1974[523] nach seiner in einer dienstlichen Erklärung[524] zum Ausdruck gebrachten Selbstanzeige von der weiteren Mitwirkung in dem Verfahren entbunden. Innerhalb des Schwurgerichts gab es wegen Auslandsreisen zu Zeugenvernehmungen Meinungsverschiedenheiten. Nach Angaben des Verteidigers des Angeklagten Frey, RA Georg Bürger (1926 – 2015), unternahm das Gericht samt Prozessbeteiligten während der Hauptverhandlung insgesamt 12 Auslandsreisen (Polen, Israel, USA, Kanada).[525] Im März 1974 untersagte gar das hessische Justizministerium auf Druck des Bonner Auswärtigen Amtes dem Gericht eine Reise nach Israel.[526] Nach vielfachen Protesten wegen des ministeriellen Eingriffs in die richterliche Unabhängigkeit sperrte sich aber das Ministerium nicht weiter gegen die Dienstreise.[527]

7. Zweiter Abgesang: Verfahren gegen Exzesstäter Der 6. Frankfurter Auschwitz-Prozess (1977 – 1981)

Seit 1970 führte die StA ein Ermittlungsverfahren gegen Horst Czerwinski und Josef Schmidt durch. Czerwinski (geb. 16.11.1922 in Kulm/Westpreußen) und Schmidt (geb. 12.11.1922 in Bacsalmas/Ungarn) wurden beschuldigt, im

Nebenlager Lagischa eigenmächtig Tötungen von Häftlingen begangen zu haben. Czerwinski war Lagerführer von Lagischa, Schmidt Blockführer gewesen. Die Strafverfolgungsbehörde[528] benannte in ihrer Schwurgerichtsanklage vom 12. April 1976 insgesamt 118 Zeugen.

Der 6. Frankfurter Auschwitz-Prozess dauerte dreieinhalb Jahre lang. Vom 6. September 1977 bis zum 27. Februar 1981 tagte das Schwurgericht. Der langwierige Prozess endete mit einem Urteil nur gegen Schmidt. Das Verfahren gegen Czerwinski[529] war wegen Verhandlungsunfähigkeit des Angeklagten abgetrennt und vorläufig eingestellt worden.

Das Gericht hielt es für erwiesen, dass Schmidt einen kranken, ausgezehrten Häftling durch Schläge und Fußtritte zu Tode misshandelt hatte und verurteilte ihn, der als Alleintäter anzusehen war, in einem Fall zu einer Jugendstrafe von acht Jahren.[530] Da Schmidt am 24. Oktober 1947 vor dem Bezirksgericht Wadowice in Polen[531] bereits zu sieben Jahren Zuchthaus verurteilt worden war und der Angeklagte die Strafe restlos verbüßt hatte, wurde ihm die in Polen abgesessene Strafe angerechnet. Auf Jugendstrafe wurde erkannt, weil der im November 1922 geborene Schmidt zur Tatzeit, Herbst 1943, noch nicht volljährig gewesen war.

Die Wahrheitsfindung im Verfahren gegen Czerwinski und Schmidt war durch den langen Zeitablauf überaus erschwert. Die Tat lag rund 35 Jahre zurück, die Erinnerungszuverlässigkeit der Zeugenaussagen musste durch das Gericht einer strengen Prüfung unterzogen werden. Allgemein stellten die Richter fest: Bei den Zeugen treten »Verschiebungen, Überdeckungen in dem Gedächtnis auf, selbst Personen können vom Beobachter unbewusst ausgetauscht, verwechselt werden. Hinzu kommen spätere Einflüsse von außen, die durch Gesprächs- oder andere herangetragene Informationen das Gedächtnisbild ändern können, was gerade auch bei den NS-Gewalttaten gilt. So wurden auch in dieser Hauptverhandlung schwerste Belastungen vorgebracht, die von dem, dem sie angelastet werden, nicht begangen worden sind, auch nicht am angegebenen Ort und zur angegebenen Zeit von einer anderen Person. Auch darf die Stellung eines Angeklagten, der sich gegen solche weit zurückliegenden ihm zur Last gelegten Taten verteidigen soll, nicht außer Acht gelassen werden. Denn je länger eine Tat zurückliegt, desto schwerer kann sich die Verteidigung gestalten: schwierig, nicht selten unmöglich wird das Beibringen von entlastenden Zeugen und sonstigen Beweismitteln.«[532] Das Gericht stützte sein Urteil auf die glaubwürdige Aussage eines Zeugen, dessen Angaben in Vernehmungen im Rahmen des Vorverfahrens und in der Hauptverhandlung übereinstimmten. Hinsichtlich anderer Anklagepunkte sprachen die Richter den Angeklagten frei. Die Beweisaufnahme hatte keine Bestätigung der erhobenen Tatvorwürfe erbracht.

III. Rechtsauffassung und Rechtspraxis in Prozessen gegen Lager-Personal

1. »Die Kleinen« und »die Großen«

Für die Verfolgung und Ahndung der NS-Verbrechen gilt der kritische Satz »Die Kleinen hängt man, die Großen lässt man laufen« nicht.[533] Die vielfach gebrauchte Rede von den »Kleinen« und den »Großen« ist recht unbestimmt. Bei den »Kleinen« ist, wie die folgenden Ausführungen zeigen werden, zu unterscheiden zwischen niederen Chargen, die eigenmächtig, ohne höheren Befehl, getötet haben und jenen Befehlsempfängern, die ausschließlich die Anordnungen der verbrecherischen Staatsführung dienstmäßig befolgten. Zu den »Großen« sind nicht nur die ranghohen SS-Führer in zentralen Funktionsstellen des Vernichtungsapparats zu zählen, sondern auch die mit Befehlsgewalt und Ermessensspielraum versehenen Akteure in den Mordstätten, mögen diese Ghettos (Ghettoräumungen, »örtliche Aussiedlungen«), Erschießungsgruben, Zwangsarbeits-, Konzentrations- oder Vernichtungslager gewesen sein.

Zu der verbreiteten Rede von den ausschließlich zur Rechenschaft gezogenen »Kleinen« versichern die Ermittler und Strafverfolger seit der Einrichtung der Zentralen Stelle und dem Beginn von systematischen Ermittlungen gerade das Gegenteil. Zum einen legen sie dar, dass es ihnen keineswegs um die kleinen Befehlsbefolger gehe, die ohne ihr Zutun zur Mitwirkung an Massenmorden abkommandiert worden seien. Zum anderen heben sie hervor, bei ihnen sei im Verlauf der Aufklärungsarbeit die Erkenntnis gereift, dass die Rede von den straffrei gebliebenen »Großen« nicht den Tatsachen entspreche.

Die Alliierten und die von Deutschland besetzten Länder haben nicht wenige »große« Kriegs- und NS-Verbrecher kurz nach dem Kriegsende abgeurteilt. Peter Hayes weist in seiner auf breiter Literaturkenntnis verfassten Holocaust-Darstellung gar darauf hin, es sei eine »Legende«, dass »die Täter [...] der Bestrafung entgangen«[534] seien. Auch Adalbert Rückerl, von 1966 bis 1984 Leiter der Zentralen Stelle,[535] meint, dass »bis etwa zum Jahre 1950 [...] die Besatzungsmächte alle ›Großen‹, deren sie habhaft werden konnten, vor ihre Gerichte gestellt«[536] hätten. Am Beispiel der Kommandanten der Konzentrationslager und führender Funktionäre des KZ-Systems, die allesamt entweder verstorben waren oder aber verurteilt und hingerichtet worden waren, gibt Günter Kimmel, Staatsanwalt bei der Zentralen Stelle in den 1960/70er Jahren, eine Antwort auf die viel gestellte Frage, warum in NS-Prozessen »immer nur ›kleine Leute‹ auf den Anklagebänken zu finden seien«.[537] Auch sein Kollege Manfred Blank schreibt mit Blick auf die Verfolgung der im besetzten Polen tätig gewesenen NS-Verbrecher: »Die in Deutschland weit verbreitete Meinung, die Justiz verfolge jeden kleinen Befehlsempfänger, ist schon durch die Anzahl der bisher erfolgten Verurteilungen widerlegt. Andererseits stimmt es ebensowenig, daß man die ›Großen‹ habe laufen lassen. Dies gilt auch für die im Zusammenhang mit der ›Endlösung‹ im Generalgouvernement begangenen Tötungsverbrechen.«[538]

Nicht wenige »Große«, von westalliierten Gerichten zwar belangt, aber aus politischen Erwägungen (Westintegration, Wiederbewaffnung, Kalter Krieg) und auch auf deutschen Druck Anfang der 1950er Jahre vorzeitig entlassen, konnten wegen des unseligen Überleitungsvertrags (1955)[539] von der bundesdeutschen Justiz nicht mehr zur Verantwortung gezogen werden. Es gab also in der Bundesrepublik unbestreitbar noch zahlreiche, für die Justiz freilich unerreichbare »Große«.

Einige hohe Funktionsträger begingen bei Kriegsende Selbstmord, andere entzogen sich durch Flucht ins Ausland dem justiziellen Zugriff. Nicht wenige tauchten unter falschem

Namen unter. Alle »Großen« in der NS-Justiz konnten aufgrund der Rechtsbeugungsjudikatur des BGH, der nur eine mit direktem Vorsatz begangene Rechtsbeugung für strafbar erachtete, nicht abgeurteilt werden. Die zum Teil von Staatsanwaltschaften eingeleiteten Verfahren gegen NS-Juristen wurden wegen der Aussichtlosigkeit des Unterfangens eingestellt.[540] Bundesdeutsche, in weiten Teilen NS-belastete Krähen wollten keiner NS-Krähe, wie mörderisch von ihr der Dolch unter der Robe auch gebraucht worden war, ein Auge aushacken.[541]

Als 1963 die Generalstaatsanwaltschaft bei dem Kammergericht Berlin ein Ermittlungsverfahren gegen Angehörige des Reichssicherheitshauptamts[542] einleitete und gegen Hunderte von Tatverdächtigen ermittelte, fand die Belangung dieser wahrhaft »Großen« im NS-Massenmordapparat ein unvorhergesehenes Ende durch die Novellierung des § 50 Abs. 2 StGB. Den Schreibtischtätern[543] im RSHA, als befehlsmäßig handelnde Gehilfen von der Staatsanwaltschaft betrachtet, mussten nach der im Oktober 1968 in Kraft getretenen Gesetzesänderung niedrige Beweggründe bzw. die Kenntnis um die grausame und heimtückische Tötungen im »fernen Osten« nachgewiesen werden. Den in den Amtsstuben der Berliner Mordzentrale sitzenden Exekutoren der »Endlösung« waren diese täter- bzw. tatbezogenen Mordmerkmale jedoch nicht zweifelsfrei nachzuweisen. Ob es sich bei der Änderung des § 50 Abs. 2 StGB um eine raffiniert eingefädelte »kalte Amnestie« für wahrhaft »Große« oder um eine »Panne« des Gesetzgebers gehandelt hat, ist eine bis heute offene Frage.[544]

Eine explizit formulierte Übereinkunft war es Ende der 1950er Jahre, dass Sachverhaltsaufklärung und Strafverfolgung unterschiedlich zu gewichten waren. Nach der möglichst umfassenden Untersuchung von Tatkomplexen, der »restlosen Erfassung«[545] der Verbrechen, ging es der Strafjustiz sodann vorrangig um die »Ermittlung der Hauptverantwortlichen«

und »nicht so sehr« um die »Feststellung der kleineren Mitbeteiligten, insbesondere der untergeordneten Befehlsempfänger«.[546] Allein »die scheusslichsten Taten aus der damaligen Zeit, deren Nichtverfolgung unerträglich wäre«, sollten »noch rechtzeitig (vor der Verjährung) strafrechtlich verfolgt werden«.[547] Durchweg sollten allein die »Hauptbeschuldigten«[548] vor Gericht gestellt werden. Wenige Tage nach der Konferenz der Bundesjustizminister und -senatoren in Bad Harzburg im Oktober 1958, auf der die Errichtung der Zentralen Stelle beschlossen worden war, meinte Generalbundesanwalt Max Güde in einem Vortrag in der Evangelischen Akademie Bad Boll, dass allein die »Träger des Terrors und die sadistischen Henker [...] der Ermittlung und Aburteilung noch zugeführt werden müssen«, während »[d]ie anderen in großzügigem Schnitt zu trennen und in Gottes Namen zu ertragen« seien. In der Beschränkung auf Hauptverantwortliche und Exzesstäter sah Güde »eine wesentliche Seite der Aufgabe, der die Justiz auf diesem Gebiet entgegensteht«.[549] Einer Presseerklärung der Justizministerkonferenz vom Oktober 1959 über die Aufgaben der Zentralen Stelle zufolge sollte durch die Vorermittlungsstelle erreicht werden, »daß die mit eigener Befehlsgewalt ausgestatteten Führer und ihre individuelle Verantwortung für Massenvernichtungen festgestellt werden«.[550]

Die genaue Bestimmung des »Umfang[s] des verfolgbaren Täterkreises«[551] stellte sich der Zentralen Stelle und den zuständigen Staatsanwaltschaften, die die Anklage zu erheben hatten, aber als Problem dar. Auch »auswechselbare Randfiguren des verbrecherischen Geschehens«[552] wie die sprichwörtlichen Lokomotivführer, Schrankenwärter, Wachmannschaften, Krankenschwestern, Sekretärinnen, Nachrichtenhelferinnen etc. hatten »in Kenntnis der Umstände einen für das Zustandekommen des Verbrechens erforderlichen Tatbeitrag«[553] geleistet. Allesamt hatten sie deshalb nach »der im deutschen Strafrecht herrschenden Bedingungstheorie

[…] zumindest als Tatgehilfen«[554] zu gelten. Doch den Strafverfolgern war klar, dass bei allen nach den allgemeinen Grundsätzen der Beteiligungslehre zweifelsfrei am Tatgeschehen Beteiligten gleichwohl das Maß ihrer individuellen Schuld nachzuweisen war. Angesichts der von der deutschen Justiz nicht zu verantwortenden und auch nicht rückgängig zu machenden Tatsache, dass »schwerstbelastete NS-Verbrecher«[555] wegen des mit den drei Westalliierten geschlossenen Überleitungsvertrags nicht mehr strafrechtlich verfolgt werden konnten, war es für Staatsanwälte und Strafrichter oftmals ein juristisches und moralisches Dilemma, gegen sogenannte »Kleine« Anklage zu erheben bzw. harte Strafen zu verhängen.

Ein Ausweg aus der heiklen Situation bot, wie bereits im Fall des Angeklagten Schoberth (I.6.8. und I.9.) dargelegt, § 47 Abs. 2 MStGB. Bei vorgeblich »geringer Schuld« der »Kleinen« konnte von einer Bestrafung abgesehen werden. Weiter standen den Gerichten als Entschuldigungsgründe Befehls- bzw. Putativnotstand zur Verfügung. Hatten die Befehlsausführenden, zu militärischem Gehorsam verpflichtet, ernstlich ihr Leben in Gefahr gesehen, wenn sie sich den Mordbefehlen verweigern oder hatten sie irrtümlich angenommen, sich in einer lebensbedrohlichen Zwangssituation zu befinden, wenn sie sich der Befehlsbefolgung entziehen, so hatten Angeklagte gute Aussichten, nachsichtige Strafrichter zu überzeugen.

Das Dilemma, vor dem die Strafverfolger standen und das, wie Rückerl kritisch hervorhebt, ein untätiger Gesetzgeber[556] der Justiz beschert hatte, kommt auch in folgenden Worten zum Ausdruck: »Ganz sicher kommen nicht nur jene in Betracht, die ihre Opfer mit Stockschlägen in die Gaskammern getrieben und die Vergasungsanlage in Betrieb gesetzt haben, oder jene, die an den Erschießungsgruben ihre Opfer mit Genickschüssen getötet haben oder schließlich der Arzt, der dem kranken Kind die tödliche Injektion verabreicht hat.«[557]

Die tatnahen, eigenhändig tötenden NS-Verbrecher stellten in der Regel kein strafrechtliches Problem dar. Sie waren Täter bzw. Mittäter, sofern sie befehlslos, eigeninitiativ, aus Mordlust oder sonst aus niedrigen Beweggründen gehandelt hatten und die Tötungen heimtückisch und grausam durchgeführt worden waren. Sie wurden als Gehilfen qualifiziert, sofern sie die befohlene fremde Tat, um deren verbrecherischen Zweck sie freilich wussten, wissentlich und willentlich gefördert und unterstützt hatten. Den Staatsanwälten ging es aber »auch um solche, die – angefangen von den obersten Befehlsgebern – im Rahmen der bestehenden Befehlswege solche die Verbrechen fördernden Anordnungen erteilt, und auch um jene, die in Kenntnis deren Inhalts und deren Auswirkungen in ihrem jeweiligen Bereich maßgebend für die Weiterleitung und die Durchführung dieser Anordnungen gesorgt hatten.«[558]

Erwin Schüle, der erste Leiter der Zentralen Stelle von 1958 bis 1966, meinte Anfang der 1960er Jahre etwas vorschnell, es handele sich bei den NS-Verbrechern »um einen eng begrenzten Täterkreis«, denn die Ludwigsburger Vorermittlungen hätten bereits ergeben, »daß man immer wieder auf dieselben Personen«[559] stoße. Schüle hatte bei dieser gewiss unzutreffenden Feststellung hauptsächlich tatnahe Täter in den Vernichtungslagern und bei den Einsatzgruppen vor Augen, die durch Urkunden- oder Zeugenbeweise der eigenhändigen Beteiligung an Tötungen überführt werden konnten.[560]

Selbst ein so engagierter Verfechter der Verfolgung und Ahndung der NS-Verbrechen wie der Tübinger Strafrechtslehrer Jürgen Baumann, der in seinen im Februar 1963 in der *Juristenzeitung* veröffentlichten »Gedanken zum Eichmann-Urteil« es als die wohl »wichtigste Aufgabe der jetzt lebenden Juristengeneration« betrachtete, »Stellung […] zum Unrecht der Vergangenheit […] zu nehmen und seine Auswirkungen zu beseitigen«,[561] wies ohne Gegenrede (aber auch in Verkennung der Verfolgungspraxis) darauf hin, »daß in

Ludwigsburg nur gegen den Personenkreis mit eigener Verantwortung und Befehlsgewalt ermittelt wird. Nach den Schützen, den Personen, die am Rande der Erschießungsgruben gesessen haben, nach den Zutreibern, Hinprüglern zum Erschießungsplatz etc. wird gar nicht erst gesucht, oder doch nur dann, wenn sie sich durch besondere Grausamkeit hervorgetan haben. Gegen einige hundert Personen wird ermittelt, obwohl doch Tausende an der Ermordung der Juden direkt beteiligt waren. Wenn man bedenkt, daß die deutschen Polizei- und SS-Streitkräfte in Polen auf ca. 25.000 Mann geschätzt werden, die an der Vernichtung der Juden direkt mitgewirkt haben, so kann man ermessen, wie viele Straftaten bei der jetzigen Art der Strafverfolgung ungesühnt bleiben werden. Das ist kein Vorwurf gegen die Ludwigsburger Zentralstelle, die in Anbetracht ihres geringen Personalbestandes ihr Bestes getan hat.«[562] Ohne Bedenken gegen die Rechtspraxis zum Ausdruck zu bringen, meinte Baumann weiter zustimmend: »Die Zentrale Stelle der Landesjustizverwaltungen ermittelt in der Regel nur gegen die höheren Chargen, die eigene Verantwortung hatten. Gegen den einzelnen Soldaten, SS- oder Polizeimann, erst recht gegen den Zivilarbeiter, Bahnbeamten usw. wird, sofern er sich nicht durch besondere Initiative oder Grausamkeit hervorgetan hat, nicht ermittelt, obwohl auch diese Männer [...] tatbestandsmäßig i. S. der 211 §§ ff. StGB gehandelt haben.«[563]

Auch Barbara Just-Dahlmann, mit großem Engagement darum bemüht, für eine angemessene Verurteilung der NS-Täter zu streiten, meinte wie selbstverständlich in einem im November 1961 gehaltenen Vortrag: »In diesen Prozessen werden nicht die sogenannten Kleinen verfolgt, also nicht der ›kleine‹ Mann, nicht der ›kleine‹ SS-Mann, nicht der ›kleine‹ Polizist, der abgeordnet war im Rahmen seiner Kompanie und nun geschossen hat. Die sogenannten Kleinen werden nur dann verfolgt, wenn sie sich persönlich besondere Grausamkeiten haben zuschulden kommen lassen. Im Übrigen werden nur die sogenannten Hohen, d.h. die ›Großen‹, die mit echter Befehlsgewalt ausgestatteten Personen verfolgt, die durch ihre Befehle den ›kleinen‹ Mann dann in Situationen brachten, aus denen er glaubte, aus subjektiven Gründen nicht mehr herauszukönnen…«.[564]

Wie allgemein der Konsens war, die »kleinen«, nichtexzessiven Täter nicht zu belangen, machte auch 1966 auf dem Juristentag in Essen Ernst Friesenhahn deutlich: »Wir stehen heute vor der Tatsache, daß von allen Belasteten nur diejenigen angeklagt werden, die besonders strafwürdig erscheinen. In den unteren Dienstgraden wird vorwiegend nur noch gegen Exzeßtäter ermittelt. So bedenklich diese Praxis der Strafverfolgungsbehörden angesichts des Legalitätsprinzips und des Gleichheitssatzes erscheint, so ist sie doch unausweichlich, wenn die Strafverfolgungsbehörden die Arbeit überhaupt noch bewältigen sollen.«[565] Zumindest die »Bestrafung der großen Täter«[566] sollte die unterbesetzte und überlastete Strafjustiz aber nach Friesenhahn erreichen können.

Die Situation stellt sich einigermaßen verworren dar. Einerseits ist wiederholt davon die Rede, strafrechtlich verfolgbare »Große« habe es im Grunde nach dem Beginn der systematischen Ermittlungen gar nicht mehr viele gegeben. Anderseits wird mit Blick auf die Kapazitäten und die Funktionsfähigkeit der Justiz, insbesondere aber auch in Anbetracht der fraglichen Akzeptanz der Strafverfolgung von NS-Verbrechen in weiten Teilen der bundesdeutschen Gesellschaft, wiederholt betont, die »Kleinen«, sofern sie sich nicht als Exzesstäter hervorgetan hatten, sollten unverfolgt bleiben.

Kritiker und Beobachter der bundesdeutschen NS-Prozesse waren hinsichtlich der vermeintlich »Kleinen« recht unterschiedlicher Auffassung. Der Amsterdamer Strafrechtler Christiaan F. Rüter, ein exzellenter Kenner der deutschen Urteilspraxis[567] in NS-Verfahren, vertritt die Meinung, die

Justiz habe die »kleinen Befehlsempfänger«[568] ausgeklammert. Ein Journalist und Überlebender wie Ralph Giordano, über viele Jahre ein kenntnisreicher und kritischer Berichterstatter in zahlreichen NS-Prozessen, gewann hingegen den Eindruck, ausschließlich niedere Chargen stünden vor bundesdeutschen Gerichten. So meinte er in einem etwas verfrühten Rückblick auf die Tätigkeit der Zentralen Stelle: »Vor den Schranken der Schwurgerichte standen die unteren Glieder der Kette der Vernichtungsmaschinerie, die kleinen Angestellten des Verwaltungsmassakers, die Tötungsarbeiter selbst.«[569] Giordano wollte gar erkannt haben, dass »sich das ohnehin auf die ›Kleinen‹ beschränkte Anklage-Raster im Laufe der Zeit noch einmal verengte, nämlich auf den Typus, der zur staatlicherseits angeordneten Vernichtungspraxis einen eigenen, einen zusätzlichen ›Beitrag‹ geleistet hatte«. Und weiter: »Wer am ›ordnungsgemäßen Funktionieren‹ des Vernichtungsapparates beteiligt war, dem passierte nichts. Erst wenn eine individuelle ›Mehrleistung‹ über die ›normale‹ hinaus belegt war, wenn jemand das Opfer auf dem Weg zur Gaskammer oder Hinrichtungsgrube zu Tode geprügelt oder getreten, einer Mutter das Kind vom Arm gerissen und dessen Kopf am Boden oder an einer Mauer zerschmettert hatte, erst dann sahen die Schwurgerichte sich zu Paragrafen genötigt.«[570] Auch wenn Giordano mit dieser Kritik über das Ziel hinausschießt, ist festzustellen, dass die Strafgerichte im Fall von ausschließlich befehlsgemäß handelnden Angeklagten entweder auf Gehilfenschaft erkannten und meist sehr milde Freiheitsstrafen verhängten oder aber wegen des Vorliegens von Entschuldigungsgründen freisprachen.

Wie gesagt, die Unterscheidung der Holocaust-Akteure in »Kleine« und »Große« ist wenig erhellend. Eine niedere Charge konnte im Vernichtungsapparat eine ausschlaggebende Rolle spielen. Als Beispiel diene Auschwitz: Ein Sanitätsdienstgrad zum Beispiel, zum »Desinfektor« ausgebildet, warf in Auschwitz, Majdanek oder Mauthausen befehlsgemäß das Zyklon B in die Gaskammern. Er war seinem SS-Rang nach ein »Kleiner« im SS-Verwaltungsapparat des Lagers, in der Tötungsmaschinerie gleichwohl an entscheidender Stelle am mörderischen Werk beteiligt. Ebenso das Mitglied der Fahrbereitschaft, das Tag für Tag in Auschwitz von der am Güterbahnhof gelegenen »Alten Rampe« mit seinem Lastkraftwagen die für die Gaskammer Selektierten zu den Mordstätten transportierte. Auch er war fraglos ein »Kleiner«, sein Tatbeitrag für die Frankfurter Staatsanwaltschaft sogar von so geringem Gewicht, dass sie – wie oben dargestellt (II.3.) – 1970 die Einstellung des Verfahrens gegen 14 Mitglieder der Fahrbereitschaft beantragte. Dennoch waren die LKW-Fahrer tatnahe, mit den Opfern konfrontierte, durchaus effektive Akteure im Mordgeschehen.

Die Strafjustiz kannte hauptsächlich zwei Gruppen von »Kleinen«: a) Die befehlslos tötenden Exzesstäter, die als Mörder qualifiziert und zu lebenslangen Freiheitsstrafen verurteilt wurden. b) Die befehlsgemäß, mit Gehilfenwillen handelnden »Kleinen«, die tatnah, zum Beispiel als Wachmann im Konzentrations- und im Vernichtungslager, die befohlene Tat (in Anwendung der subjektiven Teilnahmetheorie) nicht als eigene gewollt, sondern nur als fremde gefördert und unterstützt hatten. Waren sie im Unterschied zu den »reinen« Vernichtungslagern nicht einer unter wenigen SS-Leuten, sondern wie in Auschwitz und Majdanek einer unter unzählig vielen der SS-Besatzung, wurden sie nicht belangt. Ihr Tatbeitrag und ihre Schuld erachtete die Justiz, die nicht gegen Tausende ermitteln konnte, als so gering, dass von Bestrafung abgesehen wurde.

Nach Abschaffung der Todesstrafe erkannte die bundesdeutsche Justiz nur bei 169 Angeklagten[571] auf Täter- bzw. Mittäterschaft. Die meisten der 169 als Mörder abgeurteilten NS-Verbrecher waren »kleine« Exzesstäter, darunter neben SS-Männern auch wenige Funktionshäftlinge, die sich als willige Handlanger der Lager-SS schuldig gemacht haben. Eine der wenigen Ausnahmen dürften die im 1. und 2. Frankfurter Auschwitz-Prozess abgeurteilten Franz Hofmann, Hans Stark, Oswald Kaduk und Josef Erber gewesen sein, deren befehlsgemäße Mitwirkung an den Vernichtungsaktionen die Gerichte als Mittäterschaft qualifizierten.

Von den etwa 6.500 rechtskräftig Verurteilten erachtete die bundesdeutsche Strafjustiz über 6.200 als Gehilfen und verhängte zumeist milde zeitige Freiheitsstrafen. Mit Blick auf die Frankfurter Auschwitz-Verfahren gibt Heinz Haueisen in seiner sozusagen offiziösen Darstellung der Geschichte des Prozesses gegen Mulka u.a. die vorherrschende Justizpraxis gut wieder. »Der Versuch allerdings, alle, die je in Auschwitz eingesetzt und ermittelt waren, zu überprüfen und erst danach das Ermittlungsverfahren abzuschließen, wäre gescheitert; selbst heute [Ende der 1980er Jahre, W.R.] wäre der Abschluß noch nicht abzusehen. So mußte man auf Konzentration bedacht sein und so rasch wie möglich diejenigen Fälle zu erfassen suchen, in denen es unerträglich erschienen wäre, die Verfolgung zu verzögern, also in erster Linie Fälle, in denen Beschuldigte eigenverantwortlich getötet oder bei Tötungen mitgewirkt hatten. Es sollte und konnte nicht gleichzeitig auch allen denjenigen nachgegangen werden, die lediglich mißmutig irgendwo Wachdienst versehen hatten. Selbstverständlich wurden die Grundzüge des Vorgehens mit Behördenleitung und Generalstaatsanwalt abgestimmt.«[572] Fritz Bauers gewiss erteilte Zustimmung zu der dargestellten Handhabung der Strafverfolgung war den faktischen Notwendigkeiten geschuldet und entsprach darüber hinaus einer von ihm recht früh geäußerten Einsicht, die freilich konträr zu seiner in I.9. dargelegten Rechtsauffassung steht. Bereits Ende der 1950er Jahre war Bauer der Meinung, die NS-Verfahren könnten nur noch exemplarischen Charakter haben. Angesichts der Mitwirkung von so vielen Deutschen an den Verbrechen erfüllten die wenigen Angeklagten, die noch zur Verantwortung gezogen werden konnten, Bauer zufolge nur noch eine Sündenbockfunktion. In der Gesprächsrunde *Heute Abend Kellerklub* des Hessischen Rundfunks sagte er im Dezember 1964 mit Blick auf die Angeklagten im Auschwitz-Prozess: »Also ich meine, die 22[573] sind wirklich ja nur die nun ausgewählten Sündenböcke. Jetzt will ich Ihnen sagen, es gab in Auschwitz 5.500 Wachmänner; von diesen 5.500 Wachmännern haben wahrscheinlich die Polen 150 vielleicht verurteilt.[574] Wir wählten zunächst einmal 22, die nach unserer Meinung schlimmsten. Jetzt folgen noch mal 22, da bleiben immer noch 5.000 übrig, allein von der Wachmannschaft in Auschwitz.[575] Das Problem Auschwitz, da sind wir uns doch wahrscheinlich einig, beginnt nicht erst an den Toren von Auschwitz und Birkenau.«[576] Auch in einem Brief vom 3. März 1964 gebrauchte er seine Rede von den vor Gericht stehenden Sündenböcken: »Es ist eine furchtbare Ungerechtigkeit, daß jeder Strafprozeß immer nur Sündenböcke trifft, so bei Betrug, Abtreibung, Notzucht, erst recht jetzt bei den NS-Verfahren [...]«.[577]

2. Konkreter Tatbeitrag oder funktionelle Mitwirkung

In einem rechtsstaatlichen Strafverfahren ist vom Gericht der zweifelsfreie Nachweis der schuldhaften Beteiligung einer Person an einer bestimmten Tat zu führen. Auch bei den kollektiv, auf Befehl des NS-Verbrecherstaats begangenen rechtswidrigen Tötungen, die systemkonform und im ausdrücklichen Konsens mit höchsten Reichsbehörden verübt wurden, gelten für die bundesdeutschen Gerichte die Zurechnungsregeln des zur Tatzeit geltenden Strafrechts. Staatsverbrechen, von befehlsergebenen Amtsträgern im Rahmen ihres Dienstes ausgeführt, stellen deshalb für das auf Individualtaten ausgelegte deutsche Strafrecht ein Problem dar. Bei dem vom NS-Regime befohlenen, von Abertausenden auf den unterschiedlichsten Ebenen der Hierarchie von SS, Wehrmacht sowie Zivil- und Militärverwaltung exekutierten Holocaust, handelt es sich nach Herbert Jäger[578] um Makrokriminalität, auf die das deutsche Strafrecht nicht zugeschnitten war. Gleichwohl galt für die Tatgerichte, dass »Täter im Rahmen makrokriminellen Geschehens […] entsprechend der individuellen Zurechnungslehre strafrechtlich nur zur Verantwortung gezogen werden« können, »soweit das entsprechende Individuum aus dem Makrokontext herausgelöst werden kann, um ihm den Taterfolg als ›sein Werk‹ zurechnen zu können«.[579]

Die Frankfurter Auschwitz-Verfahren, insbesondere die beiden Verfahren gegen Mulka u.a. sowie gegen Burger u.a., werfen die Frage auf, welcher Rechtsauffassung die StA tatsächlich war und welche Rechtspraxis sie anwandte. Stimmte sie mit den Darlegungen überein, die Fritz Bauer 1967 in seinem Aufsatz[580] in der *Juristenzeitung* (siehe I.9.) ausgeführt hatte? Bauer schrieb den Text wohl im Hinblick auf die bevorstehenden Revisionsverfahren in Sachen Mulka und Burger. Seine Rechtsauffassung war auch die Grundlage für den verspätet eingebrachten Antrag vom 6. Mai 1965[581] im ersten Auschwitz-Prozess gewesen.

Die Sachbearbeiter Vogel und Kügler ermittelten seit Mitte 1959 gegen Auschwitz-Personal, indem sie auf der Basis von Urkunden und von Zeugenaussagen die Beteiligung von Beschuldigten an rechtswidrigen Tötungen zu beweisen suchten. Ihre Tatvorwürfe mussten sie mit zweifelsfreien Tatnachweisen belegen. Überaus deutlich kommt die von der Frankfurter StA vertretene Ansicht hinsichtlich der Zurechnungsregeln in einem Schreiben an Hermann Langbein zum Fall des Hamburger SS-Arztes Kurt Uhlenbroock (I.4.) zum Ausdruck. Dezernent Vogel belehrte den energisch gegen die Einstellungsverfügung protestierenden Langbein folgendermaßen: »Bei jedem Angeschuldigten muß […] der *konkrete Nachweis* dafür erbracht werden, daß er persönlich an strafbaren Handlungen beteiligt war. Für eine Anklageerhebung bzw. eine Verurteilung genügt also nicht allein die Feststellung, daß der Angeschuldigte im August/September 1942 etwa 17 Tage lang als Standortarzt in Auschwitz tätig war. Aufgrund mehrerer Zeugenaussagen kann nämlich nicht ausgeschlossen werden, daß vor allem die Vergasung von mehr als 700 kranken Häftlingen aus Block 20 [des Stammlagers, W.R.] – etwa 8 Tage nach dem Eintreffen von Dr. Uhlenbroock in Auschwitz – schon vor der Ankunft des Angeschuldigten von langer Hand vorbereitet und entsprechende Befehle und Anordnungen von dem WVHA [Wirtschafts-Verwaltungshauptamt, Oranienburg, W.R.] erteilt worden waren und daß daher die Vergasung der Häftlinge ohne einen von dem Angeschuldigten *selbst geleisteten Tatbeitrag* vorgenommen wurde. Wenn auch der Verdacht naheliegen mag, daß der Angeschuldigte in seiner Eigenschaft als Standortarzt in irgendeiner Form mit dieser Aktion befaßt war, so läßt sich gleichwohl ein greifbarer Tatbeitrag bei dieser Sachlage nicht mit ausreichender Sicherheit nachweisen. Das gleiche gilt auch für die Durchführung von Selektionen.«[582] Die während der kurzen Dienstzeit Uhlenbroocks durchgeführte Tötung der kranken Häftlinge ließ sich Vogel zufolge dem Vorgesetzten der im Häftlingskrankenbau tätigen SS-Ärzte und Sanitätsdienstgrade mithin nur zurechnen, wenn er selbst noch einen individuellen, konkret nachweisbaren Tatbeitrag zum Verbrechensgeschehen geleistet hatte. Allein die Tatsache, dass Selektion und Tötung der HKB-Insassen zu der Zeit erfolgte, in der Uhlenbroock vorübergehend Chef des medizinischen Personals von Auschwitz gewesen war, mithin die alleinige Dienstaufsicht hatte, genügte dem Staatsanwalt nicht. Uhlenbroocks eventuelle Mitwirkung bzw. Beteiligung erwies sich nach Vogel nicht durch seine pure Dienststellung oder Funktion. Während Uhlenbroocks kurzer Amtszeit kamen aber mehrere RSHA-Transporte in Auschwitz an.[583] Wie das Tagebuch des SS-Arztes Johann Paul Kremer zeigt, haben bereits zu dieser Zeit SS-Ärzte auf der Rampe am Güterbahnhof selektiert.

Uhlenbroock war für deren Rampendienst verantwortlich. Der für die Durchführung des Rampendienstplans zweifelsfrei zuständige SS-Standortarzt kommt in Vogels Darlegung erstaunlicher Weise gar nicht vor. Hätte er, von Augenzeugen glaubwürdig bekundet, aktiv auf der Rampe tätig sein müssen, um für die Selektionen während seiner Dienstzeit verantwortlich zu sein?

Wie lassen sich die Ausführungen Vogels[584] mit der in I.9. dargelegten Rechtsauffassung Bauers vereinbaren, die sein Vermächtnis darstellt? Seit Ende der 1960er Jahre verworfen und missachtet hat es seit 2011 in Prozessen gegen hochbetagte Angeklagte eine strafrechtsdogmatisch längst gebotene, heute freilich nahezu folgenlose Berücksichtigung gefunden.

Im Antrag auf Eröffnung der gerichtlichen Voruntersuchung (1961) und in der Anklageschrift (1963) ist davon die Rede, die Angeschuldigten hätten sich »an der Vollstreckung eines einheitlichen Vernichtungsprogramms beteiligt« und seien »Teil der Vernichtungsmaschinerie von Auschwitz«[585] gewesen. Bei Angeschuldigten wie Franz Lucas, Willy Frank und Willi Schatz verfügte die Anklagebehörde – wie oben dargestellt (I.5.) – zunächst allein über Wissen um ihre Funktion im Lager, insbesondere um die speziellen Aufgaben des medizinischen Personals im Sommer 1944, als die »Ungarn-Aktion« durchgeführt worden war. Zeugen, die bestimmte, konkrete Tatbeiträge der SS-Ärzte hätten bekunden können, standen zur Zeit der Ausarbeitung der Anklageschrift nicht zur Verfügung. Zweifelsfrei war allerdings, dass SS-Standortarzt Eduard Wirths im Frühjahr 1944 eine Dienstbesprechung anberaumt und verfügt hatte, dass sowohl Truppen- und Lager-Ärzte als auch Zahnärzte und Apotheker Rampendienst zu leisten haben. Ebenso stand fest, selbst durch SS-Zeugen glaubhaft bekundet, dass es Dienstpläne gegeben hatte, in die alle SS-Führer der Abt. SS-Standortarzt, mithin alle Ärzte, Zahnärzte und Apotheker, eingetragen waren.

Ganz offenbar verfolgte die Anklagebehörde einen »zweispurigen Ansatz«.[586] Eine auf den Nachweis eines konkreten Tatbeitrags gerichtete Praxis und eine mehr oder weniger implizit vertretene »funktionsbezogene Begründung der Beihilfestrafbarkeit«.[587]

Heinz Haueisen hat in seinem oben bereits zitierten Beitrag zur Geschichte des 1. Frankfurter Auschwitz-Prozesses ganz gewiss die Auffassung der Frankfurter StA wiedergegeben, wenn er auf recht populäre Art schreibt: »›Mitgegangen – mitgehangen‹, wie der Volksmund sagt und sich mancher vorgestellt hatte, ist kein Rechtssatz, da es immer des Nachweises im Einzelfall bedarf.«[588] Ob in seiner Formulierung (wie »mancher es sich vorgestellt habe«) eine Kritik an Bauers auch in der hessischen Justiz umstrittenen Auffassung angedeutet ist, muss Vermutung bleiben. Hans Hofmeyer meinte hingegen in expliziter Distanzierung von der von Bauer vertretenen Rechtsmeinung, vom Gericht müsse »geprüft werden, inwieweit das Tätigwerden des Einzelnen überhaupt kausal für den Enderfolg des Todes der Opfer gewesen ist«.[589] Adalbert Rückerl sagte in einem Interview zum eingestellten und später wieder aufgenommenen Hamburger Verfahren gegen Arnold Strippel, der u.a. Lagerführer in Majdanek gewesen war, dieser sei »zwar tatverdächtig aufgrund seiner Funktion, aber ich muß ihm trotzdem nachweisen, was er dort getan hat. Die Funktion allein ergibt noch keine Verurteilung, sondern nur der Nachweis des schuldhaften persönlichen Handelns«.[590] Und weiter an anderer Stelle: »Die Vorstellung, allein schon die Zugehörigkeit zu einer an Verbrechen beteiligten Dienststelle oder Einheit habe als Primafacie-Beweis für ein schuldhaftes Verhalten zu gelten [...] hat im Strafrecht keinen Platz.«[591] Rückerl machte wie Hofmeyer geltend, dass ein kausaler Tatbeitrag vorzuliegen habe. »Nach der im deutschen Strafrecht herrschenden Bedingungstheorie gilt für eine Straftat jeder Umstand als ursächlich, der nicht hinweggedacht werden kann, ohne daß damit auch die Wirkung der Tat entfiele. In die Praxis der NS-Verbrechen umgesetzt bedeutet dies beispielsweise: Der Bahnhofsvorsteher oder der Schrankenwärter, der seiner Dienstanweisung entsprechend einem seine Station oder seinen Streckenabschnitt passierenden Eisenbahnzug die freie Durchfahrt ermöglichte, obwohl er wußte oder auch nur in Kauf nahm, daß mit dem Zug Menschen in ein Vernichtungslager transportiert wurden, setzte schuldhaft eine Bedingung, die – wenn auch in dem genannten Falle ganz am Rande – den Tod dieser mit dem Zug transportierten Menschen mit verursacht. Weitere Beispiele für eine solche periphere Tatbeteiligung könnten in beliebiger Zahl genannt werden.«[592] Inwieweit eine tatbestandsmäßige Handlung von »Randfiguren« aber als strafwürdig zu betrachten und insofern strafrechtlich zu verfolgen ist, wurde offensichtlich als strittige Frage erachtet. Hier fiel die Abgrenzung schwer und Rückerl hat zurecht festgestellt, dass der »Gesetzgeber [...] die Staatsanwälte, die in solchen Fällen über Einstellung des Verfahrens oder Anklageerhebung zu entscheiden haben, mit diesem Problem allein gelassen und damit manchen von ihnen in einen schweren Gewissenskonflikt gebracht«[593] habe.

3. Prozesse gegen greise »Sündenböcke«?

Das Münchner Demjanjuk-Urteil vom Mai 2011 und das Lüneburger Gröning-Urteil vom Juli 2015 haben vielfach Zustimmung, aber auch vehemente Ablehnung gefunden. Ohne Berücksichtigung der Rechtsprechung gegen Personal der sogenannten reinen Vernichtungslager in den 1960er Jahren beklagen Kritiker, die Gerichte hätten keinen konkreten Tatbeitrag nachweisen können, die Prozesse seien deshalb rechtsstaatlich äußerst bedenklich.[594] Vorschnell wurde daher die Annahme artikuliert, die Urteile würden in Karlsruhe vor dem BGH keinen Bestand haben. Da John Demjanjuk (1920 – 2012) vor einer Revisionsentscheidung verstarb, setzten Kritiker und Befürworter ihre Hoffnungen auf das

Revisionsverfahren im Fall Gröning. Für die einen war klar, dass mit »dem Urteil im Demjanjuk-Prozess [...] die aktuelle Rechtsprechungspraxis für die Verfahren zur Verfolgung von NS-Verbrechen im Hinblick auf die konkret nachzuweisenden einzelnen Deliktsverwirklichungen, wie sie in der strafprozessualen Praxis sonst zu mikrokriminellen Verbrechensverwirklichungen üblich und notwendig sind, verändert« wurde. Denn für »eine Verurteilung wurde üblicherweise ein konkreter Nachweis einer konkreten Tat zu einem bestimmten Zeitpunkt gefordert.«[595] Unter Berufung auf die herkömmliche Rechtspraxis lehnten die Kritiker deswegen das Urteil ab. Befürworter meinten stattdessen, das Münchner Verfahren habe »keine neue Konstruktion der Gehilfenstrafbarkeit hervorgebracht«. Vielmehr lasse »sich das Verfahren als Reaktivierung anerkannter Grundsätze der Beihilfestrafbarkeit im Zusammenhang mit nationalsozialistischen Massentötungen verstehen«.[596] Nach »den allgemeinen Grundsätzen der Beteiligungsdogmatik« bedarf es nämlich »keines konkreten Einzeltatnachweises, um eine Beihilfe zur Ermordung der in den Konzentrationslagern eingepferchten Menschen durch das Geleit zu den Gaskammern, Bewachung, Beaufsichtigung von Arbeitseinsätzen etc. anzunehmen«.[597]

Entschieden kritisch gegen die bisherige Rechtspraxis meinte Cornelius Nestler, Nebenklägervertreter im Demjanjuk-, Gröning- und Hanning-Prozess, das insbesondere von der Zentralen Stelle, aber auch von Anklagebehörden und von Tatgerichten fortwährend beschworene »Erfordernis des konkreten Tatnachweises« sei ein »Mythos«.[598]

Offen bleibt freilich die grundsätzliche, letztendlich von der zeit- und rechtshistorischen Forschung zu beantwortende Frage, warum die Korrektur der exkulpierenden Rechtspraxis erst zu einem Zeitpunkt erfolgte, als sie kaum jemandem mehr zum Nachteil gereichte und für die Strafjustiz auch keinen großen Aufwand mehr bedeutete. Die Frage haben sich selbstkritisch Rechtswissenschaft, Rechtsprechung und die deutsche Gesellschaft zu stellen. Anders gesagt: Ist heute übereinstimmend von einer »jahrzehntelang praktizierten falschen Rechtsprechung«[599] die Rede, dann wäre zu klären, wie dies hat geschehen können.

Bei der Erörterung der uneinheitlichen Rechtsprechung in NS-Prozessen ist zu unterscheiden zwischen Fragen in tatsächlicher und in rechtlicher Hinsicht. Folgende Fragen stellen sich: Wie haben die Tatgerichte das historische Geschehen in den Lagern dargestellt? Welche tatsächlichen Feststellungen haben sie getroffen? Wie haben sie die Handlungen der Angeklagten im von ihnen richterlich festgestellten Geschichtsereignis rechtlich bewertet?

Ebenso wie die Zeitgeschichtsforschung ging die Rechtsprechung in den 1960er Jahren von der Annahme aus, der Mord an den europäischen Juden sei auf einen im Sommer 1941 erteilten Befehl Adolf Hitlers verübt worden. Das mit dem Überfall auf die Sowjetunion im Juni 1941 beginnende und erst im Spätherbst 1944 endende Vernichtungsgeschehen beruhte nach der damaligen Annahme auf einem Willensentschluss und einer Willensäußerung Hitlers. Zusammen mit wenigen anderen NS-Führern wie Heinrich Himmler und Reinhard Heydrich galt der Rechtsprechung Hitler als Haupttäter und Taturheber.

Der Massenmord in den Lagern wurde von den Strafgerichten mit Blick auf die Befehlsausführenden als ein Geschehen betrachtet, das zum einen als einheitlicher Vorgang, juristisch gesprochen, als eine Tat, als einzige Handlung, und das zum anderen als eine Vielzahl von einzelnen, selbstständigen Handlungen zu bewerten ist.

Hinsichtlich der Massenverbrechen in den sogenannten reinen Vernichtungslagern, das heißt: des Gaswagenlagers Kulmhof/Chełmno (in der Nähe von Łódź), und der drei Lager der »Aktion Reinhardt«, Treblinka, Sobibór und Bełżec, gingen die Gerichte in den 1960er Jahren davon aus, dass das Vernichtungsgeschehen ein in sich abgeschlossener, räumlich und zeitlich begrenzter Vorgang war, der rechtlich als eine Tat, als natürliche Handlungseinheit zu betrachten ist.[600]

So hat das LG Bonn im Verfahren gegen 12 SS- und Polizeiangehörige von Chełmno in seinem Urteil vom März 1963 festgestellt, dass »die einzelnen [...] Tötungen in jeder der beiden« Zeitperioden des Gaswagenlagers »rechtlich eine Handlung im Sinne einer gleichartigen Tateinheit«[601] darstellen. Auch im Düsseldorfer Treblinka-Prozess gegen zehn SS-Angehörige des Vernichtungslagers war das Gericht im September 1965 der Ansicht, dass die Massentötungen »auf einem einzigen Befehl der Haupttäter«[602] beruhten, sodass »die einzelnen auf diese Willensbetätigung zurückgehenden [...] Massentötungen [...] rechtlich eine Handlung im Sinne einer gleichartigen Tateinheit«[603] darstellten. Seine Rechtsansicht stützte das Düsseldorfer Gericht mit ausdrücklichem Hinweis auf das ergangene Bonner Urteil und seine Bestätigung durch den BGH und führte aus: »Massentötungen in einem Vernichtungslager, die während eines bestimmten, nicht unterbrochenen Zeitraumes aufgrund eines alle Einzelheiten umfassenden einzigen Befehls durchgeführt worden sind«, stellen »rechtlich eine einzige Handlung«[604] dar. Auch in den Verfahren gegen Personal der Vernichtungslager Bełżec und Sobibór haben das LG München I und das LG Hagen diese Rechtsansicht zum Ausdruck gebracht.[605]

Inwiefern ist es für die Feststellung der individuellen Schuld eines Angeklagten von Relevanz, ob das Verbrechensgeschehen in einem Lager als eine Handlung oder als eine Vielzahl von selbstständigen Handlungen betrachtet wird? Ermöglicht die Annahme von Tateinheit, jede Art von funktioneller Mitwirkung am Massenmord, der sogenannten Haupttat, als strafbare Beihilfe zu eben dieser Haupttat zu qualifizieren?

Der BGH hat 1964 in seiner Entscheidung zum Bonner Chełmno-Urteil mit Blick auf das Revisionsvorbringen einiger Angeklagten, ihre vorgebliche »neutrale« Tätigkeit als Wachposten sei nicht als Mordbeihilfe zu qualifizieren, Folgendes ausgeführt: »Nach den Feststellungen [...] haben die Angeklagten allein durch ihre Zugehörigkeit zu dem Sonderkommando, das eigens für die Ausrottung der jüdischen Bevölkerung Polens [...] gebildet worden war, bei der Tötung der Opfer Hilfe geleistet.« Und: »Die Art der Aufgaben, die ihnen bei der Durchführung der einzelnen Aktionen oblagen, ist [...] ohne Bedeutung.«[606] Im Münchner Bełżec-Prozess gegen Josef Oberhauser, der im Rahmen der »Aktion Reinhardt« eine überaus wichtige organisatorische Rolle gespielt hatte, wertete das Gericht seine Beschaffung von Baumaterial für die Errichtung von Vergasungsanlagen als Mordbeihilfe.[607] Im Hagener Sobibór-Prozess heißt es zu den Angeklagten, die objektiv Mordbeihilfe geleistet hatten: »Da, wo sie in der Lagerorganisation eingesetzt waren, haben sie [...] alle das Massenmorden an den Juden durch ihre funktionelle Mitwirkung ursächlich in unmittelbarer Tatnähe fördernd mit ermöglicht [...]«.[608] So betrachtete das Gericht zum Beispiel das Inganghalten der Lageradministration und die Beschaffung von Verpflegung für das Lagerpersonal als »vernichtungsfördernde[n] Dienst«[609], also als Mordbeihilfe.

Ganz anders hat, wie in I.9. dargelegt, das Schwurgericht im Frankfurter Auschwitz-Prozess das Vernichtungsgeschehen betrachtet. Ausdrücklich aus »tatsächlichen Gründen«[610] hat es die im Bonner Chełmno-Prozess zur Geltung gekommene Betrachtungsweise im Fall Auschwitz abgelehnt. Historisch ist zweifellos richtig, dass Auschwitz im Unterschied zu den Lagern der »Aktion Reinhardt« und Chełmno kein »reines« Vernichtungslager gewesen war. Im Mai 1940 als Konzentrationslager gegründet, war Auschwitz zunächst ein Lager für Polen, die die deutschen Besatzer des Widerstands verdächtigt und verhaftet hatten. Ab Herbst 1941 suchte die Lagerführung von Auschwitz jedoch nach Methoden, massenhaft Menschen töten zu können. Erstmals Ende

August/Anfang September 1941 wurde das Giftgas Zyklon B erprobt. Nach Angaben von Rudolf Höß, dem ersten Kommandanten von Auschwitz, hatte er bereits im Sommer 1941 von Heinrich Himmler den Befehl erhalten, Mittel und Wege zu finden, Massentötungen durchzuführen.[611] Die Angaben von Höß stehen an dieser Stelle nicht zur Diskussion. Bekanntlich lassen sie sich mit den Ergebnissen der Holocaust-Forschung nicht vereinbaren.[612] Wichtig im Kontext der Erörterung tatsächlicher Fragen in NS-Verfahren ist allein die Feststellung, dass die SS im Lager Birkenau, das ab Oktober 1941 erbaut wurde, Vernichtungsanlagen errichtet hat. Zunächst zwei noch provisorische Vergasungsstätten in umgebauten Bauernhäusern. Ab Mitte 1942 erfolgte sodann der Bau von vier Krematorien mit integrierten Gaskammern. Das Lager Birkenau konvertierte ab Frühjahr 1942 zum Vernichtungslager, in dem freilich auch Abertausende von Häftlingen untergebracht waren, um im Lager und für Industrieunternehmen Zwangsarbeit zu leisten.

Ein Beispiel möge die Doppelfunktion von Auschwitz-Birkenau vor Augen führen. Juden aus ganz Europa wurden nicht allein zum Zweck ihrer sofortigen Vernichtung ins Lager deportiert. So wurden von den aus Ungarn innerhalb von acht Wochen im Sommer 1944 verschleppten 438.000 Juden mindestens 100.000 Männer und Frauen ins Lager aufgenommen oder als sogenannte unregistrierte »Durchgangsjuden«, auch »Depotjuden« genannt, nach wenigen Tagen und Wochen in Zwangsarbeitslager ins Deutsche Reich verbracht.

Am Beispiel der fünf angeklagten SS-Führer in der Strafsache gegen Mulka u.a., die während der »Ungarn-Aktion« regelmäßig Dienst auf der Rampe geleistet haben, lässt sich die Problematik darstellen. Von regelmäßigem Dienst kann mit Grund gesprochen werden, weil die Lagerführung angesichts des »Hochbetriebs« im Sommer 1944 eine Urlaubssperre[613] verhängt hatte. Bei den SS-Führern handelte es sich um die rechte Hand des Kommandanten Richard Baer, um den Adjutanten Karl Höcker und um die mehrfach genannten vier Angehörigen des medizinischen Personals Lucas, Frank, Schatz und Capesius.

Der angeklagte Adjutant und die vier »Mediziner« bestritten, mit der »Abwicklung« von Transporten und mit Selektionen auf der Rampe befasst gewesen zu sein. Höcker, dessen Dienststelle, die Kommandantur, in Auschwitz I, dem sogenannten Stammlager untergebracht war, beteuerte, die Abfertigung von Transporten sei ausschließlich vom Lager Birkenau aus organisiert worden. Die SS-Mediziner räumten zwar ein, zum Rampendienst beordert worden zu sein, sie ließen sich jedoch zu ihrer Entlastung dahingehend ein, auf der Rampe nur herumgestanden und keinesfalls selektiert zu haben.

Wie stellte sich für das Gericht, dessen Aufgabe es war, die »Wahrheit« zu erforschen, die Beweislage hinsichtlich der als unabdingbar erachteten konkreten Tatbeteiligung der Angeklagten dar? Nach Auffassung der Frankfurter Richter war es erforderlich, den Angeklagten durch Urkunden- oder Zeugenbeweis zweifelsfrei belegte Einzeltaten nachzuweisen. Nur durch die Zurechnung einzelner Unrechtshandlungen war nach ihrer Auffassung im Fall Auschwitz die Feststellung individueller Schuld möglich. Zurechnung hieß zum Beispiel, dass ein von Zeugen benannter, einzelner Transport und seine »Abwicklung« einem auf der Rampe aktiven Angeklagten zugeordnet werden konnte.

Doch wie steht es um das Erfordernis des konkreten Einzeltatnachweises bei Angeklagten, die in arbeitsteilig organisierten Lagern tätig gewesen waren? Wie bei den Ausführungen zu den Prozessen gegen Personal der sogenannten »reinen« Vernichtungslager gesehen, beruhte die im Auschwitz-Verfahren geübte Rechtspraxis auf keiner in den 1960er Jahren vorherrschenden Rechtsauffassung.

Der vom Gericht für erforderlich gehaltene Einzeltatnachweis hatte zur Folge, dass der vormalige SS-Zahnarzt Willy

Frank verurteilt, sein Kollege Willi Schatz, der sich vor Gericht zur unscheinbaren und unbedarften Figur zu minimieren wusste, aber freigesprochen wurde. Franks Verurteilung beruhte auf der Aussage eines einzigen Zeugen (Alex Rosenstock), der ihn gut gekannt und der mindestens bei sechs Transportankünften beobachtet hatte, wie der SS-Zahnarzt vor den in Fünferreihen angetretenen Menschen die typischen Handbewegungen des Selektierens gemacht hatte.[614] Hätte es diesen aus Israel angereisten Zeugen nicht gegeben, wäre Frank wohl aus Mangel an Beweisen freigesprochen worden, obgleich seine Abordnung zum Rampendienst von ihm eingeräumt worden war. Im Fall Schatz meinte das Gericht, seine Einlassung, sich immer vor dem Selektionsdienst gedrückt und allein von den Deportierten mitgebrachtes ärztliches Material sichergestellt zu haben, sei ihm mit letzter Gewissheit nicht zu widerlegen. Im Fall Schatz gab es keinen Zeugen, der ihn auf der Rampe hatte aktiv selektieren sehen.[615] Mithin gab es für das Gericht keinen »konkreten Anklagevorwurf« (Durchführung von Selektionen auf der Rampe, Überwachung des Einwerfens von Zyklon B), wie der BGH in seiner Entscheidung vom 20. Februar 1969 die Darlegung des Gerichts wiedergibt.[616] Der Überlebende Rosenstock, der für das Gericht glaubhaft bekundet hatte, Frank beim Selektieren beobachtet zu haben, konnte im Fall Schatz nur dessen bloße mehrmalige Anwesenheit auf der Rampe und keine konkrete Handlung bezeugen.[617] Die Rechtsfrage, ob Anwesenheit auf der Rampe bzw. Zugehörigkeit zu der aus SS-Führern bestehenden Selektionskommission als Förderung der Haupttat zu bewerten sei, ließ das Frankfurter Gericht unbeantwortet. Unzweifelhaft stand für die Frankfurter Richter jedoch fest, dass der Angeklagte Schatz kein Bewusstsein davon gehabt habe, durch seine von ihm eingestandene Präsenz auf der Rampe einen Tatbeitrag zum Mordgeschehen zu leisten. Das Gericht gelangte deshalb zu der Bewertung, Schatz habe im

Bewusstsein der eigenen Bedeutungslosigkeit, somit ohne Gehilfenvorsatz, agiert.[618]

Die Sicht des Gerichts auf das tatsächliche Geschehen und seine rechtliche Wertung ist nicht nachzuvollziehen. Seine falschen tatsächlichen Feststellungen, genauer gesagt: seine fehlgehende Darstellung des historischen Geschehens, führte zu einer falschen rechtlichen Wertung. Rampendienst im Sommer 1944, als mit ca. 150 Todeszügen, im Schnitt drei Züge pro Tag mit jeweils 3.000 Deportierten, von der Reichsbahn nach Auschwitz transportiert wurden, bedeutete Mitwirkung an einem durchgehenden und bestimmten Tatplan der andauernden Massenvernichtung. Von der Rampe weg gab es für die nach Auschwitz verbrachten Menschen nur zwei Wege, über die die SS-Führer entschieden: den Weg ins Gas oder den Weg zur Vernichtung durch Arbeit ins Lager. Alle mit der »Abwicklung« von RSHA-Transporten befassten SS-Männer wirkten in funktioneller Weise mit an dem tagtäglich exekutierten, wohl organisierten Mordprogramm. Man vergegenwärtige sich: 3.000 Juden pro Zug stellten sich im Sommer 1944 in zwei Kolonnen, Männer auf der einen, Frauen und Kinder auf der anderen Seite, in Fünferreihen auf, im Schnitt 300 Fünferreihen auf der einen, 300 Fünferreihen auf der anderen Seite. Bewachung, Beaufsichtigung und Selektion der Opfer funktionierten arbeitsteilig. Jedem SS-Mann kamen im Verlauf einer über Stunden sich erstreckenden »Transportabwicklung« bestimmte, die Haupttat fördernde Aufgaben zu.

Wie dargelegt, ging es bei den Angeklagten Höcker, Lucas, Frank, Schatz und auch Capesius, bei dem die Beweislage aber eine gänzlich andere war, allein um die Beteiligung an der »Ungarn-Aktion«. Genau dieses Vernichtungsgeschehen war auch Gegenstand des Verfahrens gegen Oskar Gröning. Mit Absicht hatte sich die Anklagevertretung auf diesen Prozessstoff beschränkt.[619]

3.1. Demjanjuk-Prozess (2009 – 2011)

2008 erlebte die in den Prozessen gegen Personal der sogenannten reinen Vernichtungslager zum Tragen gekommene, für Auschwitz aber verworfene Rechtsauffassung teilweise eine Renaissance. Thomas Walther, engagierter Mitarbeiter der Zentralen Stelle, stieß im Frühsommer 2008 auf den Fall Demjanjuk und meinte, die Rechtsprechung der 1960er Jahre nicht im Blick, juristisches Neuland zu betreten.[620] Demjanjuk war kein konkreter Tatbeitrag nachzuweisen, denn es gab keine Zeugen, die den zum Amerikaner gewordenen einstigen ukrainischen Hilfswilligen kannten und ihn einer strafbaren Handlung beschuldigten. Walther vertrat jedoch in Übereinstimmung mit den Juristen des im US-Justizministerium angesiedelten Office of Special Investigations (OSI)[621] und einem Urteil des Northern District Court in Ohio (Matia-Urteil) die Ansicht, die Wachmanntätigkeit Demjanjuks im Vernichtungslager sei als Mordbeihilfe zu werten.[622] Die Leitung der Zentralen Stelle gab Walther für seine Vorermittlungen freie Hand. Ob sie dies in der Annahme tat, das Vorhaben werde bei der Staatsanwaltschaft, an die das Verfahren abzugeben war, ohnehin scheitern, muss offenbleiben.[623]

Die Staatsanwaltschaft München I, an die das Verfahren Ende 2008 abgegeben worden war, teilte die von Walther dargelegte Rechtsauffassung. In ihrer Anklageschrift vom 10. Juli 2009 beschrieb sie die allgemeine, von der historischen Forschung dargelegte Tätigkeit der Wachmannschaft (Trawniki-Männer), ohne Demjanjuk jedoch konkrete Tatbeiträge nachweisen zu können.[624] Indem der Angeklagte »als Wachmann an allen wesentlichen Stationen des Vernichtungsprozesses Dienst getan hat«, leistete er »einen wesentlichen Tatbeitrag«[625] zum im Lager verübten Mord. Die geringe Zahl von SS- und Trawniki-Männern im Vernichtungslager Sobiór ließen den sicheren Schluss zu, dass »eine aktive Beteiligung jedes Wachmannes beim Eintreffen eines Deportationszuges erforderlich«[626] war, um einen Transport »abzuwickeln«.

Das LG München II erkannte in seinem Urteil vom 12. Mai 2011[627] auf Beihilfe zum Mord, auf vorsätzliche Förderung der in Sobibór verübten Haupttat. Dabei betrachtete das Gericht im Gegensatz zum Hagener LG das Vernichtungsgeschehen jedoch nicht als eine Tat, sondern differenzierte wie das Frankfurter Gericht 1965 nach Transporten. An zumindest 16 Transportabfertigungen war Demjanjuk während seiner Dienstzeit beteiligt gewesen. Hinsichtlich der Qualifizierung seiner Beihilfeleistung ist die Feststellung im Urteil wichtig, dass »jede Tätigkeit des Angeklagten wie die Tätigkeit aller übrigen Wachleute im Lager [...] eine Förderung des Hauptzwecks des Vernichtungslagers«[628] darstelle.

3.2. Gröning-Prozess (2015)

Auch im Lüneburger Prozess gegen Oskar Gröning (1921 – 2018) kam das Gericht zu einem entsprechenden Urteil. Gröning wurde im September 1942 nach Auschwitz kommandiert und war in der »Häftlingseigentumsverwaltung« tätig. Das geraubte Hab und Gut der über eine Million nach Auschwitz deportierten Juden galt es zum Wohl des »Reichs« zu verwalten und nutzbar zu machen. Gröning war insbesondere für die Devisen zuständig, die die Deportierten auf ihren Fahrten zum vorgeblichen »Arbeitseinsatz« mit sich führten. Wiederholt fuhr er von Auschwitz nach Berlin, um das Raubgut bei der Reichsbank oder dem WVHA abzuliefern. Zum Rampendienst war er auch eingeteilt und bewachte dort das vom Häftlings-Aufräumkommando aus den Güterwaggons entladene und auf der Rampe abgestellte Gepäck. Niemand sollte vor den Augen der angekommenen Juden, die von der Rückgabe ihrer Habseligkeiten ausgingen, sich an dem Hab und Gut vergreifen und dadurch Misstrauen wecken können. Für eine reibungslose Durchführung der Selektion galt es die Arglosigkeit der Opfer zu wahren. Als uniformierter, mit einer Pistole bewaffneter SS-Mann war Gröning auch Teil der Drohkulisse, die die Deportierten nicht an Flucht denken ließ.

Das Gericht ging davon aus, dass der Angeklagte während der zwei Monate dauernden »Ungarn-Aktion« mindestens drei Mal Dienst auf der Rampe versehen hatte.[629] Seine untergeordnete Tätigkeit im Sommer 1944 bewertete es »nach ständiger Rechtsprechung« als »Hilfeleistung« bei der Begehung der Haupttat, weil »jede Handlung [...], die die Herbeiführung des Taterfolges durch den Haupttäter objektiv«[630] fördere oder erleichtere, als Beihilfe zu qualifizieren sei. Indem Gröning »das insgesamt auf Tötung von Menschen ausgerichtete System des Konzentrationslagers Birkenau [...] fortlaufend unterstützte«, leistete er die als strafbare Beihilfe zu wertende Förderung und Unterstützung. Unter Bezugnahme auf die BGH-Entscheidung im Fall Motassadeq[631] hob das Gericht hervor, nicht erforderlich sei, dass die geleistete Beihilfe »für den Eintritt« des »Taterfolges durch den Haupttäter objektiv [...] in seinem konkreten Gepräge in irgendeiner Weise kausal wird«.[632] Hinsichtlich der strittigen Frage, ob das Vernichtungsgeschehen in Auschwitz als eine Tat zu betrachten sei, führte das Gericht aus, dass »für den Angeklagten« sich die »Ungarn-Aktion« als »eine einheitliche Tat im rechtlichen Sinne«[633] darstellte. Grönings »gesamte Tätigkeit [...] in Auschwitz war dadurch geprägt, dass sie eine Vielzahl von Morden förderte, ohne dabei auf die Förderung bestimmter einzelner Taten gerichtet zu sein«.[634]

Das Gröning-Urteil ist von Karlsruhe bestätigt worden. Der BGH-Beschluss vom September 2016[635] ist anders als die BGH-Entscheidung zum Auschwitz-Urteil von der Strafrechtswissenschaft vielfach kommentiert worden. Unisono sind Strafrechtlerinnen und Strafrechtler der Auffassung, höchstrichterlich werde nun endlich im Fall von NS-Verbrechen festgelegt, was längst gängige Rechtsprechung in anderen Fällen und Konsens in der Wissenschaft gewesen sei.[636]

Die rechtliche Bewertung der Handlungen Grönings war dem BGH zufolge nach den in der Rechtsprechung geltenden allgemeinen Grundsätzen der Beihilfestrafbarkeit zu bemessen. Unter Bezugnahme auf die ständige Rechtsprechung des BGH, verwiesen wird im wesentlichen auf Urteile des Zeitraums 2000 bis 2016, heben die Bundesrichter ausdrücklich hervor, dass die dargelegten allgemeinen Beihilfestrafbarkeitsgrundsätze auch dann gelten, »wenn die strafrechtliche Bewertung von Handlungen in Rede steht, die im Rahmen von oder im Zusammenhang mit staatlich organisierten Massenverbrechen vorgenommen werden«.[637] Die jahrzehntelange Nichtanwendung der angeführten Grundsätze führt der BGH auf »Besonderheiten« zurück, die sich bei Makrokriminalität »in tatsächlicher Hinsicht« ergeben. Im Fall des »systematischen Völkermord[s] an den europäischen Juden durch das nationalsozialistische Deutschland« bestehen die Besonderheiten darin, »dass an jeder einzelnen bei dessen Verwirklichung begangenen Mordtat einerseits eine Vielzahl von Personen allein in politisch, verwaltungstechnisch oder militärisch-hierarchisch verantwortlicher Position ohne eigenhändige Ausführung einer Tötungshandlung beteiligt war, andererseits aber auch eine Mehrzahl von Personen in Befolgung hoheitlicher Anordnungen und im Rahmen einer hierarchischen Befehlskette unmittelbar an der Durchführung der einzelnen Tötungen mitwirkte«. In einem Fall wie Gröning und anderer niederer Chargen, die »auf unterer Hierarchieebene und ohne eigene Tatherrschaft in die organisatorische Abwicklung des massenhaften Tötungsgeschehens« eingebunden waren, »muss [...] in den Blick genommen werden, dass zu jeder einzelnen Mordtat Mittäter auf mehreren Ebenen in unterschiedlichsten Funktionen sowie mit verschiedensten Tathandlungen zusammenwirkten und daher zu prüfen ist, ob die Handlungen des allenfalls als Tatgehilfe in Betracht kommenden Beteiligten die Tathandlung zumindest eines der an dem Mord täterschaftlich Mitwirkenden im Sinne des« Beihilfe-Paragrafen (§ 27 Abs. 1 StGB) »gefördert haben«.[638] Mit den allgemeinen Grundsätzen der Beihilfestrafbarkeit ist es mithin nicht getan. Es kommt, wie mehrfach gesehen, auf die Richtigkeit der tatsächlichen Feststellungen an, um das Gewicht des Tatbeitrags eines Beteiligten in funktioneller Hinsicht, sprich: mit Blick auf die Haupttat bestimmen zu können. Hochinteressant in dem BGH-Beschluss ist die Darlegung, dass Gröning »durch seine allgemeine Dienstausübung in Auschwitz« nicht nur den tatnahen Tätern, sondern ebenso »den Führungspersonen in Staat und SS Hilfe leistete, die im Frühjahr 1944 die ›Ungarn-Aktion‹ anordneten und in der Folge in leitender Funktion umsetzten bzw. umsetzen ließen«.[639] Soll heißen: Ein im Vernichtungsapparat tätiger SS-Mann wie Gröning leistete im Sommer 1944 Hitler, Himmler und Kaltenbrunner in Berlin und auch Eichmann in Budapest Hilfe, indem er und Aberhunderte von SS-Leuten in Auschwitz die reibungslose Durchführung des Massenmords gewährleisteten. Ihr gehorsamer, befehlsergebener und beflissener Dienst machte die Realisierung des Massenmordprogramms erst möglich. Oder in den Worten des BGH: »Nur weil ihnen eine derart strukturierte und organisierte ›industrielle Tötungsmaschinerie‹ mit willigen und gehorsamen Untergebenen zur Verfügung stand, waren die nationalsozialistischen Machthaber und die führenden SS-Funktionäre überhaupt in der Lage, die ›Ungarn-Aktion‹ anzuordnen und in der geschehenen Form auch durchführen zu lassen. Ihr Tatentschluss und ihre Anordnungen zur Umsetzung der Aktion waren daher wesentlich durch diese Voraussetzungen bedingt und wurden hierdurch maßgeblich gefördert.«[640] Himmler und Eichmann genügte »ihr Wissen«, dass mit dem eigens nach Auschwitz kommandierten Rudolf Höß, seinen nächsten Mitarbeitern wie Josef Kramer, Richard Baer, Karl Höcker und allen anderen SS-Leuten, »alle im Rahmen der Tötungsmaschinerie auszufüllenden Funktionen mit zuverlässigen, gehorsamen Untergebenen besetzt waren und dies eine reibungslose Umsetzung der ›Ungarn-Aktion‹ garantierte«.[641]

Die vom BGH 2016 »dargelegte Rechtsauffassung« sah Karlsruhe »nicht in Widerspruch«[642] zu seiner bisherigen Rechtsprechung, auch nicht zu der oben erörterten Entscheidung des BGH zum Auschwitz-Urteil von 1969. Wie gesehen, hatten das Frankfurter und das Revisionsgericht das Gesamtmordgeschehen in Auschwitz in einzelne Vernichtungsaktionen (Rampenselektionen, Lager- und Blockselektionen, etc.) aufgeteilt und sahen den Beweis für einen einzelnen Tatbeitrag erst erbracht, wenn Urkunden oder Zeugen eine konkrete Mitwirkung belegten. Das LG Lüneburg und der BGH stellten deshalb »konkrete Handlungsweisen« Grönings »mit unmittelbarem Bezug zu dem organisierten Tötungsgeschehen in Auschwitz«[643] fest. Die vom BGH 1969 vorgetragene Kritik an Bauers Rechtsauffassung, dass nicht jeder irgendwie tätig gewordene Angehörige des Vernichtungsapparats objektiv an den Massenmorden beteiligt gewesen war, fand nach Ansicht der Bundesrichter des Jahres 2016 eben Berücksichtigung in der Feststellung von konkreten Tatbeiträgen des »Buchhalters von Auschwitz«. Unbeantwortet ließ der BGH in seiner Gröning-Entscheidung aber, ob die »Unterstützungshandlungen« des Angeklagten als »eine einheitliche Beihilfe zum Mord in 300.000 rechtlich zusammentreffenden Fällen«[644] zu betrachten ist. Bis heute ist mithin höchstrichterlich nicht entschieden, ob Auschwitz (oder zumindest die Ermordung von 300.000 Juden aus Ungarn innerhalb von acht Wochen im räumlich eng umgrenzten Vernichtungslager Birkenau) als eine Tat im Rechtssinne zu betrachten ist.

Bei der seit dem Demjanjuk-Verfahren einsetzenden Rechtspraxis, angewandt gegen kaum eine Handvoll greiser Angeklagten, bleibt freilich bei nicht wenigen, ein »schaler Beigeschmack« zurück, denn »[z]ahlreiche Personen, die unmittelbar an den Massenvernichtungen beteiligt waren, sind unbehelligt geblieben. Für die meisten Betroffenen, gleich auf welcher Seite, kommt diese Rechtsprechung zu spät – nämlich zu einem Zeitpunkt, zudem sie die Gesellschaft so gut wie nichts mehr ›kostet‹. Und das ist die zutiefst beschämende Seite des Beschlusses«[645] des BGH vom September 2016. Begann die deutsche Justiz »mit der strafrechtlichen Aufarbeitung der NS-Verbrechen (und ihres eigenen Anteils daran!) ernsthaft erst [...], als die aus jener Zeit in Würden und an der Macht Gebliebenen verschwunden waren und es ohne Gefahr (für das eigene Fortkommen) möglich war, die alten Akten hervorzuholen«?[646] Die Antwort auf die Frage fällt angesichts der Anstrengungen von nicht wenigen Staatsanwälten und Untersuchungsrichtern (bis 1974), NS-Verbrecher vor Gericht zu bringen, nicht leicht. Uneingeschränkt beizupflichten ist aber dem Verteidiger Grönings, RA Hans Holtermann, wenn er hervorhebt, der »Fall Gröning« sei für den BGH »eine sehr gute Möglichkeit gewesen, das Versagen der Justiz bei der Verfolgung der NS-Verbrechen selbstkritisch zu untersuchen und damit auch vor der Öffentlichkeit darzustellen, warum der längst bekannte staatliche Massenmord an Millionen von Menschen in sehr vielen Fällen gar nicht oder eben erst nach 70 Jahren strafrechtlich verfolgt wird«.[647]

Diese Möglichkeit hat der Bundesgerichtshof nicht wahrgenommen.

3.3. Hanning-Prozess (2016)

Reinhold Hanning (1921 – 2017), Mitte 1940 in die Waffen-SS eingetreten, war von Januar 1942 bis Mitte 1944 Angehöriger des SS-Totenkopfsturmbanns von Auschwitz. Der in Kompanien aufgeteilte Sturmbann hatte in Auschwitz und seinen Nebenlagern Wachdienst zu leisten. Die Wachmannschaften bildeten Postenketten ums Lager, besetzten Wachtürme, begleiteten Arbeitskommandos, verrichteten Rampendienst. Die Tätigkeit der Wachmänner betrachtete die

Anklagevertretung (StA Dortmund) und das LG Detmold für erforderlich für den Betrieb des Lagers, denn sie förderte und ermöglichte die arbeitsteilige Vernichtung der Menschen. »Mit seiner Wachtätigkeit war der SS-Totenkopfsturmbann die funktionierende Stütze des Vernichtungsgeschehens auch im Konzentrationslager Auschwitz. Er sicherte das Lagergeschehen in allen Bereichen, vom Umstellen der ankommenden Deportationszüge, über die Begleitung der Selektierten auf ihrem Weg in die Gaskammern und der Arbeitsfähigen zu den Lagern bis hin zur Bewachung der Gefangenen im Rahmen der Postenketten oder bei den Außenkommandos. Durch die von den Angehörigen des Totenkopfsturmbanns aufgebaute Drohkulisse – die Wachleute waren schwer bewaffnet und trugen die Uniformen der Waffen-SS – wurde bereits der Gedanke an Widerstand oder Flucht im Keim erstickt. Als Mitglied des SS-Totenkopfsturmbanns in hervorgehobener Stellung und der damit verbundenen umfassenden Kenntnis vom Lagergeschehen und besonderer Befehlsgewalt förderte auch der Angeklagte an allen Stellen, an denen er im Tatzeitraum eingesetzt war, den reibungslosen Ablauf der Massenvernichtung.«[648]

Vollkommen anders als die Frankfurter Staatsanwaltschaft in den 1960/70er Jahren betrachtete das LG Detmold den Tatbeitrag der Wachleute keineswegs als so unbedeutend und ihre Schuld als so gering, dass von Bestrafung abgesehen werden konnte. Im Gegenteil, die Richter haben aus »den festgestellten Tätigkeiten des SS-Totenkopfsturmbanns [...] gefolgert, dass die Wachkompanien eine der wichtigsten Stützen des Vernichtungsgeschehens im Konzentrationslager Auschwitz waren.«[649] Hanning hatte demnach »während seiner Anwesenheit im Konzentrationslager Auschwitz durch seine fortlaufende Tätigkeit im Wachsturmbann zu sämtlichen in diesem Zeitraum begangenen Haupttaten Beihilfe geleistet. Seine gesamte Wachtätigkeit war bei wertender Gesamtschau und gerade auch aus Sicht des Angeklagten selbst dadurch gekennzeichnet, dass er das Vernichtungsgeschehen insgesamt und damit eine Vielzahl von Tötungen dauerhaft förderte. Das ist rechtlich als eine Beihilfehandlung zum Mord zu werten.«[650] Wäre zur Zeit des 1. Frankfurter Auschwitz-Prozesses auf diese Art und Weise Recht gesprochen worden, hätten Tausende von Auschwitz-Angehörigen ihren Richter gefunden.

4. Fritz Bauers Vermächtnis

Der Demjanjuk-Prozess ist ein »Meilenstein-Verfahren«[651] genannt worden. Er brachte recht unverhofft eine Renaissance der Rechtsauffassung Fritz Bauers hervor. Sein lange Zeit missachtetes Vermächtnis scheint nunmehr zumindest teilweise von Rechtsprechung und Rechtswissenschaft angenommen zu werden. »Warum«, fragt Dieter Simon mit Blick auf die aktuelle Entwicklung und mit der profunden Kenntnis des Rechtshistorikers von den Rechtsfragen der 1960er Jahre, »warum sind weder das Frankfurter Schwurgericht noch der Bundesgerichtshof seiner Zeit der juristisch doch nicht völlig unfassbaren Ansicht gefolgt, dass der Holocaust als ein einziges Verbrechen, eine einzige scheußliche Tat anzusehen sei? Was bewog sie, anders als Fritz Bauer und seine Mannschaft vortrugen, in einem bis dahin unvorstellbaren Vernichtungsprogramm kein ebenso einzigartiges Menschheitsdelikt zu sehen, das jedem, der daran mitwirkte, eine nicht zu vergebende Schuld aufbürdete?«[652] Simon gibt eine wenig schmeichelhafte Antwort auf seine allzu berechtigte Frage, indem er darlegt, es sehe »so aus [...] wie [das Frankfurter] Schwurgericht und [der] BGH den großen Entwurf des Fritz Bauer dadurch verkleinerten, dass sie den Nachweis einer konkreten Einzeltat verlangten«. Die vorgeblich rechtsstaatlich gebotene konkrete Einzeltat sei »das Schibboleth« gewesen, »mit dem die am Massenmord Beteiligten sich ans rettende Ufer und in ein geruhsames Altern retten konnten«.[653] Claus Roxin meint hingegen, die skandalöse

Rechtspraxis beruhe nicht »auf einem Willen zur strafrechtlichen Schonung von KZ-Mannschaften«. Vielmehr dürfte der »wahre Grund [...] darin liegen, dass die Justiz sich durch die Verfolgung der zahllosen Leute, die in den Vernichtungslagern tätig gewesen und deren Handlungen schwer rekonstruierbar waren, überfordert fühlte«.[654] Nicht anders sah es Fritz Bauer, der bereits zu Beginn der systematischen Ermittlungen gegen NS-Verbrecher realistisch und resignativ zugleich von der unvermeidlichen Selektivität der Strafverfolgung sprach. Überfordert war nicht nur die personell schlecht ausgestattete Justiz, ablehnend verhielt sich auch die deutsche Gesellschaft. Ein Strafbedürfnis war bei den Nachkriegsdeutschen den zahlreichen NS-Verbrechern gegenüber nicht vorhanden. Eine umfassende Verfolgung und Ahndung der NS-Verbrechen hätte die in eine Demokratie transformierte vormalige Volksgemeinschaft nicht zugelassen. Herbert Jäger, nicht im Verdacht, NS-Verbrecher[655] zu schonen, stellte 1968 fest: »Eine Kriminalität, in die über 100.000 Menschen[656] als Täter oder Gehilfen verstrickt waren, kann ganz einfach nicht dazu führen, daß alle, die im Sinne des Strafrechts schuldig sind, bestraft werden. Eine solche Massenbestrafung ist weder praktisch möglich noch kriminalpolitisch sinnvoll und wünschenswert. Sie würde chaotische Folgen haben, zu einer inflatorischen Entwertung der einzelnen Urteile führen, von der Justiz niemals bewältigt werden und außerdem in der Öffentlichkeit Gegenreaktionen auslösen, wie wir sie zum Teil ja schon heute feststellen können.«[657]

Oben war davon die Rede, nicht nur die Justiz, sondern auch die Politik (a), die Geschichtsschreibung (b), die Strafrechtswissenschaft (c) und die Gesellschaft (IV.) hätten versagt. Hierzu wenige, gewiss recht unzureichende Anmerkungen.

(a) Der Bonner Gesetzgeber hätte in Fortführung der für die Nürnberger Prozesse erarbeiteten Rechtsgrundlagen die NS-Verbrechen auf der Basis von ex post facto geschaffenen

Gesetzen judizieren können. Nach einem insbesondere von Gustav Radbruch vertretenen naturrechtlichen Ansatz hätte es sich dabei freilich um Gesetze gehandelt, deren »Rechtsinhalt« dem bereits zur Tatzeit geltenden übergesetzlichen Recht[658] entsprochen hätte. Eine Verletzung des im Grundgesetz verankerten Rückwirkungsverbots sah Radbruch deshalb nicht. Das neu geschaffene Recht hätte einzig schon allgemein geltendes überpositives Recht kodifiziert. Eine rechtsstaatlich fraglos bedenkliche Rückwirkung hätte mithin nicht vorgelegen. Auch Karl Jaspers war noch zur Zeit der 1. Verjährungsdebatte im März 1965 die Auffassung, angesichts der »neue[n] Art von Verbrechen« des NS-Unrechtsstaats sei eine »Erweiterung des Strafgesetzbuches«[659] geboten. Wenige Juristen[660] haben explizit für die Einführung von Sondergesetzen argumentiert. Auch Fritz Bauer sprach sich in seinem Beitrag in der Gedächtnisschrift für Gustav Radbruch[661] für die Anwendung des Kontrollratsgesetzes Nr. 10 aus. Doch die Politik ist untätig geblieben und hat »auf Sonderregeln für die Bestrafung der NS-Verbrechen verzichtet und die strafjuristische Verarbeitung des Holocaust allein der Justiz überlassen«.[662] Einer NS-belasteten, teils ahndungsunwilligen, teils unterbesetzten und deshalb auch überlasteten und überforderten Justiz.[663]

Die Entscheidung, die Strafbarkeit von NS-Verbrechen auf das zur Tatzeit geltende NS-Recht zu stützen, hatte nicht wenige Ungereimtheiten zur Folge. Die bundesdeutschen Gerichte gelangten zur Annahme der Strafbarkeit der vom NS-Staat befohlenen Tötungen »vielfach durch eine Uminterpretation der im Dritten Reich geltenden Gesetze im rechtsstaatlichen Sinne«.[664] Damit hat die Rechtsprechung durch »ihre rechtsstaatsfreundliche Auslegung des positiven NS-Rechts und durch den ›Naturrechtsvorbehalt‹ eine offene Auseinandersetzung mit dem strafrechtlichen Rückwirkungsverbot vermieden«.[665] Durchaus inkonsistent hat man »an die Stelle einer offen ausgewiesenen Entscheidung über die Bestrafung ›legalen NS-Unrechts‹ […] eine verdeckte und offiziell verneinte Rückwirkung gesetzt«.[666] Für die Bestrafung der NS-Verbrecher »unter *offenem* Bruch des Rückwirkungsverbotes«[667] und auf der Grundlage von Sondernormen hat sich der Gesetzgeber nicht entschließen können. Somit hat sich das Rückwirkungsverbot des Grundgesetzes als »Schutzschild«[668] für die NS-Verbrecher erwiesen. Es war »die stärkste juristische Rückversicherung für die staatsverstärkte Kriminalität«[569] der Holocaust-Täter.

Gewiss ist die von wenigen Juristen befürwortete »offene Durchbrechung des Rückwirkungsverbots«[670] höchst umstritten. Sie hätte freilich bei der Verfolgung und Ahndung der NS-Verbrechen trotz aller Problematik den »Vorzug der Redlichkeit«[671] gehabt. Unter Rekurs auf Nürnberg meinte Fritz Bauer, das Kontrollratsgesetz Nr. 10 habe »der deutschen Rechtspflege eine Chance« gegeben, »einer Zeit revolutionären Unrechts […] durch revolutionäres Recht Herr zu werden. Das Kontrollratsgesetz und Radbruchs Stellungnahme zu ihm stießen auf Kritik und Ablehnung besonders durch den Bundesgerichtshof. Er weigerte sich«, anders als es noch beim Obersten Gerichtshof der Britischen Zone der Fall gewesen war, »es anzuwenden. Man wünschte keine Revolution, nicht einmal in Gesetzesform und mit den Mitteln der Rechtspflege.«[672] Ohne das deutsche Menschheitsverbrechen in Dimension und Totalität zu begreifen, vertrat die deutsche Justiz »die Auffassung […], unser ›gutes altes Recht‹ genüge vollständig«[673], die NS-Verbrechen zu judizieren. Bauer setzte angesichts der Untätigkeit des Gesetzgebers und der Unangemessenheit des auf Individualtaten zugeschnittenen Strafrechts zu Beginn seiner Anstrengungen, NS-Verbrecher strafrechtlich zur Verantwortung zu ziehen, auf die rechtsschöpferische Kraft der Gerechtigkeit anstrebenden Tat- und Revisionsgerichte. Auf richterliche Rechtsschöpfung zu setzen, war allerdings in Anbetracht der personellen Kontinuitäten in der Justiz eine vergebliche Hoffnung.

(b) Die deutsche Zeitgeschichtsforschung hat die Vernichtung der europäischen Juden in den 1950/60er Jahren nur unzureichend erforscht. Deshalb haben die wenigen überhaupt zur Ausarbeitung von Gutachten bereiten Sachverständigen das Geschehen in den Todeslagern und die Massenexekutionen in der besetzten Sowjetunion (einschließlich der baltischen Länder) in ihren vor Gericht erstatteten Expertisen nicht immer so darstellen können, dass sich die Strafgerichte in *tatsächlicher Hinsicht* ein angemessenes Bild vom Verbrechensgeschehen, seiner Struktur, seinem organisatorischen Ablauf und seiner Dimension, machen konnten. Erste Versuche der Darstellung der NS-Verbrechen unternahmen in Form von Dokumentationen und kleineren Abhandlungen bezeichnender Weise NS-Verfolgte.[674] Wurde die NS-Verfolgung und die Vernichtungslager thematisiert, fielen die Ausführungen denkbar mager aus.[675] Eine knappe, überaus verdienstvolle Überblicksdarstellung zur Judenverfolgung auch in den besetzten Ländern erschien erstmals 1960 aus der Feder eines deutschen Historikers.[676] Der ab Anfang 1942 implementierte Holocaust wurde freilich nicht in seiner Totalität, in seiner exterminatorischen Gesamtheit dargelegt. Die Zeitgeschichtsforschung konnte sich deshalb für die Strafjustiz, die sich vor die schwere Aufgabe gestellt sah, präzedenzlose, im Strafgesetzbuch nicht vorgesehene Verbrechen zu judizieren, kaum als sachkundiger Gehilfe erweisen. Durch »großes Engagement« fiel sie in der Holocaust-Forschung nicht auf.[677] Mit Grund schreibt die streitbare Helge Grabitz, über Jahrzehnte bei der StA Hamburg mit NS-Verfahren befasst: »Es ist auch nicht gerade ermutigend für Richter, Staatsanwälte und Verteidiger, aber insbesondere für den historischen Sachverständigen, daß die namhaften Juristen und Zeitgeschichtler fast über Jahrzehnte hinweg, zurückhaltend ausgedrückt, sich schlicht von der Problematik der NS-Verfahren nicht angesprochen, von der Aufarbeitung der NS-Problematik nicht betroffen fühlten. Sie machten ihre Karrieren und dachten gar nicht daran, sich an der Aufarbeitung zu beteiligen.«[678] Dass das Frankfurter Schwurgericht in tatsächlicher Hinsicht das Vernichtungsgeschehen in Auschwitz derart unzutreffend hat darstellen können, ist mithin auch auf ein Versagen der Zeitgeschichtsforschung zurückzuführen. »[A]usreichende Erkenntnisvoraussetzungen für die Gerichte zu schaffen«, hätte aber allein durch »gründliche zeitgeschichtliche Forschung und Dokumentenauswertung«[679] geschehen müssen. Zu berücksichtigen ist allerdings, dass in den im 1. Frankfurter Auschwitz-Prozess erstellten, grundlegenden Gutachten das Lager Auschwitz ausdrücklich nicht Gegenstand der Expertisen sein sollte. Die Feststellungen über das Tatgeschehen waren erst durch die Beweisaufnahme in der Hauptverhandlung zu erbringen. Unerwähnt kann freilich auch nicht bleiben, dass Sachverständige aus dem Ausland von den Staatsanwaltschaften und den Gerichten nicht in Betracht gezogen worden sind. Bei der Vorbereitung des 1. Frankfurter Auschwitz-Prozesses machte Hermann Langbein den Vorschlag, Historiker der israelischen Gedenkstätte Yad Vashem (Jerusalem) und des Staatlichen Museums Auschwitz-Birkenau (Oświęcim) als Sachverständige zu bestellen. Fritz Bauer hieß die Vorschläge gut und ergänzte, auch Wissenschaftler des Instituts für Zeitgeschichte in München sollten hinzugezogen werden.[680] Warum es nicht zur Bestellung der israelischen und polnischen Historiker kam, ist nur zu vermuten. Sie wären wohl von der Verteidigung wegen Befangenheit abgelehnt worden. Ihnen wäre, weil den von den Nazis verfolgten Völker angehörig, aus Sicht der Angeklagten die gebotene »Neutralität« nicht zugestanden worden. Sowenig wie ein Richter jüdischer Herkunft, man erinnere sich an den Fall Hans Forester (I.5.2.), den Vorsitz im Auschwitz-Prozess führen konnte, sowenig hätten wohl Sachverständige aus Israel und Polen ihre Forschungsergebnisse in NS-Verfahren einbringen können. Die Opferperspektive war in NS-Prozessen unerwünscht.

Auf ein weiteres Versagen seiner Zunft weist Wolfgang Scheffler hin. Er war neben den Historikern des Instituts für Zeitgeschichte einer der wenigen, die sich bereitfanden, in NS-Prozessen Gutachten zu erstatten. Die Zeitgeschichtsforschung nutzte in den 1960er Jahren, als die großen Prozesse gegen Personal der Vernichtungslager, zur »Ungarn-Aktion« des Sondereinsatzkommandos Eichmann und zu den in der besetzten Sowjetunion mordenden Einsatzkommandos stattfanden, die Gelegenheit nicht, die vielen Holocaust-Überlebenden (nach ihren Aussagen vor Gericht) zu befragen, sie zu interviewen und von ihnen schriftliche Zeugnisse zu erbitten.[681] Hunderte Überlebende weilten für ein paar Tage im Lande der Täter. Nach ihrer gerichtlichen Vernehmung reisten sie wieder ab, ohne dass man ihre Erinnerungen aufgeschrieben hätte. Ihre Aussagen vor Gericht wurden nicht protokolliert und nur in wenigen Fällen auf Tonband aufgenommen. Die erstellten Bänder standen nur dem Gericht zur Verfügung, in einigen Fällen wurden sie nach Rechtskraft eines Urteils vernichtet. Spuren der Stimmen der Opfer, die im Gerichtssaal zu Gehör gebracht wurden, finden sich wohl in der Prozessberichterstattung und in den Urteilsgründen. Dennoch bleibt festzustellen, dass die Zeitgeschichtsforschung eine Gelegenheit vertan hat.

(c) Die Strafrechtswissenschaft unternahm wenig, Antworten auf das Problem der Verfolgung und Ahndung der präzedenzlosen NS-Verbrechen zu geben.[682] Wenn Jürgen Baumann – wie oben bereits zitiert – meinte, es sei »wohl die wichtigste Aufgabe der jetzt lebenden Juristengeneration [...] Stellung [...] zum Unrecht der Vergangenheit [...] zu nehmen und seine Auswirkungen zu beseitigen«[683], so lässt sich nur konstatieren, dass deutsche Strafrechtslehrer nach 1945 dieser von der Geschichte ihnen auferlegten Aufgabe nicht nachgekommen sind. Ein guter Beleg für diesen Befund sind die fehlgeschlagenen Anstrengungen des Deutschen Koordinierungsrats der Gesellschaften für christlich-jüdische

Zusammenarbeit e.V. sowie von Barbara Just-Dahlmann und Helmut Just, die bundesdeutschen Strafrechtler dazu zu bewegen, sich kritisch zur Gehilfenrechtsprechung zu äußern.[684] Von den im März 1963 angeschriebenen 58 Strafjuristen haben neun auf den Brief geantwortet, in dem die Beihilferechtsprechung problematisiert wurde. Spätere Anläufe, die Strafrechtswissenschaftler zur Kommentierung von Urteilen in NS-Prozessen zu bewegen, waren ebenso wenig erfolgreich.[685] Auch das vorgebrachte Erfordernis des konkreten Einzeltatnachweises im Fall von Makrokriminalität wurde nicht in Frage gestellt. Gleichfalls unterblieb die Diskussion um die von den Tatgerichten extrem ausgelegte subjektive Teilnahmetheorie. Die von Claus Roxin in den 1960er Jahren eingeführten strafrechtsdogmatischen Ansätze[686] fanden zunächst keine Berücksichtigung. Gewiss ist zu berücksichtigen, dass dem Schrifttum ein Einfluss auf die Rechtsprechung nur mit großer Verzögerung gelingt. Richter pflegen im Rechtsstaat ihre Unabhängigkeit zu wahren. Wie wenig sie sich von guten Argumenten überzeugen lassen wollen, zeigen die selbstgewissen Ausführungen von Armin Draber (LG Köln), der in einem 1984 veröffentlichten Beitrag seine Hoffnung zum Ausdruck bringt, die Rechtsprechung habe sich wohlweislich von der Königsteiner Entschließung von 1966 und von den auf dem 46. Juristentag in Essen im Rahmen einer Sonderveranstaltung[687] gehaltenen Vorträge nicht beeinflussen lassen.[688] Drabers Hoffnung erfüllte sich. Adalbert Rückerl zufolge war nach der Königsteiner Entschließung, an der er und Fritz Bauer mitformuliert hatten, und der mit viel Mühe durchgesetzten Sonderveranstaltung, »eine nachhaltige Änderung der Rechtsprechung […] in der Folgezeit nicht festzustellen«.[689]

Die ganze Problematik spricht Dieter Simon abermals ungeschminkt aus. »Anzuerkennen und in Strafrechtsbegrifflichkeit zu verpacken, was der große Fritz Bauer vorschlug, hätte doch tatsächlich bedeutet, was bis heute kaum einer wahrhaben will: Die Kollektivschuld der Deutschen und damit eine Selbstverurteilung der Urteiler«, der bereits im Nationalsozialismus tätigen Richter, »zu formulieren.«[690] Bauer folgten die Gerichte und der BGH nicht, weil sie »vermutlich recht genau« sahen, »dass sie dann ein riesenhaftes Tor aufgerissen hätten, durch das nicht nur das gesamte Wachpersonal, alle deutschen und ausländischen Helfer und Zulieferer zu den Vernichtungslagern, die Reichsbahn mit ihren Lokführern und Schaffnern, die Bevölkerung des Städtchens Auschwitz samt seinem Amtsgericht würden wandern müssen, sondern noch viele Zehntausende«.[691]

Seine Wiederkehr im 21. Jahrhundert hätte dem Menschenfreund und Verfechter eines humanen Strafrechts und Strafvollzugs Fritz Bauer vermutlich missfallen. Die letzten Verfahren gegen gesundheitlich angeschlagene Greise können nicht mehr die sozialpädagogische Wirkung erzielen, die sich Bauer von NS-Prozessen erhofft hatte. Ein Aufklärungsdefizit hinsichtlich der in den Vernichtungslagern begangenen Verbrechen ist heute im Gegensatz zu den 1960er Jahren nicht mehr vorhanden. Grundlegende Literatur liegt vor.[692] Wie gesehen, sprach Bauer bereits zur Zeit des 1. Frankfurter Auschwitz-Prozesses von der Sündenbockfunktion der Angeklagten. Erwies sich die selektive Strafverfolgung schon in den 1960er Jahren als fragwürdig und kam ihr nach Bauer in aufklärerischer Absicht nur noch eine exemplarische Funktion zu, dann können Verfahren, in denen gebrechliche Angeklagte[693] liegend oder rollstuhlsitzend vor Gericht erscheinen und greise Überlebende über die Tatbeteiligung der Angeklagten nichts Konkretes zu bekunden wissen, nur noch in begrenztem Rahmen die von Bauer angestrebte erzieherische Wirkung und historisch-politische Aufklärung erzielen. Die Erzählungen der Opferzeugen (heute mit Blick auf die Angeklagten weniger Tat-, denn Erinnerungszeugen), im Gerichtssaal gehört oder in sachkundiger Prozessberichterstattung medial vermittelt, treffen zudem kaum noch auf interessierte Rezipienten.[694]

Claus Roxin hat in seiner Anmerkung zum Beschluss des 3. Strafsenats des BGH vom September 2016 ausgeführt, in strafrechtstheoretischer Hinsicht müsse heute für die unverjährbare Mordbeihilfe neben der positiven Generalprävention auch das »Genugtuungsinteresse der Opfer und ihrer Hinterbliebenen«[695] Berücksichtigung finden. Roxin veranschlagt einen expressiven oder kommunikationstheoretischen Zweck der Strafe auch gegenüber den letzten greisen am Massenmord beteiligten SS-Männern. In der Anerkennung der »Existenz der NS-Opfer«[696] und in der durch den BGH-Beschluss erfolgten Korrektur der justiziellen Versäumnisse der vergangenen Jahrzehnte erblickt er Sinn und Zweck der späten Verfahren. Zur neuesten Strafzweckdiskussion heißt es bei ihm an anderer Stelle: »Wenn bis in unsere Tage hinein noch NS-Verbrecher, die inzwischen mehr als 90 Jahre alt sind, vor Gericht gestellt werden, so ist im Fall der Verurteilung die Verbüßung einer Haftstrafe kaum noch möglich oder angebracht. Aber die überlebenden Opfer oder ggf. ihre Hinterbliebenen (als Opfer i.w.S.) haben ein Recht darauf, dass die strafrechtliche Verantwortlichkeit der Täter gerichtlich festgestellt wird. Es ist vielfältig belegt, dass die Klärung der Verantwortlichkeit für viele Opfer existenzielle Bedeutung hat.«[697] In den 1960er Jahren war die Opferperspektive noch wenig entwickelt.[698] Das Genugtuungsverlangen[699] der vereinzelten Holocaust-Überlebenden, deren Familien ausgelöscht worden waren, fiel kaum ins Gewicht. Es wurde, wenn überhaupt vom übriggebliebenen Rest eines ermordeten Volkes (She'erit Hapletah) gelegentlich artikuliert, von vielen böswillig und denunziatorisch als Rachsucht und Sühneanspruch bewertet.

Möglich, dass Fritz Bauer mit Blick auf die Opfer Roxins Argumentation zugestimmt hätte. Im Fall der späten NS-Prozesse, deren Legitimität unter Strafjuristen[700] durchaus zur Diskussion steht, hätte es der Humanist Bauer gleichwohl mit der gerade auch im Strafprozess zu wahrenden Würde des Menschen für unvereinbar gehalten, Greise noch vor Gericht zu stellen.

Die Ahndung der nationalsozialistischen Verbrechen durch die bundesdeutsche Justiz ist keine Erfolgsgeschichte. Von den circa 6.500 wegen NS-Verbrechen verurteilten Angeklagten wurden nur 169 als Täter bzw. Mittäter qualifiziert und wegen Mordes zu lebenslangen Freiheitstrafen verurteilt. In Anbetracht von etwa 200.000 bis 250.000 Holocaust-Tätern, die »die Verfolgung und Tötung« von sechs Millionen Juden und Zehntausenden von Sinti und Roma »vorbereiteten, organisierten, ausführten oder unterstützten«, ist eine überaus miserable Bilanz zu ziehen.[701] Vergegenwärtigen wir uns die Zahlen zum Auschwitz-Personal. In Auschwitz und seinen 40 Nebenlagern waren circa 8.000 SS-Männer und ungefähr 200 SS-Aufseherinnen und Nachrichtenhelferinnen von Mai 1940 bis Januar 1945 tätig gewesen.[702] Nach Schätzungen haben mindestens 6.000 von ihnen den Krieg überlebt. Nur etwa 800 SS-Leute wurden strafrechtlich belangt. In Polen standen rund 670 Angeklagte vor Gericht,[703] vor alliierten Militärtribunalen waren es ein paar Dutzend.[704] Vor bundesdeutschen Richtern hatten sich nur 61 Auschwitz-Täter zu verantworten, davon 45 SS-Männer und 16 Funktionshäftlinge.[705] Neun einstige SS-Leute und fünf ehemalige Häftlinge wurden als Mörder zu lebenslangem Zuchthaus[706] verurteilt, die Übrigen kamen als »Gehilfen« mit zeitigen Freiheitsstrafen davon oder wurden freigesprochen.

Die justizielle Aufarbeitung der NS-Vergangenheit ist eine Geschichte des fehlenden politischen Willens und bei allen vereinzelt vorhandenen Anstrengungen geschichtsbewusster und nicht vergangenheitsvergessener Juristen eine Geschichte des Scheiterns von Politik, Justiz, Strafrechtswissenschaft, Zeitgeschichtsforschung und Gesellschaft.

IV. NS-Prozesse und die deutsche Öffentlichkeit

Die Frankfurter Auschwitz-Prozesse haben der deutschen Öffentlichkeit die historische Wahrheit über die in dem Konzentrations- und Vernichtungslager[707] verübten Massenverbrechen vor Augen geführt. In ihren Urteilsgründen stellten die Schwurgerichte den Mord an Juden, Polen, Sinti/Roma und sowjetischen Kriegsgefangenen unanfechtbar und zweifelsfrei fest.[708] Durch umfassende und gründliche Ermittlungen hat die StA ihr Möglichstes getan, Beweise für die gegen die Angeklagten vorgebrachten Schuldvorwürfe zu erbringen. Die engagierten Vertreter der Nebenkläger, Henry Ormond und Friedrich Karl Kaul waren selbst Opfer des NS-Regimes, trugen durch die Herbeischaffung von Zeugen und Urkunden wesentlich zur Bewältigung der Beweisschwierigkeiten bei, die Verfahren viele Jahre nach der Tat notwendig mit sich brachten. In Erfüllung ihrer gesetzlichen Pflicht unternahmen Verteidiger alle Anstrengungen, in den nach Recht und Gesetz durchgeführten Verfahren die erhobenen Anschuldigungen zu entkräften. Die Gerichte führten die Hauptverhandlungen trotz aller prozessualer Probleme und des großen Umfangs des Prozessstoffs meist souverän durch. Keine Schauprozesse, keine politischen Prozesse fanden in Frankfurt am Main statt. Insbesondere die Strafsache gegen Mulka u.a. war ohne Zweifel beispielhaft für die strafrechtliche Aufarbeitung des nationalsozialistischen Unrechts durch die bundesdeutsche Justiz. Beurteilt man die im Rahmen der Beweisaufnahme durch die Gerichte geleistete Aufklärung über den Massenmord in Auschwitz, ist die Bilanz durchaus positiv zu nennen. Der historiographische Ertrag der Verfahren ist beträchtlich.

Ein großes Medienecho hat vor allem der 1. Frankfurter Auschwitz-Prozess gefunden. Tages- und Wochenzeitungen ließen von durchweg guten und engagierten Journalisten über die Verhandlungstage berichten. Nach einer empirischen Studie haben allein die vier Tageszeitungen *Die Welt*, *Frankfurter Allgemeine Zeitung*, *Süddeutsche Zeitung* und *Frankfurter Rundschau* im Zeitraum von 22 Monaten insgesamt 933 Beiträge über die Strafsache gegen Mulka u.a. veröffentlicht.[709] Rundfunk[710] und Fernsehen[711] brachten Dokumentationen. Investigative Journalisten wie Thomas Gnielka nutzten ihre guten Kontakte zu Überlebenden und zu Juristen und publizierten bereits vor Prozessbeginn ausführliche Artikelserien über Auschwitz.[712] Publizisten wie Hermann Langbein hielten Vorträge und machten Radiosendungen mit Auschwitz-Überlebenden und Verfahrensbeteiligten.[713] Vor Eröffnung der Hauptverhandlung hat die Staatsanwaltschaft Presseinformationen[714] herausgegeben. Fritz Bauer hob in Interviews die Bedeutung des NS-Prozesses hervor. Selbst als die Hauptverhandlung lief, sprach er in Vorträgen über Sinn und Zweck der Verfahren gegen Holocaust-Täter.[715]

Hat die beeindruckende Medienpräsenz des Frankfurter Verfahrens zu einem Bewusstseinswandel bei den Deutschen geführt? Wurden Bildungsprozesse angestoßen, das Geschichts- und das Rechtsbewusstsein der Deutschen geprägt? Kam die vielfach beschworene »Selbstaufklärung der deutschen Gesellschaft« zustande? Oder gab es eine »Kluft zwischen Presseecho und den allgemeinen Stimmungstendenzen«[716] in der bundesdeutschen Gesellschaft?

Die Fragen lassen sich nur recht spekulativ beantworten. Anders als beim Jerusalemer Eichmann-Prozess (1961) hat die empirische Sozialforschung beim Auschwitz-Verfahren die Hände weitgehend in den Schoß gelegt. Das Frankfurter Institut für Sozialforschung, das zum Verfahren gegen den Transportspezialisten des Reichssicherheitshauptamtes noch Umfragen[717] durchgeführt hatte, blieb untätig, ebenso die meisten Meinungsforschungsinstitute. Arno Plack zufolge stellte das Tübinger Wickert-Institut 1964 fest, dass »63 Prozent der Männer und sogar 76 Prozent der Frauen für eine Beendigung der Strafverfolgung der NS-Verbrecher eintraten«.[718] Eine Erhebung führte auch das DIVO-Institut für Wirtschaftsforschung, Sozialforschung und Angewandte Mathematik (Frankfurt/Main) im Juni 1964 durch. Der Befund war nicht erfreulich. Die Repräsentativbefragung ergab, dass 40 Prozent keine Kenntnis von dem Auschwitz-Verfahren hatten und generell der Meinung waren, man solle die Vergangenheit auf sich beruhen lassen. Von den 60 Prozent, die Kenntnis vom Prozess hatten, waren vier von zehn der Auffassung, man solle auf NS-Verfahren verzichten und die Vergangenheit nicht immer wieder »aufrühren«.[719] Bei einem Vergleich mit den Ergebnissen seiner Umfrage zum Eichmann-Prozess kam das Institut für Sozialforschung zu dem Ergebnis, dass ein »Absinken des allgemeinen Interesses« und »ein Ansteigen offener Ablehnung gegenüber der gerichtlichen Verfolgung und Verurteilung nationalsozialistischer Verbrechen«[720] Mitte der 1960er Jahre zu konstatieren ist.

Doch wem an Erkenntnis gelegen war, wer nach Wissen verlangte, der konnte sich durch die ausführliche Prozessberichterstattung[721] informieren. Fraglos taten die Prozesse, wie Fritz Bauer es emphatisch formuliert hatte, »die historische Wahrheit [...] kund und zu wissen«.[722]

Über die Wirkung der Verfahren auf die deutsche Öffentlichkeit lassen sich letztendlich nur Mutmaßungen anstellen. Offensichtlich war die Ablehnung derartiger Verfahren[723] größer als die Zustimmung dafür. Die justizielle Aufarbeitung der Vergangenheit war, wie Prozessbeteiligte wiederholt feststellten, unerwünscht. Viele, allzu viele haben sich aller Aufklärung verschlossen und alles abgewehrt, was an Einsicht und Erkenntnis möglich gewesen wäre. Ein Beitrag zur Bildung des durch die verbrecherische Politik des

NS-Unrechtsstaats beschädigten Rechtsbewusstseins in der Bundesrepublik Deutschland sind die Prozesse wohl kaum gewesen. Gegner von NS-Verfahren waren selbst durch ein rechtsstaatliches, streng dem Gesetz verpflichtetes Verfahren schwerlich zu beeinflussen. Befürworter von Prozessen gegen NS-Täter sahen sich durch die Gehilfenrechtsprechung[724], die milden Strafen und die Tatsache, dass so viele am Massenmord Beteiligte, vormals oft »Schreibtischtäter« in herausragenden Dienststellungen, gar nicht belangt wurden bzw. werden konnten, enttäuscht. Der Justiz, die »normale« Strafprozesse[725] gegen Massenmörder durchzuführen hatte, ist das unbefriedigende Ergebnis nicht allein anzulasten. Richterliche Rechtsschöpfung, die angesichts der Art und der Dimension der abzuurteilenden Verbrechen geboten war, hat die höchstrichterliche Judikatur verhindert. Die hehren Vorstellungen über Sinn und Zweck der Auschwitz-Prozesse erwiesen sich in Anbetracht der Erfordernisse der Verfahrensdurchführung als illusorisch. Eine »Schule«, eine »Unterrichtsstunde«, wie Fritz Bauer[726] meinte, waren die Verfahren für die deutsche Öffentlichkeit[727] sicher nicht. Zur Erziehung des deutschen Volkes, dem es, wie die Diagnose zutreffend lautete, an Zivilcourage und Widerständigkeit, Willensfreiheit und Unbotmäßigkeit mangelte, konnten die Auschwitz-Verfahren nicht dienen.[728] Werte und Tugenden, Moralprinzipien und ethische Grundsätze waren durch Strafprozesse nicht zu vermitteln. Ein Gerichtssaal ist keine Bildungsanstalt, keine Volkshochschule. Alle wohlmeinenden volkspädagogischen Absichten mussten mithin scheitern. Gewiss waren die Strafverfahren ein rechtsstaatlichen Prinzipien verpflichtetes Mittel zu einem politisch und ethisch gut begründeten Zweck.[729] Fraglos dienten sie für eine interessierte Minderheit der politischen Aufklärung.[730] Die Deutschen, wie Bauer hoffte, durch Prozesse gegen NS-Täter darüber aufzuklären, dass es das Recht, gar die Pflicht zum Nein gegenüber unmenschlichen, verbrecherischen

Befehlen, das Recht und die Pflicht auf Widerstand gebe, war verständliche Erwartung und doch vergebliche Hoffnung. Die beschworenen Lehren, die in Sorge und Verantwortung um eine bessere Zukunft zu ziehen gewesen wären, machten sich viele nicht zu eigen. Lektionen erteilten die NS-Verfahren den Deutschen nicht. Ehrverletzende, gelegentlich unwürdige Befragungen von Überlebenden des Vernichtungslagers, dreiste Lügen von Angeklagten und SS-Zeugen, offensichtliche Erinnerungsfehler und Falschaussagen überforderter Belastungszeugen, eitles Gezänk zwischen Prozessbeteiligten, unbußfertige, selbstmitleidige Bekundungen der Angeklagten, forsches und arrogantes Auftreten von an NS-Verbrechen Beteiligten: All dies war der erhofften Bewusstseinsbildung abträglich. Wohl war die Weigerung, sich mit der deutschen Vernichtungspolitik auseinander zu setzen, in Kenntnis der NS-Prozesse nicht mehr durchgängig aufrechtzuerhalten. Konfrontiert mit der historischen Wahrheit, die Zeugen eindringlich bekundeten und Angeklagte nicht leugneten, die Urkunden zweifelsfrei belegten und Tatrichter feststellten, kamen viele Deutsche nicht umhin, sich der eigenen Vergangenheit zu stellen. Der Kenntnisnahme der Massenverbrechen konnte man sich nach der im Gerichtssaal erfolgten Aufklärung nicht mehr gänzlich versperren. »Gerichtstag gehalten über sich selbst«, wie Bauer formulierte und erhoffte, haben freilich nur wenige aus der Tätergeneration. Schuldabwehr, Schuldleugnung herrschten vor. Das »Mitschuldgefühl«[731] vieler Deutscher, geweckt durch die in den Prozessen festgestellten Tatsachen, die sich nicht länger aus der bundesdeutschen Wirtschaftswunderwelt schaffen ließen, war Sperre und Hemmnis für eine ehrliche, vorbehaltlose Einsicht in die eigene Mitverantwortung.

Die Frankfurter Gerichte haben Recht gesprochen, Gerechtigkeit[732] konnten die Tatrichter freilich nicht walten lassen. Das deutsche Strafrecht und die herrschende Rechtsprechung standen dagegen. Auschwitz ist aber mit Hilfe der

Frankfurter Prozesse aufgeklärt und dokumentiert. Auschwitz ist eine historische Tatsache, unzweifelhaft und bewiesen, offenkundig und unbestreitbar. Insofern ist Fritz Bauer nicht gänzlich gescheitert.

Anmerkungen

Einleitung

[1] Werner Renz (Hrsg.), *»Von Gott und der Welt verlassen«. Fritz Bauers Briefe an Thomas Harlan.* Mit Einführungen und Anmerkungen von Werner Renz und Jean-Pierre Stephan. Frankfurt am Main, New York: Campus Verlag, 2015, S. 134.

[2] Siehe Edith Raim, *Justiz zwischen Diktatur und Demokratie. Wiederaufbau und Ahndung von NS-Verbrechen in Westdeutschland 1945 – 1949*, München: Oldenbourg Verlag, 2013.

[3] Siehe Andreas Eichmüller, *Keine Generalamnestie. Die Strafverfolgung von NS-Verbrechen in der frühen Bundesrepublik*, München: Oldenbourg Verlag, 2012.

[4] Siehe hierzu Adalbert Rückerl, *Die Strafverfolgung von NS-Verbrechen 1945 – 1978. Eine Dokumentation.* Karlsruhe: C. F. Müller Juristischer Verlag, 1979, S. 47.

[5] Siehe grundlegend Norbert Frei, *Vergangenheitspolitik. Die Anfänge der Bundesrepublik und die NS Vergangenheit.* München: Verlag C. H. Beck, 1996 und Ralph Giordano, *Die zweite Schuld oder Von der Last Deutscher zu sein.* Hamburg u.a.: Rasch und Röhring Verlag, 1987.

[6] Robert M. W. Kempner, *Ankläger einer Epoche. Lebenserinnerungen.* In Zusammenarbeit mit Jörg Friedrich. Frankfurt am Main, Berlin, Wien: Ullstein Verlag, 1983, S. 386 – 399.

[7] Siehe Anklageschrift und Urteil in: H. G. van Dam/Ralph Giordano (Hrsg.), *KZ-Verbrechen vor deutschen Gerichten.* Bd. 1. Frankfurt am Main: Europäische Verlagsanstalt, 1962, S. 9 – 149.

[8] Siehe das Urteil in: van Dam/Giordano (Hrsg.), *KZ-Verbrechen vor deutschen Gerichten.* Bd. 2. Frankfurt am Main: Europäische Verlagsanstalt, 1966 und in: *Justiz und NS-Verbrechen. Sammlung deutscher Strafurteile wegen nationalsozialistischer Tötungsverbrechen 1945 – 1966.* Hrsg. von C. F. Rüter u.a. Amsterdam: University Press Amsterdam, 1976, Bd. XV, Lfd. Nr. 465, S. 1 – 265; BGH-Urteil vom 23.2.1960, ebd., S. 266 – 274

(fortan: *JuNSV*) sowie Karolina Kukielka/Tonio Walter, »Vergangenheitsbewältigung durch Strafrecht? Der Einsatzgruppen-Prozess von Ulm«, in: *Jahrbuch der Juristischen Zeitgeschichte, Bd. 14*, 2013, S. 61 – 88.

[9] Siehe hierzu Adalbert Rückerl, »NS-Prozesse: Warum erst heute? – Warum noch heute? – Wie lange noch?«, in: ders. (Hrsg.), *NS-Prozesse. Nach 25 Jahren Strafverfolgung: Möglichkeiten – Grenzen – Ergebnisse.* Karlsruhe: Verlag C. F. Müller Verlag, 1971, S. 20 f.

[10] Siehe *Die Verfolgung nationalsozialistischer Straftaten im Gebiet der Bundesrepublik Deutschland seit 1945*. Unter Mitwirkung der Landesjustizverwaltungen und der Zentralen Stelle zur Aufklärung nationalsozialistischer Verbrechen in Ludwigsburg zusammengestellt im Bundesjustizministerium. Bonn 1964, S. 47 – 52 sowie Albrecht Götz, *Bilanz der Verfolgung von NS-Straftaten.* Köln: Bundesanzeiger, 1986, S. 33 – 88.

[11] Siehe die fundierte Darstellung bei Marc von Miquel, *Ahnden oder amnestieren? Westdeutsche Justiz und Vergangenheitspolitik in den sechziger Jahren.* Göttingen: Wallstein Verlag, 2004, S. 143 ff.

[12] Zur Geschichte der Zentralen Stelle siehe Annette Weinke, *Eine Gesellschaft ermittelt gegen sich selbst. Die Geschichte der Zentralen Stelle Ludwigsburg 1958 – 2008*. Darmstadt: Wissenschaftliche Buchgesellschaft, 2008.

[13] Erwin Schüle, »Die Zentrale Stelle der Landesjustizverwaltungen zur Aufklärung nationalsozialistischer Gewaltverbrechen in Ludwigsburg«, in: *Juristenzeitung* (fortan: *JZ*), Jg. 17, Nr. 8, 1962, S. 242. – Zur Geschichte der Ahndung der nationalsozialistischen Gewaltverbrechen siehe vor allem die beiden Dokumentationen von Adalbert Rückerl, *Strafverfolgung* und ders., *NS-Verbrechen vor Gericht. Versuch einer Vergangenheitsbewältigung.* Karlsruhe: C. F. Müller Juristischer Verlag, 1982 sowie aus der Sicht des überlebenden Opfers und kritischen Beobachters Hermann Langbein, *Im Namen des deutschen Volkes. Zwischenbilanz der Prozesse wegen nationalsozialistischer Verbrechen.* Wien: Europa Verlag, 1963.

[14] Siehe hierzu z.B. Anton Hoch, »Die Zusammenarbeit des Instituts für Zeitgeschichte in München mit den Gerichten und Staatsanwaltschaften in Verfahren wegen NS-Verbrechen«, in: *Niederschrift über die fünfte Arbeitstagung der in der Bundesrepublik Deutschland mit der Strafverfolgung von NS-Verbrechen befassten Staatsanwälte in Mannheim vom 21. bis 24. April 1970.* Ludwigsburg: Zentrale Stelle, o.J., S. 186 – 209; »Vermerk

über eine Besprechung der altpolitischen Dezernenten der Staatsanwaltschaft bei dem Oberlandesgericht und der Staatsanwaltschaften Frankfurt (M.) und Wiesbaden vom 7. November 1962 bei Herrn Generalstaatsanwalt Dr. Bauer« (Hessisches Hauptstaatsarchiv, Wiesbaden, Abt. 631a, Nr. 1800, Bd. 84, Bl. 85 – 92); an der Besprechung nahmen seitens des Instituts für Zeitgeschichte Helmut Krausnick, Martin Broszat, Hans Buchheim und Helmut Heiber teil. Siehe hierzu auch Norbert Frei, »Der Frankfurter Auschwitz-Prozess und die deutsche Zeitgeschichtsforschung«, in: Fritz Bauer Institut (Hrsg.), *Auschwitz: Geschichte, Rezeption und Wirkung.* Jahrbuch 1996 zur Geschichte und Wirkung des Holocaust. Frankfurt am Main, New York: Campus Verlag, 1996, S. 123 – 138. Zur Tätigkeit des Gutachters Wolfgang Scheffler siehe Helge Grabitz u.a. (Hrsg.), *Die Normalität des Verbrechens. Bilanz und Perspektiven der Forschung zu den nationalsozialistischen Gewaltverbrechen.* Berlin: Edition Hentrich, 1994 und Helge Grabitz, Justizbehörde Hamburg (Hrsg.), *Täter und Gehilfen des Endlösungswahns. Hamburger Verfahren wegen NS Gewaltverbrechen 1946 – 1996.* Hamburg: Ergebnisse Verlag, 1999.

15 Bereits Ende 1956 hatte Fritz Bauer Verfahren gegen Martin Bormann, Adolf Eichmann, Josef Mengele u.a. andere einleiten lassen. Aus dem Eichmann-Verfahren gingen drei Prozesse gegen Otto Hunsche und Hermann Krumey hervor. Der Versuch, den »Ungarnkomplex« in einem Großverfahren aufzuklären, scheiterte.

16 Zum Auschwitz-Personal siehe Ernst Klee, *Auschwitz. Täter, Gehilfen, Opfer und was aus ihnen wurde. Ein Personenlexikon*, Frankfurt am Main: S. Fischer Verlag, 2015. Klees Personenlexikon »registriert […] 3621 Personen, die als Täter zu bezeichnen oder zum Umfeld der Täter zu rechnen sind« (ebd., S. 10).

17 Ebd., S. 238. Das Urteil in Prozess gegen Liebehenschel u.a. findet sich in deutscher Übersetzung in den Hauptakten des 1. Frankfurter Auschwitz-Prozesses, Fritz Bauer Institut (FBI), (Sammlung Frankfurter Auschwitz-Prozesse, Hauptakten (HA): FAP-1/HA-47, Bl. 8291–8513). Der Verf. hat mit Duplikatsakten und mit Aktenkopien gearbeitet. Sie gehören zum Bestand »Sammlung Frankfurter Auschwitz-Prozesse« des Fritz Bauer Instituts. Die Originalakten werden im Hessischen Hauptstaatsarchiv verwahrt (HHStA, Abt. 461, Nr. 37638/1-456) und sind digital zugänglich.

Siehe Website des HHStA.

[18] Siehe hierzu die Studie von John Cramer, *Belsen Trial 1945. Der Lüneburger Prozess gegen Wachpersonal der Konzentrationslager Auschwitz und Bergen-Belsen.* Göttingen: Wallstein Verlag, 2011.

[19] Siehe »The Belsen Trial«, in: *Law Reports of Trials of War Criminals.* Selected and prepared by the United Nations War Crimes Commission. Vol. II, London 1947, XII, S. 1 – 156. Die Todesurteile wurden am 13.12.1945 in Hameln vollstreckt.

[20] Siehe Holger Lessing, *Der erste Dachauer Prozess (1945/46).* Baden-Baden: Nomos Verlagsgesellschaft, 1993.

[21] Siehe die Aufstellung von bundesdeutschen Verfahren gegen Auschwitz-Personal im Anhang.

[22] Urteil, in: *JuNSV*, Bd. X, Lfd. Nr. 340, S. 347 – 391, Bd. XIV, Lfd. Nr. 462/1, S. 733 – 738, Bd. XVI, Lfd. Nr. 483, S. 61 – 76. Siehe hierzu Werner Renz, »Selektive Sühne. Anmerkungen zum ersten westdeutschen Prozess gegen einen Auschwitz-Täter«, in: *Newsletter. Informationen des Fritz Bauer Instituts zur Geschichte und Wirkung des Holocaust*, Nr. 32, Frühjahr 2008, S. 10 – 14.

[23] Urteil, in: *JuNSV*, Bd. XI, Lfd. Nr. 379, S. 497 – 658.

[24] Urteil, in: *JuNSV*, Bd. XI, Lfd. Nr. 375, S. 417 – 430.

[25] Urteil, in: *JuNSV*, Bd. XIV, Lfd. Nr. 450, S. 311 – 334.

[26] Urteil, in: *JuNSV*, Bd. X, Lfd. Nr. 346, S. 513 – 524.

[27] Urteil, in: *JuNSV*, Bd. XV, Lfd. Nr. 468, S. 319 – 330.

[28] Urteil, in: *JuNSV*, Bd. XVII, Lfd. Nr. 500, S. 1 – 50.

[29] Siehe sein Tagebuch in: *KL Auschwitz in den Augen der SS. Höss-Broad-Kremer.* Oświęcim: Verlag Staatliches Museum Auschwitz-Birkenau, 1973, S. 201 – 286.

I. Aufklärung über Auschwitz

[1] Staatsanwaltschaft bei dem LG Frankfurt am Main (FFM), FBI, FAP-1/HA-1, Bl. 1–2R.

[2] FBI, FAP-1/HA-1, Bl. 48R.

[3] Siehe die Pressemitteilung der Staatsanwaltschaft (= StA) Stuttgart vom 6.11.1958 (FBI, FAP-1/HA-2, Bl. 244 – 246). Am 15.7.1958, das Ermittlungsverfahren gegen Boger war kaum eingeleitet, wurde Rögner

vom LG München I »wegen fortgesetzter falscher Anschuldigung und Meineids« (FBI, FAP-1/HA-2, Bl. 244) zu einer Zuchthausstrafe von 3 Jahren und 6 Monaten verurteilt. Der StA Stuttgart zufolge ergebe sich aus dem Urteil, »dass Rögner als Belastungszeuge in Verfahren gegen KZ-Personal offensichtliche Lügen aus Hass und Rachsucht vorgetragen hat« (FBI, FAP-1/HA-1, Bl. 39).

4 FBI, FAP-1/HA-1, Bl. 3.

5 Ebd.

6 FBI, FAP-1/HA-1, Bl. 4.

7 Boger war, wie Hermann Langbein durch eine Anfrage beim Bürgermeisteramt Hemmingen in Erfahrung brachte, seit Mitte 1951 eben dort polizeilich gemeldet (Schreiben Bürgermeisteramt Hemmingen vom 22.11.1958 an Langbein (Österreichisches Staatsarchiv (ÖStA), E/1797, Nachlass (NL) Langbein, Ordner 27)). Zuvor lebte Boger in der Nähe von Crailsheim und von Wetzlar.

8 FBI, FAP-1/HA-1, Bl. 44. Mit Schreiben vom 25.8.1958 bat der Zentralrat um nähere Auskünfte über Boger, um eventuell ein »Rundschreiben« an die Landesverbände und jüdischen Gemeinden richten zu können (FBI, FAP-1/HA-1, Bl. 46). Mit Schreiben vom 29.8.1958 kam Staatsanwalt (= StA) Weber der Bitte nach. Der Anfangssatz Webers (»Nach der Anzeige eines allerdings äußerst unzuverlässigen Zeugen, der wegen Falschaussagen in ähnlichem Zusammenhang gerichtlich mit Zuchthausstrafe bestraft wurde [...]« (FBI, FAP-1/HA-1, Bl. 58)) verdeutlicht die Schwierigkeit, die die Staatsanwälte mit der Anzeige Rögners hatten. Siehe auch Schreiben des Zentralrats vom 8.10.1958 (FBI, FAP-1/HA-1, Bl. 145).

9 Bereits Mitte 1960 wurde Langbein, der sich vom Kommunismus abgewandt hatte und 1958 aus der Kommunistischen Partei Österreichs ausgeschlossen worden war, auf der Generalversammlung des IAK (25. – 27.6.1960) »in einer Kampfabstimmung« (Brief Langbeins vom 7.7.1960 an Raja Kagan; ÖStA, E/1797, NL Langbein, Ordner 52) aus politischen Gründen als Generalsekretär abgewählt, das »Generalsekretariat« wurde von Wien nach Warschau verlegt. Langbein blieb noch ein Jahr Leitungsmitglied des IAK. Im Juli 1961 legte er alle Funktionen nieder.

10 FBI, FAP-1/HA-1, Bl. 53 – 56R.

[11] FBI, FAP-1/HA-1, Bl. 7. Die Vernehmung Rögners blieb die einzige, die die StA Stuttgart bis zur Inhaftnahme Bogers selbst vorgenommen hat. Alle anderen von der StA bis zur Verhaftung Bogers in Auftrag gegebenen Vernehmungen waren polizeiliche.

[12] FBI, FAP-1/HA-1, Bl. 8 – 21.

[13] Siehe Rögners Schreiben an Langbein vom 17.4.1958 (ÖStA, E/1797, NL Langbein, Ordner 28).

[14] FBI, FAP-1/HA-1, Bl. 22a.

[15] FBI, FAP-1/HA-1, Bl. 27.

[16] Schreiben Langbeins an StA Stuttgart vom 29.5.1958, FBI, FAP-1/HA-1, Bl. 31.

[17] FBI, FAP-1/HA-1, Bl. 32. In seiner Aussage bezeugte Langbein, Boger habe einen polnischen Häftling in den Stehbunker (von Block 11, Stammlager) eingewiesen, der später an der Schwarzen Wand liquidiert worden sei. Weiter habe er während seiner Haft im Bunker 11 (Ende August 1943 bis Anfang November 1943) sechs Selektionen, sog. Bunkerentleerungen, erlebt, bei denen der Beschuldigte Boger zugegen gewesen sei. Die von der sog. Kommission ausgewählten Insassen des Bunkers seien großenteils an der Schwarzen Wand erschossen worden.

[18] Schreiben Langbeins an StA Stuttgart vom 9.7.1958, FBI, FAP-1/HA-1, Bl. 34. Siehe auch sein Schreiben vom 9.7.1958 an das baden-württembergische Justizministerium (ÖStA, E/1797, NL Langbein, Ordner 97).

[19] FBI, FAP-1/HA-1, Bl. 35.

[20] Schreiben Langbeins an StA Stuttgart vom 27.7.1958, FBI, FAP-1/HA-1, Bl. 36 – 37.

[21] Siehe hierzu von Miquel, *Ahnden oder amnestieren?*, S. 147 ff.

[22] Schreiben Langbeins vom 27.7.1958 an das baden-württembergische Justizministerium (ÖStA, E/1797, NL Langbein, Ordner 97).

[23] Ebd.

[24] In seiner Darstellung der Vorgeschichte des Prozesses erwähnt Langbein diesen Punkt nicht. Siehe Hermann Langbein, *Der Auschwitz-Prozess. Eine Dokumentation.* Wien: Europa Verlag, 1965, S. 21 – 34.

[25] FBI, FAP-1/HA-1, Bl. 37b – 37bR.

[26] Ebd., Bl. 48 – 51R.

[27] Siehe Schreiben StA Stuttgart vom 11.9.1958 an Kriminalpolizei Karlsruhe, Auftrag für polizeiliche Vernehmung (FBI, FAP-1/HA-1, Bl. 78 – 78R, 117 – 117R); Vernehmung am 22.9.1958 in Karlsruhe (Ebd., Bl. 119).

[28] Siehe Schreiben StA Stuttgart vom 11.9.1958 an Kriminalpolizei FFM, Auftrag für polizeiliche Vernehmung (Ebd., Bl. 80 – 80R, 151 – 151R); Vernehmung am 19.9.1958 in Frankfurt am Main (Ebd., Bl. 152).

[29] Siehe Schreiben StA Stuttgart vom 11.9.1958 an Kriminalpolizei Esslingen, Auftrag für polizeiliche Vernehmung (FBI, FAP-1/HA-1, Bl. 79); Vernehmung am 27.10.1958 in Stuttgart (FBI, FAP-1/HA-2, Bl. 214 – 221).

[30] Siehe Schreiben StA Stuttgart vom 11.9.1958 an Kriminalpolizei München, Auftrag für polizeiliche Vernehmung (FBI, FAP-1/HA-1, Bl. 82 – 82R, 109 – 109R); Erklärung vom 22.9.1958 (Ebd., Bl. 110). Distel nannte als weiteren Zeugen den ehemaligen Auschwitz-Häftling Otto Küsel (siehe Auftrag für polizeiliche Vernehmung Küsels vom 3.11.1958 (FBI, FAP-1/HA-2, Bl. 201)); Vermerk, Kriminalpolizei München vom 24.9.1958 (FBI, FAP-1/HA-1, Bl. 116).

[31] FBI, FAP-1/HA-1, Bl. 59 – 60.

[32] FBI, FAP-1/HA-1, Bl. 63 – 65.

[33] Siehe Schreiben StA Stuttgart vom 5.9.1958 an Kriminalpolizei Kiel, Auftrag für polizeiliche Vernehmung (FBI, FAP-1/HA-1, Bl. 131 – 131R); Vernehmung vom 29.9.1958 in Kiel (FBI, FAP-1/HA-1, Bl. 132 – 133).

[34] Siehe Schreiben StA Stuttgart vom 5.9.1958 an Kriminalpolizei München (FBI, FAP-1/HA-1, Bl. 73, 83); Vermerk d. Kriminalpolizei München vom 19.9.1958 (FBI, FAP-1/HA-1, Bl. 84); Schreiben StA Stuttgart an AG München vom 3.11.1958 (FBI, FAP-1/HA-2, Bl. 291 – 291R); richterliche Vernehmung vom 25.11.1958 (FBI, FAP-1/HA-2, Bl. 316 – 318R).

[35] Aussage Bartoszewicz vom 15.9.1958, an das IAK gesandt (FBI, FAP-1/HA-2, Bl. 223 – 225), am 4.11.1958 von Langbein der Ermittlungsbehörde überreicht.

[36] Schreiben von Pawliczek an IAK vom 22.9.1958 (FBI, FAP-1/HA-2, Bl. 236 – 239).

[37] Langbeins Sendung wurde vom Hauptzollamt Stuttgart dem politischen

Referenten bei der StA Stuttgart zur Prüfung vorgelegt, um feststellen zu lassen, ob es sich um eine staatsgefährdende Druckschrift handelt (FBI, FAP-1/HA-1, Bl. 71).

38 FBI, FAP-1/HA-1, Bl. 62.

39 Eidesstattliche Erklärung Ritters vom 1.9.1958, FBI, FAP-1/HA-1, Bl. 70.

40 Siehe Schreiben der StA Stuttgart vom 11.9.1958 an Kriminalpolizei Hannover; Auftrag für polizeiliche Vernehmung (FBI, FAP-1/HA-1, Bl. 81); Vernehmung in Hannover am 6.10.1958 (FBI, FAP-1/HA-2, Bl. 188 – 190).

41 Siehe Schreiben StA Stuttgart vom 11.9.1958 an Kriminalpolizei München, Auftrag für polizeiliche Vernehmung (FBI, FAP-1/HA-1, Bl. 82 – 82R, 109 – 109R); Vernehmung vom 24.9.1958 in München (FBI, FAP-1/HA-1, Bl. 111 – 115R).

42 FBI, FAP-1/HA-1, Bl. 76.

43 Ebd. Mit Schreiben vom 30.8.1958 hatte Langbein beim Justizministerium seine Vorsprache angekündigt (ÖStA, E/1797, NL Langbein, Ordner 97).

44 Vermerk vom 12.9.1958 (FBI, FAP-1/HA-1, Bl. 85 – 85R).

45 Polizeiliche Vernehmung von Artur Balke vom 19.9.1958 (FBI, FAP-1/HA-1, Bl. 152).

46 Polizeiliche Vernehmung von Hermann Distel vom 22.9.1958 (FBI, FAP-1/HA-1, Bl. 110).

47 Polizeiliche Vernehmung von Emil Behr vom 22.9.1958 (FBI, FAP-1/HA-1, Bl. 119). Zu Behr siehe Werner Renz, »Der unergiebige Zeuge Emil Behr«, in: *Emil Behr: Briefzeugenschaft vor|aus|nach Auschwitz 1938 – 1959*. Hrsg. von Monique Behr und Jesko Bender. Göttingen: Wallstein Verlag, 2012, S. 60 – 66.

48 Polizeiliche Vernehmung von Paul Leo Scheidel vom 24.9.1958 (FBI, FAP-1/HA-1, Bl. 111 – 116).

49 Staatsarchiv Ludwigsburg, Handakten zu der Anzeigensache gegen Boger, EL 317/III, Bü. 1.

50 FBI, FAP-1/HA-1, Bl. 128 – 129.

51 FBI, FAP-1/HA-1, Bl. 130.

52 Schreiben Schabels an Langbein vom 10.10.1958, FBI, FAP-1/HA-1,

Bl. 148 – 148R.

53 Schreiben Langbeins an Schabel vom 17.10.1958, FBI, FAP-1/HA-2, Bl. 194.

54 FBI, FAP-1/HA-2, Bl. 242 – 243.

55 Ebd.

56 Ebd. – Siehe den Bericht »Befremden über die Stuttgarter Staatsanwaltschaft« in der *Stuttgarter Zeitung* vom 6.11.1958, Nr. 256, den Artikel »Warum wurde Boger so spät verhaftet?« in den *Stuttgarter Nachrichten* vom 6.11.1958, Nr. 256 und den Bericht »Der Haftbefehl war sechs Tage alt« in der *Südwestdeutschen Rundschau* vom 6.11.1958, Nr. 256.

57 FBI, FAP-1/HA-2, Bl. 244 – 246. Siehe auch die beiden Berichte »Erklärung der Staatsanwaltschaft zum Fall Boger« und »Die Verhaftung von Boger wurde nicht verzögert« in der *Stuttgarter Zeitung* vom 7.11.1958, Nr. 257 und in den *Stuttgarter Nachrichten* vom 7.11.1958, Nr. 257.

58 FBI, FAP-1/HA-2, Bl. 163 – 169.

59 Die Beschuldigten waren: Hans Schurz, Johann Taute, Gerhard Lachmann, Georg Wosnitza, Hans Draser, Heinrich Brocks, Karl Broch, Hans Kamphuis, Otto Schmidt, Wieczorek, Hans Pichler, Anton Brose, Josef Hofer, Wilhelm Hoyer und Lange.

60 FBI, FAP-1/AB-1 (Anlageband 1a), Bl. 72. – Siehe die Darstellung von Thomas Gnielka, »Die Henker von Auschwitz. Ein Prozess und seine Vorgeschichte«, in: *Metall*, Nr. 16 (1961), S. 6 und die zwei unterschiedlichen Darstellungen von Fritz Bauer in: ders., *Die Humanität der Rechtsordnung. Ausgewählte Schriften.* Hrsg. von Joachim Perels und Irmtrud Wojak. Frankfurt am Main, New York: Campus Verlag, 1998, S. 81 und S. 104 (Wissenschaftliche Reihe des Fritz Bauer Instituts, Bd. 5). Vgl. auch Bauer, »Auf der Flucht erschossen ...«, in: *Streit-Zeit-Schrift*, Jg. 6 (September 1968), H. 2, S. 93 sowie die Darstellung von Heinz Haueisen, »Auschwitz – eine Herausforderung an die Frankfurter Justizbehörden«, in: Horst Henrichs, Karl Stephan (Hrsg.), *Ein Jahrhundert Frankfurter Justiz. Gerichtsgebäude A: 1889 – 1989.* Frankfurt am Main: Kramer Verlag, 1989, S. 185 – 200. Haueisen (LOStA a.D.) verfasste seinen Aufsatz auf der Grundlage von Unterlagen, die ihm einer der Staatsanwälte des Verfahrens, StA Vogel, zur Verfügung gestellt hatte.

61 Zu Bauer siehe den Aufsatz von Matthias Meusch, »Ein Zeuge für ein

›besseres Deutschland‹ – Der Hessische Generalstaatsanwalt Fritz Bauer (1903 – 1968) zwischen Diktatur und Demokratie«, in: *Gießener Universitätsblätter*, Jg. 31 (Dezember 1998), S. 59 – 75 sowie seine Studie *Von der Diktatur zur Demokratie. Fritz Bauer und die Aufarbeitung der NS-Verbrechen in Hessen (1956 – 1968)* (Wiesbaden: Historische Kommission für Nassau, 2001). Siehe auch die Biografien von Irmtrud Wojak, *Fritz Bauer (1903 – 1968). Eine Biographie*, München: C. H. Beck Verlag, 2009 und Ronen Steinke, *Fritz Bauer oder Auschwitz vor Gericht*, München: Piper Verlag, 2013; München: Piper Verlag, 2015, ungekürzte Taschenbuchausgabe (Piper-Reihe 30709).

62 Siehe die Vernehmung Wulkans vom 21.4.1959 durch die Sonderkommission der Zentralen Stelle (FBI, FAP-1/HA-1a, Bl. 24 – 25).

63 »Breslauer Dokumente«: vier Schreiben der Kommandantur des Konzentrationslagers Auschwitz mit der Angabe von 50 erschossenen Häftlingen und drei Antwortschreiben des SS- und Polizeigerichts XV Breslau mit der Angabe von 102 Häftlingen.

64 FBI, FAP-1/AB-1 (Anlageband 1a), Bl. 73 – 80.

65 FBI, FAP-1/AB-1 (Anlageband 1a), Bl. 71 sowie FBI, FAP-1/HA-1a, Bl. 7.

66 FBI, FAP-1/HA-1a, Bl. 1b–1g. Das Verzeichnis ist mit Schreiben vom 29.1.1959 von dem ehemaligen Auschwitz-Häftling Franz Unikower (1901 – 1997) an Bauer gesandt worden (FBI, FAP-1/HA-1a, Bl. 5). Einem von Hermann Langbein verfassten Informationsblatt des IAK vom 4.9.1958 ist zu entnehmen, dass das Verzeichnis »auf Anregung der bayerischen Auschwitz-Gruppe« vom IAK angelegt worden ist (ÖStA, E/1797, NL Langbein, Ordner 102).

67 Siehe Bauers Schreiben vom 15.2.1959 an Zentrale Stelle, 4 Ks 2/63, Anlageband 1a, Bl. 70 sowie seine Verfügung vom 15.2.1959 (FBI, FAP-1/HA-1a, Bl. 10 – 11), in der er ein entsprechendes Schreiben an den Generalbundesanwalt beim Bundesgerichtshof anweist.

68 Schreiben Bauers an Langbein vom 27.8.1959 (ÖStA, E/1797, NL Langbein, Ordner 96).

69 SS-Schütze Johann Beyer steht zu Beginn der Auflistung der SS-Angehörigen im Schreiben der Kommandantur vom 23.6.1942 (FBI, FAP-1/AB-1 (Anlageband 1a), Bl. 77).

[70] Siehe FBI, FAP-1/HA-1a, Bl. 15 – 19.

[71] »SS-Schütze August Brucker« wird in der Aufstellung der Beschuldigten im BGH-Beschluss zweimal genannt.

[72] Siehe Vermerk über die Besprechung vom 22.5.1959, 4 Ks 2/63, Handakten, Bd. 1, Bl. 32 (Hessisches Hauptstaatsarchiv (HHStA), Wiesbaden, Abt. 461, Nr. 37638/243). – Wolf, Verteidiger im Nürnberger Nachfolgeprozess gegen Alfried Krupp (Fall 10) und Mitglied des Limburger CDU-Kreisvorstands, war seit Oktober 1957 Behördenleiter in Frankfurt am Main.

[73] FBI, FAP-1/HA-9, Bl. 1380 – 1382.

[74] FBI, FAP-1/HA-10, Bl. 1454 – 1456. Siehe auch Schreiben der Zentralen Stelle vom 19.6.1959 an die StA b. LG FFM (FBI, FAP-1/HA-1a, Bl. 32).

[75] Interview des Verf. mit Joachim Kügler, 5.5.1998, FBI, FAP-1/I-5.

[76] Laut Kügler hatte StA Vogel durch Zufall Einblick in die Generalakten erhalten. Warum die Behördenleitung eine ausreichende personelle Ausstattung nicht gewährleistete, lässt sich nur vermuten.

[77] Interview des Verf. mit Joachim Kügler, 5.5.1998, FBI, FAP-1/I-5. Siehe hierzu auch Fritz Bauer nach Angaben von Amos Elon, *In einem heimgesuchten Land. Reise eines israelischen Journalisten in beide deutsche Staaten.* München: Kindler, 1966, S. 377.

[78] Datum der Verhaftung fortan in Klammern nach den Namen der Beschuldigten.

[79] Uhlenbroock (29.11.1960), Mulka (6.3.1961), Breitwieser (22.6.1961) und Fries (16.7.1961) erhielten Haftverschonung.

[80] 4 Ks 2/63, Handakten, Bd. 1, Bl. 82 (Hessisches Hauptstaatsarchiv (HHStA), Wiesbaden, Abt. 461, Nr. 37638/243).

[81] FBI, FAP-1/HA-23, Bl. 3741 – 3810 (Beschuldigtenliste vom 18.1.1960) und Bd. 30, Bl. 5097 – 5152. Die zweite Liste führt 282 Beschuldigte auf.

[82] FBI, FAP-1/HA-26, Bl. 4360–4363; Bd. 30, Bl. 5153 – 5169.

[83] Am Ende seiner Vernehmung in der Hauptverhandlung (6.3.1964) erklärte Langbein: »Ich habe das Bedürfnis, bevor ich hier den Sessel verlasse, etwas zu sagen auch zu meiner Tätigkeit im Zusammenhang mit der Vorbereitung des Prozesses. Ich habe mehrere Dokumente und Aus-

sagen und Zeugenadressen geliefert dem Gericht, um den Prozessverlauf zu erleichtern. Ich möchte hier folgendes sagen: Ich tat das deswegen, weil ich die Verpflichtung als Überlebender von Auschwitz, der gesund geblieben ist, geistig und körperlich, fühle, alles, was in meiner Kraft steht, zu tun, damit sich ein Auschwitz unter keinem Vorzeichen und in keinem Land wiederholt, und ein Teil davon ist meiner Überzeugung nach auch diese Tätigkeit.« (Tonbandmitschnitt, 6.3.1964, 24. Verhandlungstag, in: *Der Auschwitz-Prozeß. Tonbandmitschnitte, Protokolle und Dokumente.* Hrsg. vom Fritz Bauer Institut und dem Staatlichen Museum Auschwitz-Birkenau. DVD-ROM, Digitale Bibliothek, Bd. 101, Directmedia Publishing GmbH, Berlin 2004, 2., durchgesehene und verbesserte Aufl., Berlin 2005, 3. Aufl., Berlin 2007 (zeno.org, Bd. 007). Zitiert nach der 2. Aufl. 2005, S. 5544 f., fortan: *DVD-ROM.*

84 Ormond bemühte sich seit 1961 darum, Personen zu finden, die als Nebenkläger in dem Verfahren fungieren konnten. Wer nahe Angehörige in Auschwitz verloren hatte und nachweislich den Tod eines Angehörigen in einen ursächlichen Zusammenhang mit einem der Angeklagten bringen konnte, war auf Antrag als Nebenkläger zuzulassen. Ormond unternahm mit Hilfe von Hermann Langbein, dem World Jewish Congress und der Claims Conference große Anstrengungen, aus jedem Land, aus dem Juden nach Auschwitz deportiert worden sind, einen Nebenkläger zu finden.

85 FBI, FAP-1/HA-22, Bl. 3600 – 3600R.

86 Bereits im August 1959 hatten die beiden Sachbearbeiter bei der Militärmission der Volksrepublik Polen (West-Berlin, Lassenstraße) einen Visumsantrag eingereicht (StA F, 4 Ks 2/63, Handakten, Bd. 1, Bl. 55 – 57, HHStA, Abt. 461, Nr. 37638/243). Ursprünglich wollten sie mit GStA Bauer zusammen nach Polen reisen. Die Staatsanwälte beabsichtigten, anlässlich einer Tagung des IAK (7.9.1959) in Oświęcim mit Auschwitz-Überlebenden zusammenzutreffen. Siehe die Gesprächsnotiz von Hermann Langbein (undatiert) nach einem Telefonat mit Henry Ormond vom 4.8.1959, der den IAK-Generalsekretär über die Reisepläne der Frankfurter Ermittler informierte und um Unterstützung des IAK bat (ÖStA, E/1797, NL Langbein, Ordner 106). Ende August 1959 teilte die polnische Militärmission mit, die Visen lägen zur Abholung bereit (Handakten, Bd. 1, Bl. 83, HHStA, Abt. 461, Nr. 37638/243). Zu diesem

Zeitpunkt war jedoch in Frankfurt die Entscheidung gefallen, die Reise nicht anzutreten. Die beiden Sachbearbeiter mussten wegen Haftprüfungsterminen in Frankfurt anwesend sein (Schreiben der StAe Vogel und Kügler vom 28.8.1959 an Langbein (Handakten, Bd. 1, Bl. 81, HHStA, Abt. 461, Nr. 37638/243). Die Reise wurde, wie einem Schreiben Ormonds an Langbein vom 8.9.1959 zu entnehmen ist, von Wiesbaden nicht genehmigt.

87 Siehe Sehns auf den Ergebnissen des Höß-Prozesses (11.3. – 29.3.1947) in Warschau und des Krakauer Verfahrens gegen 40 SS-Männer und Frauen (24.11. – 16.12.1947) basierende kurze Darstellung der Geschichte von Auschwitz-Birkenau. Jan Sehn, *Konzentrationslager Auschwitz-Birkenau.* Warszawa 1957. Zu Sehns Bedeutung für die staatsanwaltschaftliche Ermittlungsarbeit vgl. den Bericht der StA b. LG FFM an den GStA vom 20.12.1962 (4 Js 1031/61, Berichtsheft, Bd. I, Bl. 73 – 75).

88 FBI, FAP-1/HA-52, Bl. 9379–9547.

89 Das Literaturverzeichnis führt u.a. an: Gerald Reitlinger, *Die Endlösung.* Berlin: Colloquium Verlag, 1956; Eugen Kogon, *Der SS-Staat.* Frankfurt am Main: Europäische Verlagsanstalt, 1946; Jan Sehn, *Konzentrationslager Auschwitz-Birkenau.* Warszawa: Wydawnictwo Prawnicze, 1957; Rudolf Höss, *Kommandant in Auschwitz.* Stuttgart: Deutsche Verlags-Anstalt, 1958; die 42-bändige Ausgabe des IMT zum Nürnberger Prozess; die Dokumentensammlung *Dokumenty i Materiały.* Łódź 1946; die *Hefte von Auschwitz*, H. 1–3 (dt. Ausg. 1959 – 1960). Das Werk von Raul Hilberg, *The Destruction of the European Jews.* Chicago: Quadrangle Books, 1961, hat Kügler nach eigenen Angaben erst später vorgelegen. Vgl. Interview des Verf. mit Joachim Kügler, 5.5.1998, FBI, FAP-1/I-5.

90 FBI, FAP-1/HA-52, Bl. 9441.

91 FBI, FAP-1/HA-52, Bl. 9456.

92 § 211 alte Fassung StGB (bis zum 4.9.1941 geltend) lautet: »Wer vorsätzlich einen Menschen tötet, wird, wenn er die Tötung mit Überlegung ausgeführt hat, wegen Mordes mit dem Tode bestraft.« § 211 neue Fassung (gemäß Gesetz zur Änderung des Reichsstrafgesetzbuchs vom 4.9.1941) lautet: »1. [...] 2. Mörder ist, wer aus Mordlust, zur Befriedigung des Geschlechtstriebs, aus Habgier oder sonst aus niedrigen Beweggründen,

heimtückisch oder grausam oder mit gemeingefährlichen Mitteln oder um eine andere Straftat zu ermöglichen oder zu verdecken, einen Menschen tötet. 3. [...]«.

93 Einem Vermerk Henry Ormonds vom 1.3.1962 zufolge hatten in Polen nicht wenige Personen »erhebliche Bedenken« dagegen, mit SS-Angehörigen auch Funktionshäftlinge anzuklagen (Aktenvermerk vom 1.3.1962, FBI, FAP-1/NK-4).

94 FBI, FAP-1/HA-52, Bl. 9461.

95 Rakers war bereits vom LG Osnabrück 1953 zu lebenslangem Zuchthaus und einer Gesamtstrafe von 15 Jahren Zuchthaus wegen seiner in Auschwitz und Sachsenhausen begangenen Straftaten verurteilt worden. Siehe Urteil in: *JuNSV*, Bd. X, Lfd. Nr. 340, S. 347 – 391 sowie Bd. XIV, Lfd. Nr. 462/1, S. 735 – 738 und Bd. XVI, Lfd. Nr. 483, S. 61 – 76.

96 Die im Schriftsatz der StA (FBI, FAP-1/HA-52, Bl. 9537) und ebenso in der Anklageschrift (FBI, FAP-1/HA-80, Bl. 15199) angeführte Datierung (9./10.10.1941) stützt sich auf den Bericht des Zeugen Petzold (FBI, FAP-1/HA-31, Bl. 5309 – 5314) sowie auf seine Vernehmung vom 3.2.1960 (FBI, FAP-1/HA-25, Bl. 4189 – 4190). Ohne die Aussagen von Augenzeugen der ersten Vergasung zu berücksichtigen, datieren gelegentlich Autoren (vgl. z.B. Jean-Claude Pressac, *Die Krematorien von Auschwitz. Die Technik des Massenmordes*. München, Zürich: Piper Verlag, 1994, S. 41 f. und Peter Longerich, *Politik der Vernichtung. Eine Gesamtdarstellung der nationalsozialistischen Judenverfolgung*. München, Zürich: Piper Verlag, 1998, S. 444 f. u. 457) unrichtigerweise die so genannte Probevergasung auf Dezember 1941.

97 Interview des Verf. mit OStA a.D. Gerhard Wiese, 30.3.1998, FBI, FAP-1/I-3.

98 Ebd.

99 Aktenvermerk Ormonds vom 1.3.1962, (FBI, FAP-1/NK-4).

100 FBI, FAP-1/HA-53, Bl. 9628 – 9671.

101 FBI, FAP-1/HA-74, Bl. 13799 – 13809.

102 Das Verfahren gegen Lustig war mit dessen Tod (9.1.1962) erledigt. Siehe Beschluss der 3. Strafkammer des LG FFM vom 5.7.1963 (FBI, FAP-1/HA-84, Bl. 16104).

103 Antrag vom 28.8.1961, FBI, FAP-1/HA-54, Bl. 9890–9893;

Beschluss vom 2.9.1961, ebd., Bl. 9894 – 9895.

[104] Antrag vom 23.1.1962, FBI, FAP-1/HA-61, Bl. 11329 – 11335; Beschluss vom 29.1.1962, ebd., Bl. 11337 – 11338.

[105] Ebd.

[106] Antrag von 14.2.1962, FBI, FAP-1/HA-65, Bl. 11470a – 11470c; Beschluss vom 5.3.1962, ebd., Bl. 11470d – 11470e.

[107] Antrag vom 9.4.1962, FBI, FAP-1/HA-65, Bl. 12175 – 12178; Beschluss vom 24.4.1962, ebd., Bl. 12191 – 12192.

[108] Siehe den Text von Heinz Düx, »In memoriam Hermann Langbein«, in: Hermann Langbein, *Das 51. Jahr* ... Mit Beiträgen von Heinz Düx, Ursula Wirth, Werner Renz. Frankfurt am Main: Fritz Bauer Institut, 1996, S. 11 – 16 (Materialien Nr. 15). Langbein hatte Mitte 1961 seine Funktionen im IAK niedergelegt, unterstützte aber weiterhin intensiv das Auschwitz-Verfahren.

[109] Interview des Verf. mit Heinz Düx, 10.12.1997, FBI, FAP-1/I-1. Siehe auch Heinz Düx, »Singuläre Erscheinung von historischem Rang: Fritz Bauer«, in: Ulrich Schneider (Hrsg.), *Auschwitz – ein Prozess. Geschichte, Fragen, Wirkungen.* Köln: PapyRossa Verlag, 1994, S. 74 – 81.

[110] Interview des Verf. mit Heinz Düx, ebd.

[111] Ebd. – Düx' Erinnerung wird gestützt durch seine nur für ihn selbst bestimmte Aufzeichnung vom 17.8.1961, wenige Tage nach der Eröffnung der gerichtlichen Voruntersuchung (FBI, »Geheimvermerk Nr. 1«, FAP-1/BA-5).

[112] FBI, FAP-1/HA-78–80, Bl. 14605 – 15304.

[113] Antrag vom 16.4.1963, FBI, FAP-1/HA-77, Bl. 14570 – 14604. –

[114] FBI, FAP-1/HA-84, Bl. 16136 – 16138, Beschluss vom 24.6.1963. Die Einstellung der Verfahren wurde von Hermann Langbein kritisiert. Siehe sein Schreiben an Ormond vom 6.8.1963 (ÖStA, NL Langbein, E 1797, Ordner 106).

[115] Schreiben von StA Vogel an Langbein vom 3.9.1963, 4 Ks 2/63, Handakten, Bd. 17, Bl. 3444 – 3445 (HHStA, Abt. 461, Nr. 37638/257).

[116] FBI, FAP-1/HA-78, Bl. 14618.

[117] FBI, FAP-1/HA-78, Bl. 14664; beim Beschuldigten Stark auch §§ 105 ff. Jugendgerichtsgesetz. Zu bemerken ist, dass die StA nunmehr ausschließlich auf Mittäterschaft (§ 47 aF StGB) und nicht auf Beihilfe

(§ 49 aF StGB) erkannte.

[118] In der Anklageschrift geht die Nummerierung der Zeugen bis zur Ziffer 254. Unter Nr. 69 (FBI, FAP-1/HA-78, Bl. 14677) finden sich keine Angaben, unter Nr. 156 (Bd. 78, Bl. 14692) ist irrtümlich der Angeklagte Neubert als Zeuge aufgeführt. Vgl. die Korrektur seitens der StA (FBI, FAP-1/HA-86, Bl. 16489). Von den 252 in der Schwurgerichtsanklage als Beweismittel aufgeführten Zeugen wurden 153 in der Hauptverhandlung gehört. Von weiteren 20 in der Anklageschrift als Beweismittel genannten Zeugen wurden in der Hauptverhandlung Vernehmungsprotokolle verlesen.

[119] Nach Angaben der StAe Vogel und Kügler lagen ihnen zum Zeitpunkt der Ausarbeitung der Anklageschrift die in der Hauptverhandlung vorgetragenen Gutachten der Mitarbeiter des Instituts für Zeitgeschichte (München) nicht vor (Gespräch des Verf. mit OStA a.D. Fritz Vogel, 9.3.2000; Interview des Verf. mit Joachim Kügler, 5.5.1998, FBI, FAP-1/I-5).

[120] Lauritz Lauritzen, »Gerechtigkeit braucht ihre Zeit«, in: *Die Verfolgung nationalsozialistischer Straftaten in der Bundesrepublik.* Hrsg. vom Presse- und Informationsamt der Bundesregierung. o.O., o.J. [1963], S. 23.

[121] FBI, FAP-2/HA-84, Bl. 15983 – 15986.

[122] FBI, FAP-2/HA-84, Bl. 15987 – 16033.

[123] FBI, FAP-2/HA-84, Bl. 15983 – 15986. – Vgl. hierzu kritisch Langbein, *Auschwitz-Prozess,* Bd. 1, S. 11 u. 33.

[124] FBI, FAP-1/HA-88, Bl. 17069 – 17103.

[125] FBI, FAP-1/HA-84, Bl. 16096.

[126] Interview des Verf. mit OStA a.D. Gerhard Wiese, 30.3.1998, FBI, FAP-1/I-3.

[127] FBI, FAP-1/HA-89, Bl. 17596.

[128] FBI, FAP-1/HA-126, Bl. 20409 – 20410.

[129] FBI, FAP-1/HA-91, Bl. 17823.

[130] FBI, FAP-1/HA-91, Bl. 17824. – Der Angeklagte Stark, durch einen Zeitungsartikel über Foresters Bestellung informiert, schrieb an seinen Anwalt: »Dazu darf ich sagen, dass ich beim Lesen dieses Namens zum 1. Male in diesen 4 ½ Jahren Angst, und zwar hundsgemeine Angst, wie man sie nur beim Herannahen eines ganz schweren Unheils bekommen

kann, verspüre. Senatspräsident Forester ist Jude und war während der NS-Zeit nach England emigriert und nach dem Kriege nach hier remigriert.« (Brief Starks an Erhard vom 17.10.1963, FBI, FAP-1/V-16) Erhard unterrichtete umgehend Verteidigerkollegen und meldete Bedenken gegen Forester an, da es »bei Anerkennung aller menschlichen und fachlichen Qualitäten schwer vorstellbar« sei, »dass ein rassisch Verfolgter [...] frei von Vorurteilen und einseitigen Gefühlen sein könnte« (FBI, FAP-1/V-16).

131 FBI, FAP-1/HA-88, Bl. 17309.

132 FBI, FAP-1/HA-88, Bl. 17310.

133 FBI, FAP-1/HA-88, Bl. 17063.

134 FBI, FAP-1/HA-88, Bl. 17064.

135 FBI, FAP-1/HA-88, Bl. 17066.

136 FBI, FAP-1/HA-88, Bl. 17067. – Im Falle Forester bedauerte RA Stolting II die Selbstanzeige des Richters. Nach seiner »festen Überzeugung« würde Forester im Prozess »absolut objektiv und frei von allen politischen und sonstigen Erwägungen entschieden haben« (Brief von RA Stolting II an RA Erhard vom 24.10.1963, FBI, FAP-1/V-16)

137 Die Besetzung des Schwurgerichts wurde von der Verteidigung als nicht ordnungsgemäß gerügt. Siehe den Schriftsatz der Rechtsanwälte (= RAe) Hans Laternser und Fritz Steinacker vom 19.12.1963 (FBI, FAP-1/HA-95, Anlage 12 und 19 zum Protokoll vom 20.12.1963); die Revisionsbegründung von Hermann Stolting II und Rainer Eggert vom 1.11.1966 (FBI, FAP-1/HA-124, Bl. 19838 – 19889) sowie Benno Erhard vom 18.11.1966 (FBI, FAP-1/HA-124, Bl. 19908 – 19929).

138 Hofmeyer war seit 1937 Mitglied der NSDAP und im NS-Rechtswahrerbund. 1944 zuletzt Oberstabsrichter. Im August 1946 trat er in den hessischen Justizdienst (Hessisches Hauptstaatsarchiv, Abt. 505, Nr. 1271). Ich danke Georg D. Falk (Marburg) für die Informationen. Gegenüber Henry Ormond machte Hofmeyer Angaben zu seiner Tätigkeit während des Krieges (Vermerk Ormond vom 8.11.1963, FBI, FAP-1/NK-4).

139 Erst Anfang November 1963 gelang es Hans Hofmeyer nach »Einschaltung« des hessischen Ministerpräsidenten Georg August Zinn, den Römer als Sitzungssaal zu erhalten. Siehe Aktenvermerk Ormonds vom 7.11.1963 (FBI, FAP-1/NK-4). Das Gericht tagte bis einschließlich 26.3.1964 (31. Verhandlungstag) im Frankfurter Rathaus. Danach zog es

in das Bürgerhaus Gallus um, in dem am 3.4.1964 die Verhandlung fortgesetzt wurde.

140 Boger, Kaduk, Baretzki, Capesius, Klehr, Scherpe, Hantl und Bednarek befanden sich in Untersuchungs-, Hofmann in Strafhaft (Hofmann war durch Urteil des Schwurgerichts München II vom 19.12.1961 (2 Ks 8/61) wegen im KZ Dachau begangenen Mordes in zwei Fällen zu lebenslangem Zuchthaus verurteilt worden). Dreizehn Angeklagte waren auf freiem Fuß. Mit Schriftsatz vom 17.9.1963 (FBI, FAP-1/HA-87, Bl. 16963) beantragte die StA, gegen die Angeschuldigten Höcker, Schlage, Lucas, Frank, Schatz und Neubert Haftbefehl zu erlassen; weiter wurde beantragt, den Haftbefehl gegen Mulka wieder in Vollzug zu setzen. Die 3. Strafkammer b. LG FFM lehnte mit Beschluss vom 7.10.1963 (FBI, FAP-1/HA-88, Bl. 17104) den Antrag der StA ab, ebenso mit Beschluss vom 7.10.1963 (FBI, FAP-1/HA-88, Bl. 17105) wurde der seit 23.4.1959 in Untersuchungshaft sitzende Angeschuldigte Hans Stark mit dem weiteren Vollzug der Untersuchungshaft verschont und am 23.10.1963 aus der U-Haft entlassen. Schlage (13.4.1964), Stark (15.5.1964), Frank (5.10.1964), Dylewski (5.10.1964), Broad (6.11.1964), Mulka (3.12.1964), Lucas (24.3.1965) und Höcker (25.3.1965) wurden im Verlauf der Hauptverhandlung in Untersuchungshaft genommen. Als am 19. und 20.8.1965 das Urteil gesprochen wurde, waren außer den Angeklagten Schoberth, Breitwieser und Schatz, die freigesprochen wurden, alle übrigen 17 Angeklagten in Untersuchungs- (bzw. Hofmann in Straf-)haft.

141 FBI, FAP-1/HA-88, Bl. 17382.

142 FBI, FAP-1/HA-88, Bl. 17379.

143 Nierzwicki verstarb am 15.5.1967, FBI, FAP-1/HA-127, Bl. 20721 (Sterbeurkunde). Am ersten und zweiten Verhandlungstag fehlte der Angeklagte Lucas aus Krankheitsgründen. Mit Schreiben vom 11.12.1963 teilte die Behörde des Inneren der Freien und Hansestadt Hamburg dem LG FFM mit, der Angeklagte Mulka habe einen Herzinfarkt erlitten und befinde sich im Krankenhaus. Ihrem Schreiben (FBI, FAP-1/HA-88, Bl. 17375) fügte die Behörde ein ärztliches Attest des Mulka behandelnden Arztes (ebd., Bl. 117376) an, bei dem es sich um Dr. Kurt Uhlenbroock, einst SS-Standortarzt von Auschwitz und Beschuldigter in der Ermittlungssache 4 Js 444/59, handelte. Nach Rücksprache mit dem behandelnden

Arzt des Krankenhauses und nach Einsichtnahme der Krankenblätter teilte die Gesundheitsbehörde der Stadt Hamburg mit Schreiben vom 19.12.1963 mit, dass »keine Anhaltspunkte für eine Reise- und Verhandlungsunfähigkeit« (FBI, FAP-1/HA-89, Bl. 17508) Mulkas vorlägen.

144 Zu den Nebenklägern führte Ormond in seinem Schlussvortrag vom 24.5.1965 aus, sie seien »von einer großen, weltumspannenden Verfolgten-Organisation«, gemeint ist der World Jewish Congress, »so ausgewählt worden, dass jeder von ihnen bei Beginn der Verfolgung in einem europäischen Land gelebt hat oder auch heute noch lebt und gewissermaßen für die aus diesem Lande stammenden Opfer stellvertretend auftritt« (Ormond, Plädoyer, in: Katharina Rauschenberger, Werner Renz (Hrsg.), *Henry Ormond – Anwalt der Opfer. Plädoyers in NS-Prozessen*. Unter Mitarbeit von Steven Schindler. Frankfurt am Main, New York: Campus Verlag, 2015, S. 242). Ormond hatte bereits seit 1961, insbesondere auch mit Hilfe von Hermann Langbein, nach Nebenklägern gesucht.

145 Die Nebenkläger Krumme, Kieta, Buki, Bacon, Ehrenfeld, Bejlin und Schlinger waren auch Zeugen in der Hauptverhandlung.

146 Mit Schreiben vom 5.12.1963 (FBI, FAP-1/HA-89, Bl. 17463) stellte Kaul Antrag auf Zulassung als Nebenklagevertreter und übersandte dem Schwurgericht die Vollmachten von neun Nebenklägern, die allesamt in der DDR wohnhaft waren. Auf der Sitzung vom 6.1.1964 wurden durch Gerichtsbeschluss zunächst die Nebenkläger Dombrowsky und Jaffe, am 31.1.1964 die weiteren vier Nebenkläger zugelassen (FBI, FAP-1/HA-95, Bl. 40 u. 113). Kaul wurde gelegentlich in Untervollmacht von Joachim Noack, Hermann Stolting I und Bernhard Strodt vertreten. Nebenklagevertreter Ormond, der Vorsitzende Richter und die Staatsanwaltschaft waren über das Auftreten von Kaul »wenig erfreut«, da zu befürchten sei, »dass der Prozess als Hintergrund für propagandistische Angriffe« dienen solle, und »dass die Sache und die Wahrheitsfindung darunter« leide (Aktenvermerk Ormonds vom 9.12.1963, FBI, FAP-1/NK-4).

147 Am 23.7.1964 (68. Verhandlungstag) erschien Neubert wegen Krankheit nicht. Das Verfahren gegen ihn wurde auf Antrag der StA abgetrennt (FBI, FAP-1/HA-100, Bl. 522). Neubert stand im 2. Auschwitz-Prozess vor Gericht.

148 Zur Sitzung am 13.3.1964 war der Angeklagte Bischoff wegen

Krankheit nicht erschienen. Auf Antrag der StA wurde das Verfahren gegen ihn abgetrennt (FBI, FAP-1/HA-96, Bl. 203 ff.). Bischoff verstarb am 26.10.1964 (Sterbeurkunde, FBI, FAP-1/HA-104, Anlage 2 zum Protokoll vom 19.11.1964).

149 Das Schwurgericht hatte für jeden Angeklagten einen Zweitverteidiger bestellt, um auch bei Verhinderungen eines Rechtsanwalts weiter verhandeln zu können.

150 FBI, FAP-1/NK-4. In seinem auf dem 46. Juristentag gehaltenen Vortrag sprach sich Hofmeyer gleichfalls für eine Aufteilung der Verfahren aus (Hans Hofmeyer, »Prozessrechtliche Probleme und praktische Schwierigkeiten bei der Durchführung der Prozesse«, in: *Verhandlungen des sechsundvierzigsten Deutschen Juristentages.* Essen 1966. Hrsg. von der Ständigen Deputation des Deutschen Juristentages. Bd. II (Sitzungsberichte), Teil C, München, Berlin: Verlag C. H. Beck, 1967, S. C38 – C44). Zur Geschichte der Sonderveranstaltung auf dem Essener Juristentag siehe Thomas Horstmann/Heike Litzinger, *An den Grenzen des Rechts. Gespräche mit Juristen über die Verfolgung von NS-Verbrechen.* Mit einem Vorwort von Micha Brumlik [Gespräche mit Herbert Jäger, Ernst-Walter Hanack, Konrad Redeker, Jürgen Baumann, Karl Lackner, Gerhard Hammerstein, Claus Roxin], Frankfurt am Main, New York: Campus Verlag, 2006.

151 FBI, FAP-1/HA-88, Bl. 17069 – 17104. Die Verlesung des Eröffnungsbeschlusses wurde vom Hessischen Rundfunk in voller Länge übertragen. Siehe das Tondokument in: *DVD-ROM*, S. 4762 sowie Website www.auschwitz-prozess.de

152 FBI, FAP-1/HA-95, Anlage 1 zum Protokoll vom 30.1.1964. In dem Schriftsatz werden Buchheim, Krausnick, Broszat und Uhlig (allesamt Institut für Zeitgeschichte, München) aufgeführt. Die Gutachten sind abgedruckt in: Hans Buchheim, Martin Broszat, Hans-Adolf Jacobsen, Helmut Krausnick, *Anatomie des SS-Staates.* 2 Bde. Olten und Freiburg im Breisgau: Walter Verlag, 1965. OStA Großmann stellte rückblickend fest: Die »Sachverständigen haben wir später präsentiert, um das Gericht vor die unumgängliche Notwendigkeit zu stellen, sie anzuhören, und um gleichzeitig zu vermeiden, dass über das Einführen dieser Gutachten in den Prozess zeitraubende und im Ausgang nicht vorhersehbare Diskussionen vor Gericht erfolgen. Wir haben damit nicht allenthalben das Wohlwollen

des Schwurgerichts gefunden, der Erfolg hat für uns gesprochen, denn die Gutachter haben eine ausgezeichnete Arbeit geleistet.« Hanns Großmann, »Die forensische Behandlung des sogenannten Befehlsnotstandes«, in: *Niederschrift über die Dritte Arbeitstagung der in der Bundesrepublik mit der Strafverfolgung von NS-Gewaltverbrechen befassten Staatsanwälte in Konstanz vom 27. bis zum 30. September 1966*. Ludwigsburg: Zentrale Stelle, o.J., S. 176.

153 Zur Entstehungsgeschichte der Gutachten siehe Norbert Frei, »Der Frankfurter Auschwitz-Prozess und die deutsche Zeitgeschichtsforschung«, in: Fritz Bauer Institut (Hrsg.), *Auschwitz: Geschichte, Rezeption und Wirkung*. Jahrbuch 1996 zur Geschichte und Wirkung des Holocaust. Frankfurt am Main, New York: Campus Verlag, 1996, S. 123 – 138.

154 Siehe den »Vermerk über eine Besprechung der altpolitischen Dezernenten der Staatsanwaltschaft bei dem Oberlandesgericht und der Staatsanwaltschaften Frankfurt (M.) und Wiesbaden vom 7. November 1962 bei Herrn Generalstaatsanwalt Dr. Bauer« (Hessisches Hauptstaatsarchiv, Wiesbaden, Abt. 631a, Nr. 1800, Bd. 84, Bl. 85 – 92). Die Gutachten sollten vom Institut für Zeitgeschichte (IfZ), München, erstellt werden und folgende Themen zum Gegenstand haben: Judenpolitik, Polenpolitik, Aufbau der SS pp., Konzentrationslager, Befehlsnotstand. An der Besprechung nahmen seitens des IfZ Krausnick, Broszat, Buchheim und Heiber teil. – Bauer wollte aus dem Strafprozess eine dem breiten Publikum verständliche Geschichtsstunde machen. Die Gutachten sollten »verständlich« sein, »ein akademischer Vortrag« war zu vermeiden, Urkunden und Bilder sollten zur Veranschaulichung und zum allgemeinen Verständnis »an die Wand projiziert« (ebd.) werden. Laut Protokoll der »4. Arbeitstagung der Leiter der Sonderkommissionen zur Bearbeitung von NS-Gewaltverbrechen« (Hessisches Hauptstaatsarchiv, Wiesbaden, Abt. 503, Nr. 1161), die wenige Wochen vor Prozessbeginn (9. u. 10.10.1963) stattfand, führte Bauer gar aus: »Selbst auf die Gefahr hin, daß der Staatsanwaltschaft die Veranstaltung eines Schauprozesses vorgeworfen werden könnte, soll die Verhandlung ein großes Bild des Gesamtrahmens der angewandten Politik geben. Dazu würden die vorkommenden Dokumente im Gerichtssaal nicht nur vorgelesen, sondern auf eine riesige Leinwand projiziert, so dass sie von allen Anwesenden betrachtet werden könnten.«

(ebd. S. 21) Weiter führte Bauer aus, im Auschwitz-Verfahren gehe es der StA »um eine Dokumentation in historischer, politischer und moralischer Hinsicht«, »eigentlicher Verhandlungsgrund« sei das »Schicksal von 2.000 000 Juden« (ebd., S. 21). »Sinn und Zweck der Gutachten« (ebd., S. 21) sah Bauer darin, »die wahren Absichten des NS-Regimes in Form von wissenschaftlichen Vorträgen dem Gericht und der deutschen Öffentlichkeit zugänglich zu machen.« (ebd., S. 22)

155 In seinem 1967 im Rückblick auf das Auschwitz-Verfahren in der *JZ* veröffentlichten Aufsatz sprach Bauer von der »Atomisierung« des Verbrechensgeschehens durch die Gerichte. Siehe Fritz Bauer, »Ideal- und Realkonkurrenz bei nationalsozialistischen Verbrechen?«, in: *JZ*, Jg. 22, Nr. 20, 1967, S. 625 – 628. Bauers wichtigster Aufsatz zu den Rechtsfragen der NS-Prozesse hat leider in die 1998 erschienene Aufsatzsammlung (Bauer, *Humanität*) keine Aufnahme gefunden.

156 Großmann, Plädoyer, 7.5.1965, S. 12 f. (FBI, FAP-1/StA-1) und in: *DVD-ROM*, S. 32848 f.

157 Großmann, »Behandlung«, S. 176.

158 Buchheim hob in der Diskussion im Anschluss an das Referat Großmanns hervor, insonderheit die Laienrichter hätten einen »›Einführungskursus‹« gebraucht (*Niederschrift über die Dritte Arbeitstagung*, S. 187 u. 190).

159 Im Anhang zur Buchausgabe der Gutachten merkt Buchheim an, er habe »im Dezember 1963 [...] dem Schwurgericht« (Buchheim u.a., *Anatomie*, Bd. I, S. 383) sein Gutachten über Organisation von SS und Polizei vorgelegt. Dem oben zitierten Protokoll der 4. Arbeitstagung vom Oktober 1963 ist eindeutig zu entnehmen, dass zum Zeitpunkt der Tagung die Gutachten auch der StA noch nicht vorlagen.

160 FBI, NL Hummerich. Zum Beitrag der Zeitgeschichte für die richterliche Wahrheitsfindung kritisch Ernst Forsthoff, »Der Zeithistoriker als gerichtlicher Sachverständiger«, in: *Neue Juristische Wochenschrift (= NJW)*, Jg. 18, H. 13, 1965, S. 574 – 575.

161 Hans Laternser zufolge erfüllten die Gutachten keinen prozessualen Zweck, waren Gutachten »im luftleeren Raum oder in bezug auf das Prozessgeschehen sachverständige Freiübungen«, waren »überflüssig und ohne jede Bedeutung für die Entscheidung des Verfahrens« (Hans Laternser,

Die andere Seite im Auschwitz-Prozess 1963/65. Reden eines Verteidigers. Stuttgart: Seewald Verlag, 1965, S. 82 u. 84, ebenso S. 377).

[162] Hofmeyer, mündliche Urteilsbegründung (Tonbandmitschnitt, 19.8.1965, 182. Verhandlungstag, in: *DVD-ROM*, S. 36664 und Website www.auschwitz-prozess.de

[163] Urteil vom 19./20.8.1965, in: Raphael Gross/Werner Renz (Hrsg.), *Der Frankfurter Auschwitz-Prozess (1963 – 1965). Kommentierte Quellenedition.* Mit Abhandlungen von Sybille Steinbacher und Devin O. Pendas, mit historischen Anmerkungen von Werner Renz und juristischen Erläuterungen von Johannes Schmidt, Frankfurt am Main, New York: Campus Verlag, 2013, Bd. 2, S. 646.

[164] Siehe hierzu das Referat von Großmann, »Behandlung«, S. 179 ff. Buchheims Vorbemerkung zum Gutachten trägt in den hektographierten Exemplaren seiner Studie das handschriftlich eingetragene Datum »5. Juni 1964«.

[165] FBI, FAP-1/HA-96, Anlage 1 zum Protokoll vom 28.2.1964.

[166] Das Gutachten Kuczynskis wurde als Sonderdruck zugänglich gemacht und veröffentlicht in: *Dokumentation der Zeit. Informations-Archiv*, Jg. 16, H. 308, 1964, S. 36 – 42.

[167] Siehe die Publikationen von Bruno Baum, *Widerstand in Auschwitz. Bericht der internationalen antifaschistischen Lagerleitung.* Berlin-Potsdam: VVN-Verlag, 1949 und *Widerstand in Auschwitz.* Berlin: Kongress-Verlag, 1957; Berlin: Kongress-Verlag, 1961, 2., bearb. Aufl.

[168] FBI, FAP-1/HA-97, Protokoll vom 19.3.1964, Bl. 229.

[169] FBI, FAP-1/HA-97, Anlage 3 zum Protokoll vom 19.3.1964.

[170] Siehe den Aufsatz von Irmtrud Wojak, »Herrschaft der Sachverständigen? Zum ersten Frankfurter Auschwitz-Prozess«, in: *Kritische Justiz*, Jg. 32, H. 4, 1999, S. 605 – 615.

[171] Buchheim u.a., *Anatomie*, Bd. I, S. 257.

[172] Ebd., S. 334.

[173] Siehe hierzu auch Walter Lewald, »Das Dritte Reich – Rechtsstaat oder Unrechtsstaat?«, in: *NJW*, Jg. 17, H. 36, 1964, S. 1658 – 1661.

[174] Buchheim u.a., *Anatomie*, Bd. I, S. 262.

[175] Ebd., S. 273.

[176] § 47 MStGB lautet: »(1) Wird durch die Ausführung eines Befehls in

Dienstsachen ein Strafgesetz verletzt, so ist dafür der befehlende Vorgesetzte allein verantwortlich. Es trifft jedoch den gehorchenden Untergebenen die Strafe des Teilnehmers: 1. wenn er den erteilten Befehl überschritten hat, oder 2. wenn ihm bekannt gewesen ist, dass der Befehl des Vorgesetzten eine Handlung betraf, welche ein allgemeines oder militärisches Verbrechen oder Vergehen bezweckte. (2) Ist die Schuld des Untergebenen gering, so kann von seiner Bestrafung abgesehen werden.« (zitiert nach: *Militärstrafgesetzbuch nebst Kriegssonderstrafrechtsverordnung*. Erläutert von Erich Schwinge. 6. Aufl., Berlin: Junker und Dünnhaupt Verlag, 1944, S. 100)

177 Buchheim schreibt: »Im mentalen Klima der SS-Kommandos, die mit der Durchführung der Befehle in Weltanschauungssachen befasst waren, hätte es absurd und herausfordernd gewirkt, wenn sich einer auf § 47 MStGB berufen hätte angesichts von Aufgaben, die angeblich doch von einzigartiger Bedeutung für die Zukunft des Volkes waren und die von einem kleinen Kreis Auserwählter verstanden und vollzogen werden konnten. [...] Eine Berufung auf diesen Paragraphen war umso weniger möglich, als der Mord an den Juden, sofern er nicht mit Sadismus und Disziplinlosigkeit verbunden war, ausdrücklich für notwendig und nichtverbrecherisch erklärt worden war.« (ebd., S. 347 f.)

178 Vgl. die Ausführungen Hofmeyers in der Urteilsbegründung, in: *DVD-ROM*, S. 36781 sowie Website www.auschwitz-prozess.de

179 Buchheim u.a., *Anatomie*, Bd. I, S. 334. Siehe auch Hans Buchheim, »Das Problem des sogenannten Befehlsnotstandes aus historischer Sicht«, in: Peter Schneider/Hermann J. Meyer (Hrsg.), *Rechtliche Aspekte der NSVerbrecherprozesse*, Mainz 1968, S. 29.

180 Zur juristischen Bewertung der Beteiligung am Völkermord durch die Rechtsprechung siehe kritisch Gerhard Werle/Thomas Wandres, *Auschwitz vor Gericht. Völkermord und bundesdeutsche Justiz. Mit einer Dokumentation des Auschwitz-Urteils*. München: Verlag C. H. Beck, 1995, S. 27 – 40.

181 Interview des Verf. mit OLG-Rat a.D. Josef Perseke, 19.12.1997, FBI, FAP-1/I-2; Interview des Verf. mit OStA a.D. Gerhard Wiese, 30.3.1998, FBI, FAP-1/I-3. Siehe Schriftsatz der StA von Anfang Februar 1964 (FBI, FAP-1/HA-90, Bl. 17790), in dem die Ladung bestimmter

Zeugen angeregt wurde, sowie Hermann Langbein, »Auschwitz vor Gericht. Das Mosaik des Grauens. Zwischenbilanz zum Auschwitz-Prozess in Frankfurt«, in: *Freiheit und Recht*, Jg. 10, Nr. 7, 1964, S. 35. RA Stolting II hat in seinem Schlussvortrag die Auswahl der Zeugen scharf kritisiert (Hermann Stolting II, *Plädoyer im Auschwitz-Prozess in Frankfurt am Main*. o.O., o.J., S. 2 und in: *DVD-ROM*, S. 34174).

[182] Langbein gebraucht den Ausdruck bereits in seinem Gedächtnisprotokoll vom 21.12.1959 über Besprechungen mit Fritz Bauer u.a. in Frankfurt am Main. (AMPO, Materialy, Tom 196, Bl. 178). Siehe auch 4 Ks 2/63 Handakten, Bd. 18, Bl. 3709 (HHStA, Abt. 461, Nr. 37638/258).

[183] Siehe die Transkription der Vernehmung, in: *DVD-ROM*, S. 5337 – 5549 sowie Website www.auschwitz-prozess.de

[184] Siehe Transkription der Vernehmungen in: *DVD-ROM*, S. 5321–5245 (Lingens), S. 5250 – 5270, 5322 – 5335 (Münch), S. 5280 – 5321 (Caesar), S. 5553 – 5693 (Morgen) sowie Website www.auschwitz-prozess.de

[185] Der Vermerk von Generalstaatsanwalt Bauer fand sich in einer Mappe von Zuschriften an die StA b. LG Frankfurt a. M.

[186] Entscheidungen des Bundesgerichtshofs in Strafsachen (= *BGHSt*), Bd. 19, 1964, S. 193 – 196. Zur BGH-Entscheidung vgl. Eberhardt Schmidt, »Der Stand der Rechtsprechung zur Frage der Verwendbarkeit von Tonbandaufnahmen im Strafprozess«, in: *JZ*, Jg. 19, H. 17, 1964, S. 537 – 542.

[187] *BGHSt*, Bd. 19, 1964, S. 193.

[188] Die Beschwerdeführerin brachte vor: 1. Der Zweck der Tonbandaufnahme sei den Verfahrensbeteiligten nicht bekannt gewesen, und das Gericht habe ihre Zustimmung zu der Aufnahme nicht eingeholt; folglich seien die Prozessbeteiligten verfahrensfremden Einwirkungen ausgesetzt gewesen, die die Aussagen beeinflusst und ihren Beweiswert beeinträchtigt hätten; eine ungehinderte Wahrheitsforschung sei mithin nicht mehr gegeben gewesen. 2. Die Staatsanwaltschaft war weiter der Ansicht, die Verwendung der Tonbandaufnahme im Beratungszimmer verstoße gegen die Vorschrift, dass das Gericht über das Ergebnis der Beweisaufnahme nach seiner freien, aus dem Inbegriff der Verhandlung geschöpften Überzeugung zu entscheiden habe.

[189] Ebd., S. 195.

[190] FBI, FAP-1/HA-102, Protokoll vom 28.9.1964, Bl. 738.

[191] FBI, FAP-1/HA-103, Protokoll vom 9.10.1964, Bl. 789.

[192] FBI, FAP-1/HA-105, Protokoll vom 30.12.1964, Bl. 1020.

[193] Die zeithistorischen Gutachten von Buchheim, Krausnick, Broszat, Jacobsen, Kuczynski, das Gutachten des Schriftsachverständigen Mühlhause und die psychologischen respektive medizinischen Gutachten von Lechler, Luff und Vetter sowie die Befragungen der Sachverständigen wurden bis auf wenige Passagen im Fall Kuczynski (Tonbandmitschnitt, 19.3.1964, 28. Verhandlungstag, in: *DVD-ROM*, S. 6089 – 6134) nicht auf Tonband aufgenommen.

[194] 37. Verhandlungstag, Sitzung vom 16.4.1964.

[195] 62. Verhandlungstag, Sitzung vom 6.7.1964.

[196] 63. Verhandlungstag, Sitzung vom 9.7.1964.

[197] 65. Verhandlungstag, Sitzung vom 13.7.1964.

[198] 146. Verhandlungstag, Sitzung vom 26.3.1965.

[199] Interview des Verf. mit OLG-Rat a.D. Josef Perseke, 19.12.1997, FBI, FAP-1/I-2.

[200] Interview des Verf. mit Erna Grob (Geschworene), 18.1.1999, FBI, FAP-1/I-8.

[201] FBI, FAP-1/HA-108, Anlage 3 zum Protokoll vom 25.2.1965.

[202] FBI, FAP-1/HA-108, Protokoll vom 25.2.1965, Bl. 1191. Ormond war am 25.2.1965 abwesend.

[203] FBI, FAP-1/HA-110, Protokoll vom 5.4.1965, Bl. 1312.

[204] Urteil vom 19./20.8.1965, in: Gross/Renz (Hrsg.), *Der Frankfurter Auschwitz-Prozess*, Bd. 2, S. 966.

[205] Ebd., S. 966.

[206] Ebd., S. 970.

[207] FBI, FAP-1/HA-126, Bl. 20259 ff.

[208] FBI, FAP-1/HA-126, Bl. 20377 ff.

[209] FBI, FAP-1/HA-126, Bl. 20305 ff.

[210] FBI, FAP-1/HA-124, Bl. 19844 ff.

[211] FBI, FAP-1/HA-125, Bl. 19986.

[212] FBI, FAP-1/HA-128, Bl. 20781R.

[213] FBI, FAP-1/HA-128, Bl. 20781.

[214] Siehe hierzu u.a. *Verhandlungen des einundvierzigsten Deutschen*

Juristentages. Berlin 1955. Hrsg. von der Ständigen Deputation des Deutschen Juristentages. Sitzungsbericht der Verhandlungen der zweiten Arbeitsgemeinschaft am 7. und 8. September 1955. Das Protokoll im Strafprozess. Bd. II (Sitzungsberichte). Tübingen: J. C. B. Mohr Verlag, 1956, S. G 1 – G 125; Max Kohlhaas, »Tonbandaufnahmen im Strafprozess«, in: *Deutsche Richterzeitung*, Jg. 33, H. 4, 1955, S. 80 – 84; Heinrich Henkel, »Die Zulässigkeit und die Verwertbarkeit von Tonbandaufnahmen bei der Wahrheitserforschung im Strafverfahren«, in: *JZ*, Jg. 12, H. 5/6, 1957, S. 148 – 155; Walter Rassow, »Sitzungsprotokoll und Tonband«, in: *NJW*, Jg. 11, H. 18, 1958, S. 653 – 655; Hellmut Röhl, »Hauptverhandlungsprotokoll auf Tonband?«, in: *JZ*, Jg. 11, H. 19, 1956, S. 591 – 593; Eberhard Schmidt, »Zulässigkeit und Verwendbarkeit von Tonbandaufnahmen im Strafverfahren«, in: *JZ*, Jg. 11 H. 7, 1956, S. 206 – 211.

215 Adolf Arndt, »Zur Problematik der Grundsatzrevision aus verfassungsrechtlicher Sicht. 1. Tonbandaufnahmen gerichtsintern?«, in: *NJW*, Jg. 15, H. 37, 1962, S. 1660.

216 Ders., »Das Tonband als Aktenbestandteil (§ 147 StPO)«, in: *NJW*, Jg. 19, H. 47, 1966, S. 2204.

217 Ebd.

218 FBI, FAP-1/HA-128, Bl. 20781R.

219 Ebd.

220 Ebd.

221 Hofmeyer, »Probleme«, S. C43.

222 Ebd.

223 Anders als Großmann, Vogel und Wiese hat Kügler seine Schlussvorträge nicht schriftlich ausgearbeitet. Siehe *DVD-ROM*, S. 33532 – 33689 und Website www.auschwitz-prozess.de

224 Ebd., *DVD-ROM*, S. 33690 – 33853.

225 Aufgezeichnet wurden die Schlussvorträge von Eggert [für Mulka u. Höcker], Joschko [für Schoberth], Schallock [für Boger], Erhard [für Stark], Laternser [für Capesius], Zarnack [für Breitwieser], Göllner [für Hofmann], Staiger [für Hofmann], Laternser [Frank u. Schatz], Reiners [für Kaduk], Göllner [für Klehr], Naumann [für Hantl], Reiners [für Scherpe) und Laternser [Schatz, Frank und Capesius]. Siehe *DVD-ROM*.

226 *DVD-ROM*, S. 36421 – 36500.

[227] *DVD-ROM*, S. 36604 – 36655.

[228] *DVD-ROM*, S. 36656 – 37081.

[229] Persekes Mitschrift findet sich auch auf der DVD-ROM-Publikation.

[230] FBI, FAP-1/HA-99, Anlage 1 zum Protokoll vom 8.6.1964. Mit Schriftsatz vom 30.6.1964 substantiierte Ormond seinen Antrag, in dem er ausführte, »durch den Augenschein« solle »die räumliche Gesamtsituation des Konzentrationslagers Auschwitz« verdeutlicht werden. Die »Beobachtungsmöglichkeiten innerhalb der einzelnen Lagerabschnitte« sollten »im Hinblick auf die den einzelnen Angeklagten zur Last gelegten Taten« nachgeprüft werden. Insbesondere solle geklärt werden, »ob und inwieweit Vorgänge in der Politischen Abteilung, im alten Krematorium, im Hof von Block 11 (Erschießungen an der Schwarzen Wand), im Häftlingskrankenbau (wo die Tötungen mittels Phenol-Injektionen stattfanden), auf der alten und neuen Rampe, wo die Selektionen erfolgten, von der Lagerstraße oder von anderen Blocks aus eingesehen und beobachtet werden konnten« (FBI, FAP-1/HA-100, Anlage 2 zum Protokoll vom 3.7.1964).

[231] FBI, FAP-1/HA-99, Anlage 2 zum Protokoll vom 11.6.1964.

[232] FBI, FAP-1/HA-99, Anlage 2 zum Protokoll vom 22.6.1964. In zwei Hilfsanträgen vom 29.6.1965 und 28.7.1965 nach Abschluss der Beweisaufnahme beantragten die Verteidiger Laternser und Steinacker eine erneute Ortsbesichtigung (FBI, FAP-1/HA-112, Anlage 1 zum Protokoll vom 1.7.1964 und Bd. 113, Anlage 3 zum Protokoll vom 29.7.1965). Festgestellt werden sollte, »dass auf die gegebene Entfernung von 60 m Bewegungen mit der Hand oder dem Daumen nicht feststellbar« seien. Der Verteidigung des Angeklagten Frank ging es um die Überprüfung der Aussage des Zeugen Alex Rosenstock, der Frank von dem Lagerabschnitt B II d (Männerlager) bei der Vornahme von Selektionen auf der Rampe gesehen haben will. Das Gericht gab dem Antrag nicht statt, trat aber in die Beweisaufnahme wieder ein und prüfte am 23.7.1965 »im Hof des Gallusgebäudes« (Urteil vom 19./20.8.1965, in: Gross/Renz (Hrsg.), *Der Frankfurter Auschwitz-Prozess*, Bd. 2, S. 930), ob auf 60 m Entfernung Hand- und Daumenbewegungen erkennbar seien (FBI, FAP-1/HA-113, Bl. 1608 – 1610). Siehe die Bewertung der Anträge bei Ormond, »Rückblick auf den Auschwitz-Prozess« (in: *Tribüne*, Jg. 4, H. 16, 1965, S. 1723 f.) sowie ders., »Replik [...] im Auschwitz-Prozess« (in: *Frankfurter Hefte*,

Jg. 20, H. 12, 1965, S. 829 sowie in: *DVD-ROM*, S. 36501 – 36538.

233 FBI, FAP-1/HA-99, Anlage 1 zum Protokoll vom 22.6.1964. Siehe auch das Schreiben der StA an den Hessischen Minister der Justiz vom 18.6.1964 (Hessisches Ministerium der Justiz, Wiesbaden, III (IV – 1076/59), Bd. IV, Bl. 140 – 144), in dem die Stellungnahme im Wortlaut enthalten ist. Die StA handelte entgegen der Anweisung des Justizministeriums. Laut Vermerk vom 11.6.1964 von RegDir. Pötz, Bundesjustizministerium, hat das JM Hessen die StA »nachdrücklich angewiesen [...] dem Antrag auf Einnahme des Augenscheins zu widersprechen« (Bundesarchiv (BA) Koblenz, B 141/22762, Bl. 4).

234 Siehe sein Schreiben an Sehn vom 3.2.1964 (FBI, FAP-1/HA-99, Anlage 1 zum Protokoll vom 8.6.1964). Ormond stand mit Sehn seit Februar 1962 in Kontakt (Aktenvermerk vom 1.3.1962, FBI, FAP-1/NK-4) und war im Sommer 1960 bereits privat nach Oświęcim gereist. In einem Brief an Langbein vom 20.7.1960 schreibt Ormond: »Wir haben viel gesehen und viel gelernt, und ich weiß heute, wie notwendig es ist, dass die mit diesen Sachen befassten Gerichte Augenscheinstermine im Lande vornehmen.« (ÖStA, E/1797, NL Langbein, Ordner 106)

235 Sehn hatte bereits im April 1964 Bauer am 11.4.1964 erteilte Vollmacht überreicht, die dieser mit Schreiben vom 30.4.1964 an den Hessischen Minister der Justiz mit der Bitte um Kenntnisnahme weiterleitete (Hessisches Ministerium der Justiz, Wiesbaden, III (IV – 1076/59), Bd. IV, Bl. 120). Laut Vermerk vom 5.6.1964 hielt der zuständige Beamte betr. Ortstermin Vortrag am 29.5.1964 beim Staatssekretär und am 2.6.1964 beim Minister (ebd., Bl. 123). Durch Erlass vom 6.5.1964 (ebd., Bl. 123R – 124) erbat der Minister u.a. eine Stellungnahme der StA, die diese mit Bericht vom 18.6.1964 (ebd., Bl. 140 – 144) abgab. Der Generalstaatsanwalt trat den »Berichtsausführungen« der StA bei und vermerkte, der Bundesgerichtshof habe ausgeführt, »dass es unter Umständen eine Verletzung der richterlichen Aufklärungspflicht (§ 244 Abs. 2 StPO) darstellen könne, wenn das Gericht seine Feststellungen über die Verhältnisse am Tatort nur auf die Skizze stützt, statt darüber auch andere Beweismittel zu verwenden, beispielsweise eine Ortsbesichtigung vorzunehmen« (ebd., Bl. 145).

236 Seitens der Verteidigung stellte Zarnack, Verteidiger des Angeklagten Breitwieser, mit Schriftsatz vom 17.6.1964 ebenfalls Antrag auf Einnahme

des richterlichen Augenscheins am Tatort (FBI, FAP-1/HA-99, Anlage 1 zum Protokoll vom 18.6.1964) und Göllner, Verteidiger der Angeklagten Hofmann und Klehr, mit Schriftsatz vom 11.7.1964 (FBI, FAP-1/HA-100, Anlage 2 zum Protokoll vom 13.7.1964); ebenso mit Schriftsatz vom 23.9.1964 beantragte Gerhardt, der den Angeklagten Baretzki vertrat, eine Ortsbesichtigung in Auschwitz, um Aussagen des Zeugen Otto Dov Kulka bezüglich seiner Beobachtungen von Selektionen auf der Rampe zu überprüfen (FBI, FAP-1/HA-103, Anlage 3 zum Protokoll vom 15.10.1964); Bürger, Verteidiger des Angeklagten Schlage, beantragte mit Schriftsatz vom 13.10.1964 (FBI, FAP-1/HA-103, Anlage 6 zum Protokoll vom 15.10.1964) die Einnahme des Augenscheins, um im Block 11 prüfen zu lassen, ob eine Unterhaltung zwischen Insassen der Steh- und der Arrestzellen möglich gewesen sei.

[237] FBI, FAP-1/HA-91, Bl. 17941 – 17942, ebenso Hessisches Ministerium der Justiz, Wiesbaden, III (IV – 1076/59), Bd. IV, Bl. 153 – 154.

[238] Hessisches Ministerium der Justiz, Wiesbaden, III (IV – 1076/59), Bd. IV, Bl. 171R.

[239] Vermerk vom 23.7.1964, BA Koblenz, B 141/22762, Bl. 41 – 45.

[240] Hessisches Ministerium der Justiz, Wiesbaden, III (IV – 1076/59), Bd. IV, Bl. 191 – 193.

[241] FBI, FAP-1/HA-92, Bl. 18022 – 18023.

[242] Tonbandmitschnitt, 16.10.1964, 101. Verhandlungstag, in: *DVD-ROM*, S. 21842 – 21897. Siehe auch FBI, FAP-1/HA-103, Protokoll vom 16.10.1964, Bl. 809 f. Düx führte aus, bei der Feststellung etwaiger Örtlichkeitsfragen würde sicher eine Augenscheinseinnahme bzgl. von fraglichen Vorgängen im Stammlager lohnen, im Falle des Lagers Birkenau sei der Zweck eines Ortstermins beschränkt. Bei der Befragung von Düx spielte die Erörterung der Sichtmöglichkeiten in den Hof zwischen Block 10 und 11 eine große Rolle.

[243] Siehe den Vermerk von Düx vom 1.8.1963 (FBI, FAP-1/HA-86, Bl. 16471 – 16482). Düx nahm das Lager im Rahmen der gerichtlichen Voruntersuchung in der Strafsache gegen Albrecht u.a. (4 Ks 3/63), die Düx am 24.10.1962 (FBI, FAP-2/HA-75, Bl. 14018 – 14028) eröffnet hatte, in Augenschein.

[244] BA Koblenz, Vermerk vom 27.10.1964, B 141/22762, Bl. 93 – 100.

An der Besprechung nahmen Vertreter des AA, BMJ, BMI und des Bundeskanzleramtes teil.

245 FBI, FAP-1/HA-103, Protokoll vom 22.10.1964, Bl. 827. Siehe auch Hessisches Ministerium der Justiz, Wiesbaden, III (IV – 1076/59), Bd. IV, Bl. 255.

246 FBI, FAP-1/HA-92, Bl. 18150 – 18153. Hofmeyers Schreiben ging einen komplizierten Weg. Das an das BJM gesandte Schreiben wurde dem AA zur Weiterleitung zugestellt, vom AA der deutschen Handelsvertretung in Warschau zugeleitet und sodann von einem Vertreter der deutschen Handelsvertretung am 26.11.1964 im polnischen Außenhandelsministerium überreicht. Das Außenhandelsministerium übergab endlich das Schreiben dem polnischen Justizministerium. Siehe Fernschreiben Nr. 129 vom 26.11.1964 der deutschen Handelsvertretung (BA Koblenz, B 141/22762, Bl. 129) sowie Schnellbrief des AA vom 27.11.1964 an BJM (BA Koblenz, B 141/22762, Bl. 130). Am 24.11.1964 wurde das Bundeskabinett von dem bevorstehenden Ortstermin unterrichtet (BA Koblenz, B 141/22762, Bl. 122–126).

247 FBI, FAP-1/HA-92, Bl. 18275 – 18276.

248 FBI, FAP-1/HA-92, Bl. 18269 – 18272.

249 Der beauftragte Richter (Hotz), drei Staatsanwälte (Großmann, Kügler, Wiese), drei Vertreter der Nebenkläger (Ormond, Raabe, Kaul), elf Verteidiger (Steinacker, Bürger, Eggert, Joschko, Gerhardt, Staiger, Reiners, Knögel, Naumann, Zarnack, Schallock), ein Angeklagter (Lucas), zwei Justizwachtmeister, ein Gerichtsfotograf, eine Dolmetscherin.

250 Ansprache Sehn (»Beglaubigte Übersetzung aus dem Polnischen«), FBI, FAP-1/HA-92, Bl. 18304.

251 FBI, FAP-1/HA-106, Anlage 6 zum Protokoll vom 7.1.1965.

252 Vgl. den Bericht des beauftragten Richters an den Bundesjustizminister, FBI, FAP-1/HA-92, Bl. 18294 – 18301.

253 Siehe zum Ergebnis der Ortsbesichtigung die Einschätzung der Staatsanwaltschaft, StA Vogel, Plädoyer, Allgemeiner Teil, vom 7.5.1965, S. 11 (FBI, FAP-1/StA-2) und in: *DVD-ROM*, S. 32918.

254 FBI, FAP-1/HA-94, Bl. 18613.

255 FBI, FAP-1/HA-94, Bl. 18638 – 18647.

256 FBI, FAP-1/HA-94, Bl. 18634 – 18635. Vgl. Aktenvermerk

Hofmeyer vom 1.4.1965 (FBI, FAP-1/HA-94, Bl. 18625 – 18626). Die Vernehmung der von der Verteidigung (Stolting II und Eggert) benannten Zeugen Jerzy Rawicz (Internationales Auschwitz-Komitee) und Janusz Gumkowski (Hauptkommission zur Untersuchung der Nazi-Verbrechen in Polen) wurde von seiten der polnischen Vertreter abgelehnt. Siehe den Brief Gumkowskis vom 4.3.1965 an die StA (FBI, FAP-1/HA-94, Bl. 18798 – 18800). Stolting II und Eggert hatten in ihrem Beweisantrag (FBI, FAP-1/HA-110, Anlage 3 u 4 zum Protokoll vom 26.4.1965) den Vorwurf erhoben, die Hauptkommission stelle nur für diejenigen Zeugen Reisedokumente aus, deren Aussage ihr genehm seien, übe folglich Zensur aus und beeinflusse die Zeugen. Vgl. Stolting II, *Plädoyer*, S. 5 und 49 und in: *DVD-ROM*, S. 36180 ff.

257 FBI, FAP-1/HA-110, Protokoll vom 5.4.1965, Bl. 1303 f.

258 Folgende Zeugen wurden vernommen: Józef Kral, Jerzy Pozimski, Barbara Pozimska, Józef Czopryk, Karol Zajac, Stanislaw Skudlarcz, Ryszard Kordek, Edward Jasinski jun., Franciszek Targosz, Xavery Wieczorkiewicz, Henryk Bartoszewicz, Aleksander Drozdzinski, Izydor Kornacki, Franciszek Benesiewicz, Józef Zalewski, Edward Mroczyk, Edward Halek, Franciszek Brol, Andrzej Rablin und Tadeusz Joachimowski.

259 Laternser und Steinacker beantragten (FBI, FAP-1/HA-110, Anlage 2 zum Protokoll vom 30.4.1965), die Vernehmungsprotokolle nicht zu verlesen.

260 168 Zeugen lebten in Deutschland, 188 waren aus »ausserdeutschen« Ländern nach Frankfurt gekommen, darunter allein 68 aus Polen, 24 aus Israel, 21 aus der CSSR, 17 aus Österreich, 12 aus den USA. Angaben bezüglich des Wohnortes der Zeugen nach den von OStA Großmann in seinem Schlussvortrag genannten Daten; siehe Großmann, Plädoyer (FBI, FAP-1/StA-1 und in: *DVD-ROM*, S. 32832 f.). Auf Initiative von Ursula Wirth (Kronberg) fanden sich vier weitere Frauen und ein Student zusammen, die mit finanzieller Unterstützung des Landes Hessen, des Deutschen Roten Kreuzes und privater Spender viele ausländische Zeugen betreuten. Ursula Wirth hatte sich im Frühjahr 1964 an Fritz Bauer gewandt und dessen Zustimmung zu ihrem Vorhaben eingeholt. Emmi Bonhoeffer, Barbara Minssen, Hildegard Müller, Brigitte Vollhardt, Ursula Wirth und Peter Kalb wurden am 27.1.1968 für ihre Arbeit mit der Theodor-Heuss-

Medaille ausgezeichnet. Siehe den Bericht des Deutschen Roten Kreuzes »Über die Betreuung von ausländischen Zeugen in NS-Verbrecher-Prozessen« (o.O., o.J.), das Buch von Emmi Bonhoeffer, *Zeugen im Auschwitz-Prozess. Begegnungen und Gedanken.* Wuppertal-Barmen: Johannes Kiefel Verlag, 1965 sowie *Vom rechten Gebrauch der Freiheit. Ein zeitgeschichtliches Lesebuch in Dokumenten 1964 bis 1974.* Hrsg. von der Stiftung Theodor-Heuss-Preis. München: List Verlag, 1974. Siehe auch Merle Funkenberg, *Zeugenbetreuung von Holocaust-Überlebenden und Widerstandskämpfern bei NS-Prozessen* (1964 – 1985). *Zeitgeschichtlicher Hintergrund und emotionales Erleben,* Gießen: Psychosozial-Verlag, 2016.

261 Laternser zählte 382 Zeugen (Laternser, *Seite*, S. 23), Langbein 359 (Langbein, *Auschwitz-Prozess*, Bd. 1, S. 14, 43 f.).

262 Es handelt sich um die Zeugen: Margareta Armbruster, Johanna Dyer, Karl Gerber, Cäcilie Neideck, Louise le Porz, Helene Schwesig (Ravensbrück), Artur Geisler und Wilhelm Thierhoff (Sachsenhausen) und Ernst Martin (Mauthausen). Nach einer Aufstellung von Langbein waren von den 211 in der Hauptverhandlung vernommenen Auschwitz-Häftlingen 104 Zeugen als politische Häftlinge, 90 als Juden, 13 als kriminelle Häftlinge und vier als Zigeuner nach Auschwitz deportiert worden (Langbein, *Auschwitz-Prozess*, Bd. 1, S. 44).

263 Durch den Tod des Angeklagten Baer wurde seitens der Anklagebehörde auf die Ladung von 27 Zeugen, die ausschließlich über den ehemaligen Kommandanten Aussagen zu machen hatten, verzichtet (FBI, FAP-1/HA-86, Bl. 16488 – 16489). Langbein hält der Staatsanwaltschaft vor, wichtige Zeugen nicht benannt zu haben (Langbein, *Auschwitz-Prozess*, Bd. 1, S. 43 ff.).

264 Bei der Auswertung der Hauptakten konnte nicht bezüglich aller in der Hauptverhandlung gehörten Zeugen festgestellt werde, von wem der Zeuge benannt worden ist.

265 Großmann, Plädoyer vom 7.5.1965, in: *DVD-ROM*, S. 32831 – 32902.

266 Ebd., S. 17. Siehe hierzu auch Großmann, »Behandlung«, S. 174 – 185.

267 Siehe Kurt Hinrichsen, »Befehlsnotstand«, in: Adalbert Rückerl (Hrsg.), *NS-Prozesse*, S. 131 – 161.

268 Vogel, Plädoyer, Allgemeiner Teil, vom 7.5.1965, S. 10 (FBI, FAP-1/

StA-2 und in: *DVD-ROM*, S. 32917).

269 Wieses Schlussvortrag konnte nicht in die DVD-ROM aufgenommen werden, weil er unauffindbar war. Mittlerweile hat OStA a.D. Gerhard Wiese das Plädoyer gefunden und dem Fritz Bauer Institut im Jahr 2017 zur Verfügung gestellt.

270 Vogel, Plädoyer vom 7. u. 10. u. 14. u. 17.5.1965 (FBI, FAP-1/StA-2 und in: *DVD-ROM*, S. 32903 – 32944, 32945 – 33061, 33063 – 33140, 33141 – 33189, 33190 – 33204).

271 Wiese, Plädoyer zu Kaduk, 14.5.1965 (FBI, FAP-1/StA-3 und *DVD-ROM*, S. 33340 – 33395). Siehe auch Wieses Antrag vom 18.5.1965 bzgl. der Nichteinbeziehung von im Eröffnungsbeschluss aufgeführten Anklagepunkten in die Verurteilung der Angeklagten Kaduk und Boger (FBI, FAP-1/HA-112, Anlage 1 zum Protokoll vom 20.5.1965).

272 Siehe *DVD-ROM*, S. 33340 – 33395, 33207 – 33289, 33532 – 33625, 33626 – 33689 und Website www.auschwitz-prozess.de

273 Ebd., S. 33239.

274 Ebd., S. 33242.

275 Ebd., S. 33545.

276 FBI, FAP-1/HA-112, Protokoll vom 20.5.1965, Bl. 1490.

277 FBI, FAP-1/HA-112, Protokoll vom 17.5.1965, Bl. 1484.

278 FBI, FAP-1/HA-112, Protokoll vom 10.5.1965, Bl. 1471.

279 Vogel, Plädoyer zu Dylewski, 10.5.1965, S. 48 (FBI, FAP-1/StA-2 und in: *DVD-ROM*, S. 33132). Treffend spricht Noll von »moralischer Schizophrenie« (Peter Noll, »Die NS-Verbrecherprozesse strafrechtsdogmatisch und gesetzgebungspolitisch betrachtet«, in: Schneider, Meyer (Hrsg.), *Rechtliche und politische Aspekte*, S. 47), die der von der subjektiven Teilnahmetheorie vorgenommenen Trennung von innerer Einstellung (nur als fremde gewollt) und äußerem Verhalten (Tatbeteiligung, objektive Tatbestandserfüllung) zugrunde liege.

280 Vogel, Plädoyer zu Broad, 10.5.1965, S. 38 (FBI, FAP-1/StA-2 und in: *DVD-ROM*, S. 33186).

281 Kaul, Schlussvortrag, S. 42 und in: *DVD-ROM*, S. 33806.

282 Ebd., S. 9 und in: *DVD-ROM*, S. 33711.

283 Ebd., S. 32 und in: *DVD-ROM*, S. 33776.

284 Ebd., S. 40 und in: *DVD-ROM*, S. 33799.

[285] Ebd.

[286] Ebd., S. 46 und in: *DVD-ROM*, S. 33818.

[287] Ebd., S. 10 und in: *DVD-ROM*, S. 33704.

[288] Ebd., S. 10 und in: *DVD-ROM*, S. 33704.

[289] Raabe, Plädoyer vom 21.5.1965, S. 43a (FBI, FAP-1/NK-11) und in: *DVD-ROM*, S. 33899.

[290] Ormond, *Plädoyer*, S. 49 und in: *DVD-ROM*, S. 34076 und in: Rauschenberger/Renz (Hrsg.), *Henry Ormond*, S. 298

[291] Ebd., S. 62 und *DVD-ROM*, S. 34100 und in: Rauschenberger/Renz (Hrsg.), *Henry Ormond*, S. 314.

[292] Ebd., S. 63 *DVD-ROM*, S. 34100 und in: Rauschenberger/Renz (Hrsg.), *Henry Ormond*, S. 314. Siehe auch Ormond, »Rückblick«, S. 1723 – 1728.

[293] Ebd. S. 1 und in: *DVD-ROM*, S. 33985 und in: Rauschenberger/Renz (Hrsg.), *Henry Ormond*, S. 241.

[294] Laternser, Seite, S. 217 – 356 und in: *DVD-ROM*, S. 35381 – 35473.

[295] Stolting II, Plädoyer und in: *DVD-ROM*, S. 36170 – 36293.

[296] Zur Zeit der Veröffentlichung der DVD-ROM im Jahr 2004 lagen die Plädoyers der Rechtsanwälte Aschenauer und Jugl nicht vor. Mittlerweile ist dem Fritz Bauer Institut der Schlussvortrag von Aschenauer zugänglich gemacht worden.

[297] Erhard, Plädoyer für Stark, Teil I, 4.6.1965, S. 32 (FBI, FAP-1/V-9) und in: *DVD-ROM*, S. 34322.

[298] Ebd., S. 65 und in: *DVD-ROM*, S. 34375. Nach Auffassung von Laternser sah sich der Angeklagte Capesius im Falle der »rumänischen Zeugen« einer »tatsächlich einverständlich handelnden Gemeinschaft oder sogar einer Verschwörung von Zeugen gegenübergestellt« (Laternser, *Seite*, S. 293 und in: *DVD-ROM*, S. 35859). Zu diesem Vorwurf siehe das Urteil, in: Gross/Renz (Hrsg.), *Der Frankfurter Auschwitz-Prozess*, Bd. 2, S. 663.

[299] Stolting II, *Plädoyer*, S. 44 und in: *DVD-ROM*, S. 36255 sowie Bürger, Plädoyer für Schlage, 8.6.1965, S. 46 f. (FBI, FAP-1/V-11) und in: *DVD-ROM*, S. 34964.

[300] Bürger wies in seinem Schlussvortrag darauf hin, nach dem Sächsischen Landrecht seien Aussagen ausländischer Zeugen in der Urteilsfindung

nicht zu verwerten gewesen (Plädoyer für Schlage, 8.6.1965, S. 46 f. und in: *DVD-ROM*, S. 34964). Laternser griff den Hinweis Bürgers zustimmend auf (Laternser, *Seite*, S. 240 f. und in: *DVD-ROM*, S. 35429).

301 Schallock, Plädoyer für Boger, in: *DVD-ROM*, S. 34212. RA Reiners hat in seinem Plädoyer für Kaduk die Bezeichnung »Schauprozess« (Tonbandmitschnitt, 2.7.1965, 173. Verhandlungstag, *DVD-ROM*, S. 35638) zurückgewiesen.

302 Erhard, Plädoyer für Stark, Teil I, a.a.O., S. 3 und in: *DVD-ROM*, S. 34275. Ebenso Interview des Verf. mit Benno Erhard, 28.4.1998, FBI, FAP-1/I-4.

303 Steinacker, Plädoyer, in: *DVD-ROM*, S. 34810 und Göllner, Plädoyer für Hofmann (Tonbandmitschnitt, 18.6.1965, 169. Verhandlungstag, in: *DVD-ROM*, S. 35048). Der Vorsitzende Richter Hofmeyer brachte in seiner mündlichen Urteilsbegründung sein »Bedauern« zum Ausdruck, dass das Wort vom »Schauprozess« gefallen sei und betonte mit Nachdruck, allein die Erforschung der Wahrheit sei das Bestreben des erkennenden Gerichts gewesen (Tonbandmitschnitt, 19.8.1965, 182. Verhandlungstag, in: *DVD-ROM*, S. 36665). Siehe hierzu auch die Ausführungen von Ormond in seiner am 29.7.1965 vorgetragenen »Replik«, in: *DVD-ROM*, S. 36501.

304 Stolting II, *Plädoyer*, S. 1 und in: *DVD-ROM*, S. 36174.

305 Laternser, *Seite*, S. 148 und in: *DVD-ROM*, S. 34516.

306 Ebd., S. 185 – 191 und in: *DVD-ROM*, S. 34607 ff.

307 Der »Selekteur«, so Laternser in seinem Plädoyer für Frank vom 1.7.1965, »war noch nicht einmal ein Glied in der Kette derjenigen, die objektiv einen Beitrag zum Tode geleistet haben. Der Tod stand aufgrund des von langer Hand vorbereiteten Planes als sicher und unabwendbar fest.« (ebd., S. 250 und in: *DVD-ROM*, S. 35453)

308 Ebd., S. 204 und in: *DVD-ROM*, S. 34638. Da »Rampendienst« nach Laternser den Befehl bedeutete, Personen auszusuchen, die nicht getötet werden sollten, ging der »Selekteur [...] in dem Bewusstsein zur Rampe, die Zahl der zu Tötenden zu verringern« (ebd., S. 254 und in: *DVD-ROM*, S. 34641). Der »Selekteur« hatte demnach kein Unrechtsbewusstsein. Selbst bei der laut Laternser irrigen Auffassung, der an Selektionen Beteiligte habe Beihilfe zum Mord geleistet, musste der »Selekteur«

nach Ansicht des Verteidigers straffrei bleiben, da er kein Wissen um den verbrecherischen Charakter des Befehls haben konnte. Siehe auch Laternsers Hilfsantrag vom 28.7.1965 (FBI, FAP-1/HA-113, Anlage 1 zum Protokoll vom 6.8.1965), durch eine Anfrage bei Organisationen festzustellen, wie viele jüdische Häftlinge »die Lagerzeit im Konzentrationslager Auschwitz überlebt haben«. Mit der »Beweiserhebung« wollte Laternser dartun, »dass aus dem Kreise der vom nationalsozialistischen Gewaltregime zum Tode bestimmten Juden in Europa infolge der Selektionen eine erhebliche Anzahl die Lagerzeit überstehen konnten« (Hervorhebung, W.R.).

309 Steinacker, Plädoyer für Dylewski und Broad, 11. u. 14.6.1965, S. 6 ff. (FBI, FAP-1/V-4) und in: *DVD-ROM*, S. 34673.

310 Erhard, Plädoyer für Stark, Teil II, a.a.O., S. 23 und in: *DVD-ROM*, S. 34441.

311 Fertig, Plädoyer für Schlage, 18.6.1965, S. 6 f. (FBI, FAP-1/V-11) und in: *DVD-ROM*, S. 34986. Knögel schloss sich in seinen Schlussausführungen Fertig an (Knögel, Plädoyer für Scherpe, 25.6.1965, S. 33 (FBI, FAP-1/V-12) und in: *DVD-ROM*, S. 35356). Siehe die Zurückweisung dieser Auffassung durch das Gericht (Urteil vom 19./20.8.1965, in: Gross/Renz (Hrsg.), *Der Frankfurter Auschwitz-Prozess*, Bd. 2, S. 676 f.).

312 Siehe auch Gerhardt, Plädoyer für Baretzki, 1.7.1965, S. 6 f. (FBI, FAP-1/HA-112, Anlage 2 zum Protokoll vom 2.7.1965) und in: *DVD-ROM*, S. 35483.

313 Fertig, Plädoyer für Klehr, 8.7.1965, S. 17 (FBI, FAP-1/V-11 und in: *DVD-ROM*, S. 35744 ff.

314 Tonbandmitschnitt, 6./12.8.1965, 180./181. Verhandlungstag, in: *DVD-ROM*, S. 36604 – 36655.

315 FBI, FAP-1/HA-6, Bl. 937–960 u. Bl. 968 – 971.

316 Kaduk wurde 1947 vom Militärgericht der sowjetischen Militärverwaltung des Landes Sachsen zu 25 Jahren Zwangsarbeit verurteilt (Urteil und Protokoll, FBI, FAP-1/HA-74, Bl. 13822 – 13840e) und 1956 im Rahmen einer Amnestie entlassen.

317 Zum Urteil siehe Henry Ormond, »Ein Wort zur Kritik am Auschwitz-Urteil«, in: *Allgemeine Wochenzeitung der Juden in Deutschland*, Jg. 22, Nr. 22, 27.8.1965, S. 2, ebenso Eugen Kogon, »Kommentar nach

dem Urteil«, in: *Frankfurter Hefte*, Jg. 20, H. 12, 1965, S. 838 – 839 und in: *NJW*, Jg. 18, H. 41, 1965, S. 1901 sowie Werle/Wandres, *Auschwitz.* Das Urteil ist erstmals in *JuNSV*, Bd. XXI, Lfd. Nr. 595, S. 361 – 835 veröffentlicht worden. Sodann in Friedrich-Martin Balzer/Werner Renz (Hrsg.), *Das Urteil im Frankfurter Auschwitz-Prozess* (1963 – 1965), Bonn: Pahl-Rugenstein Verlag, 2004 und in Gross/Renz (Hrsg.), *Der Frankfurter Auschwitz-Prozess*, Bd. 2, S. 575 – 1236.

318 Urkunden dienten, heißt es im Urteil, »im wesentlichen nur der Aufklärung allgemeiner Dinge, konnten jedoch über die individuelle Schuld des Angeklagten kaum Aufschluss geben« (Urteil vom 19./20.8.1965, in: Gross/Renz (Hrsg.), *Der Frankfurter Auschwitz-Prozess*, Bd. 2, S. 661). In der mündlichen Urteilsbegründung wies Hofmeyer darauf hin, nur wenige, »nicht sehr ergiebige Urkunden« (Tonbandmitschnitt, 19.8.1965, 182. Verhandlungstag, in: *DVD-ROM*, S. 36678) hätten dem Gericht zur Verfügung gestanden. Ebenso aus der Sicht des Ermittlers Rückerl, »NS-Prozesse«, S. 29. Ganz anders hingegen die Bewertung der Beweismittel durch Bauer, *Humanität*, S. 108.

319 Siehe den Aufsatz von Franciszek Brol, Gerard Włoch, Jan Pilecki, »Das Bunkerbuch des Blocks 11 im Nazi-Konzentrationslager Auschwitz« und die Textreproduktion der Quelle in: *Hefte von Auschwitz*, H. 1, 1959, S. 7 – 42 und 45 – 85.

320 Staatliches Museum Auschwitz-Birkenau (Hrsg.), *Sterbebücher von Auschwitz. Fragmente.* Bd. 1: *Berichte;* Bd. 2: *Namensverzeichnis A–L*; Bd. 3: *Namensverzeichnis M–Z, Annex.* München u.a.: K. G. Saur Verlag, 1995.

321 *KL Auschwitz in den Augen der SS. Höss–Broad–Kremer.* Oświęcim: Verlag Staatliches Museum Auschwitz-Birkenau, 1973, S. 137 – 200. – Siehe auch die maschinenschriftliche Abschrift des von Broad handschriftlich abgefassten Berichts, die zu den Akten gegeben wurde (FBI, FAP-1/HA-99, Anlage 3 zum Protokoll vom 25.6.1964). Mit Schreiben vom 30.12.1963 hatte die Botschaft der Bundesrepublik Deutschland in Großbritannien den Bericht in einer beglaubigten Abschrift an die Frankfurter Staatsanwaltschaft gesandt. Der Bericht war der deutschen Botschaft von Hermann Rothmann übergeben worden. (Vermerk Vogel vom 8.1.1964, Privatbesitz Fritz Vogel). Der Broad-Bericht wurde in der Hauptverhandlung

vom 20.4. und 5.6.1964 verlesen. Um seine Authentizität zu beweisen, wurden am 20.4.1964 auf Antrag der StA der Zeuge Rothmann und am 1.10.1964 auf Antrag von Ormond und Raabe die Zeugen Cornelis van heit Kaar und Paul Winter gehört. Siehe hierzu im Urteil (Gross/Renz (Hrsg.), *Der Frankfurter Auschwitz-Prozess*, Bd. 2, S. 648 f.). Kritisch zu dem Bericht als Beweismittel RA Steinacker in seinem Plädoyer für Dylewski und Broad, 11. u. 14.6.1965, S. 162 – 164 (FBI, FAP-1/V-4). Mit Sicherheit, so Steinacker, könne nicht ausgeschlossen werden, »dass dem Bericht auch von dritter Seite irgendwelche Zusätze, Vergröberungen usw. beigefügt worden« seien.

322 *KL Auschwitz in den Augen der SS*, S. 201 – 286.

323 Rudolf Höß, *Kommandant in Auschwitz. Autobiographische Aufzeichnungen von Rudolf Höß*. Eingel. und komm. von Martin Broszat, Stuttgart: Deutsche Verlags-Anstalt, 1958; München: Deutscher Taschenbuch Verlag, 1963 (dtv 114).

324 Siehe z.B. Urteil vom 19./20.8.1965, in: Gross/Renz (Hrsg.), *Der Frankfurter Auschwitz-Prozess*, Bd. 2, S. 797.

325 Hierzu auch die Ausführungen Hofmeyers in seinem Vortrag (Hofmeyer, »Probleme«, S. C40).

326 Siehe die Ausführungen im Urteil (Gross/Renz (Hrsg.), *Der Frankfurter Auschwitz-Prozess*, Bd. 2, S. 661 ff.). Wie die Überlebenden die gebotene Befragung durch das Gericht empfunden haben, hat die einfühlsame Prozessbeobachterin Emmi Bonhoeffer in einem erhellenden Bild zum Ausdruck gebracht. Den Zeugen kam es vor, »als hielte man ihnen aus einer Wüste erlebten Unrechts ein Sandkorn vor, und sie sollten sagen, ob es gelb oder braun gewesen sei« (Bonhoeffer, *Zeugen im Auschwitz-Prozess*, S. 22).

327 Siehe Urteil (Gross/Renz (Hrsg.), *Der Frankfurter Auschwitz-Prozess*, Bd. 2, S. 682).

328 Siehe *BGHSt*, Bd. 8, 1956, S. 73: »Die Täterschaft unterscheidet sich von der Beihilfe nicht nach dem äußeren Tatbeitrag, sondern nur nach der Willensrichtung der Beteiligten.«

329 Siehe die Entscheidung des Reichsgerichts im »Badewannen-Fall« (*RGSt*, Bd. 74, 1941, S. 84 – 86). Entscheidend für die Frage, ob auf Täterschaft oder Beihilfe zu befinden ist, sei, »ob der Beschuldigte die

Ausführungshandlung mit Täterwillen unternommen, d.h. die Tat als eigene gewollt hat, oder ob er damit lediglich eine fremde Tat als fremde hat unterstützen wollen. Nur im ersten Fall ist er Täter, im zweiten bloßer Gehilfe«. Und: »Ob jemand die Tat als eigene will, richtet sich vornehmlich, wenn auch nicht ausschließlich, nach dem Grade seines eigenen Interesses am Erfolg.« (ebd., S. 85) Siehe hierzu kritisch *BGHSt*, Bd. 8, 1956, S. 393 – 399, hingegen aber die Entscheidung im Fall Staschynskij (*BGHSt*, Bd. 18, 1963, S. 87 – 96). Zur Problematik der subjektiven Teilnahmetheorie siehe u.a. Hans Welzel, »Zur Kritik der subjektiven Teilnahmelehre« (in: *Süddeutsche Juristen-Zeitung*, Jg. 2, Nr. 12, 1947, Sp. 645 – 650), zur Rechtsprechung des Bundesgerichtshofs Walter Sax, »Der Bundesgerichtshof und die Täterlehre. Gedanken zum Sta[s]chynskij-Urteil« (in: *JZ*, Jg. 18, Nr. 11/12, 1963, S. 329 – 338), kritisch zur sog. Gehilfen-Rechtsprechung Falko Kruse, »NS-Prozesse und Restauration« (in: *Kritische Justiz*, Jg. 11, H. 2, 1978, S. 109 – 134) und ders., »Zweierlei Maß für NS-Täter?« (in: *Kritische Justiz*, Jg. 11, H. 3, 1978, S. 235 – 252), insbesondere Barbara Just-Dahlmann/Helmut Just, *Die Gehilfen. NS-Verbrechen und die Justiz nach 1945*. Frankfurt am Main: Athenäum Verlag, 1988.

330 »Die Besonderheit in diesem Verfahren, die es gleichzeitig schwer macht, den tatsächlichen Willen und die wahre innere Einstellung« der Angeklagten »vor 20 Jahren zu erforschen, liegt darin, dass es sich um staatlich befohlene Massenmorde handelt, bei denen die Verbrechensantriebe von dem Träger der höchsten Staatsgewalt ausgingen, auf dessen Befehl eine riesige Organisation zur Tötung von Millionen Menschen aufgebaut worden war.« Die Angeklagten waren »in diese(n) Apparat hineinbefohlen worden. In Auschwitz« waren sie »ein Rad in der gesamten ›Vernichtungsmaschinerie‹, die durch das Zusammenwirken einer Vielzahl von Menschen ›funktionierte‹« (Urteil, S. 138 und in: Gross/Renz (Hrsg.), *Der Frankfurter Auschwitz-Prozess*, Bd. 2, S. 681).

331 Viele NS-Täter beteuerten in Vernehmungen, sie seien von der »Notwendigkeit der Befehle« überzeugt gewesen.

332 Im Urteilstenor ist hinsichtlich Boger einzig von Mord die Rede. Siehe aber die Ausführungen im Urteil (Gross/Renz (Hrsg.), *Der Frankfurter Auschwitz-Prozess*, Bd. 2, S. 229 u. 233) bezüglich Bogers Mitwirkungen

bei Bunkerentleerungen und Erschießungen an der Schwarzen Wand sowie der gemeinsam mit Josef Houstek/Erber durchgeführten Erschießung von 100 Mitgliedern des Sonderkommandos nach der Niederschlagung des Aufstandes vom 7. Oktober 1944. Hierbei handelte es sich nach Erkenntnis des Gerichts um gemeinschaftlichen Mord.

333 Siehe Friedrich Hoffmann, *Die Verfolgung der nationalsozialistischen Gewaltverbrechen in Hessen*, Baden-Baden: Nomos Verlagsgesellschaft, 2001, S. 232 – 240.

334 Siehe Just-Dahlmann/Just, *Die Gehilfen* und Kerstin Freudiger, *Die juristische Aufarbeitung von NS-Verbrechen*, Tübingen: Mohr Siebeck Verlag, 2002.

335 Von der obersten Befehlsebene bis hinunter zum kleinen Befehlsempfänger war, wie Herbert Jäger in seiner großen Darstellung anhand von Dokumenten und durch Auswertung von Schwurgerichtsurteilen zeigt, ein Unrechtsbewusstsein vorhanden. Siehe Herbert Jäger, *Verbrechen unter totalitärer Herrschaft. Studien zur nationalsozialistischen Gewaltkriminalität.* Olten und Freiburg i. Br.: Walter Verlag, 1967, S. 161 – 325.

336 In Anlehnung an die herrschende Rechtsprechung (siehe *BGHSt*, Bd. 1, 1951, S. 391 – 403; ebd., Bd. 2, 1952, S. 173 – 180 und S. 234 – 242; Bd. 3, 1953, S. 357 – 368) ging das Schwurgericht von einem Kernbereich des Rechts (Urteil, in: Gross/Renz (Hrsg.), *Der Frankfurter Auschwitz-Prozess*, Bd. 2, S. 676), von überpositiven, unveräußerlichen Rechtsgrundsätzen aus, denen alle nationale Gesetzgebung unterworfen sei. Unrecht war nicht Recht, auch wenn es von der Staatsführung mit vorgeblich gesetzgeberischer Kraft (Hitler als oberster Gesetzgeber, der »Führerwille« als Gesetz) befohlen worden war. Zur Judikatur des Bundesgerichtshofs siehe Hermann Weinkauff, »Der Naturrechtsgedanke in der Rechtsprechung des Bundesgerichtshofes«, in: *NJW*, Jg. 13, H. 38, 1960, S. 1689 – 1696. Gustav Radbruch zufolge stand gesetzlichem Unrecht im NS-Staat übergesetzliches Recht entgegen (ders., »Gesetzliches Unrecht und übergesetzliches Recht«, in: *Süddeutsche Juristen-Zeitung*, Jg. 1, Nr. 5, 1946, Sp. 105 – 108 sowie ders., »Zur Diskussion über die Verbrechen gegen die Menschlichkeit«, in: *Süddeutsche Juristen-Zeitung*, Sondernummer, März 1947, Sp. 131 – 136).

[337] Urteil, in: Gross/Renz (Hrsg.), *Der Frankfurter Auschwitz-Prozess*, Bd. 2, S. 135.

[338] Nach Entscheidung des Bundesgerichtshofs (*BGHSt*, Bd. 5, 1954, S. 239 – 245) begründet nur das sichere Wissen des Befehlsausführenden um den verbrecherischen Zweck des Befehls dessen strafrechtliche Verantwortlichkeit.

[339] Das Strafrecht, entschied der Bundesgerichtshof, Urteil vom 22.1.1952 (1 StR 485/51), »kennt keinen Entschuldigungsgrund des blinden Gehorsams und kann ihn nicht anerkennen, weil es damit die Grundlagen der Verantwortlichkeit des Menschen als Person aufgeben würde«. Und: »Wer sich freiwillig fremdem Willen unterwirft, bleibt strafrechtlich verantwortlich.« (in: *NJW*, Jg. 5, H. 21, 1952, S. 835).

[340] Siehe hierzu umfassend Jäger, *Verbrechen*, S. 79 – 160.

[341] Siehe die von Buchheim genannten Möglichkeiten, sich den Befehlen zu entziehen (Buchheim u.a., *Anatomie*, Bd. I, S. 348 ff.)

[342] Siehe hierzu den vorzüglichen Aufsatz von Günter Bertram, »Vergangenheitsbewältigung durch NS-Prozesse? Individualschuld im ›Staatsverbrechen‹«, in: *Das Unrechtsregime. Internationale Forschung über den Nationalsozialismus*. Bd. 2. Hrsg. von Ursula Büttner. Hamburg: Christians Verlag, 1986, S. 423.

[343] Breitwieser hatte keinen Anspruch auf Entschädigung für die erlittene Untersuchungshaft (FBI, FAP-1/HA-123, Bl. 19556). Die im Laufe des Prozesses den freigesprochenen Angeklagten Schatz, Schoberth und Breitwieser erwachsenen Auslagen wurden nicht der Staatskasse auferlegt (FBI, FAP-1/HA-123, Bl. 19553).

[344] Urteil, in: Gross/Renz (Hrsg.), *Der Frankfurter Auschwitz-Prozess*, Bd. 2, S. 689. Zum Strafmaß führte Hofmeyer in seiner mündlichen Urteilsbegründung aus, »das Menschenleben« sei für eine »gerechte Sühne [...] viel zu kurz« (Tonbandmitschnitt, 19.8.1965, 182. Verhandlungstag, in: *DVD-ROM*, S. 36686).

[345] Hanack reklamierte für die NS-Täter »übergesetzliche Schuldminderungsgründe«. Siehe Ernst-Walter Hanack, *Zur Problematik der gerechten Bestrafung nationalsozialistischer Gewaltverbrecher*. Tübingen: J. C. B. Mohr Verlag, 1967 (ebenso in: *JZ*, Jg. 22, H. 10, 1967, S. 297 – 303 u. Jg. 22, H. 11/12, 1967, S. 329–338) sowie ders., »Zur Frage geminderter

Schuld der vom Unrechtsstaat geprägten Täter«, in: *Probleme der Verfolgung*, S. C57 f. und seine Anmerkung zum Urteil des LG Hamburg vom 9.3.1976, in: *JZ*, Jg. 29, H. 38, 1976, S. 1758 – 1759.

[346] Urteil, in: Gross/Renz, (Hrsg.), *Der Frankfurter Auschwitz-Prozess*, Bd. 2, S. 690.

[347] Brief Josef Perseke vom 15.4.1999 (FBI, SAP). Perseke zufolge verwendete er für die Abfassung des Urteils den Tonbandmitschnitt nicht, er stützte sich ausschließlich auf seine Mitschrift.

[348] Revisionsbegründungen: Schriftsatz Aschenauer vom 17.11.1966 [Lucas], (FBI, FAP-1/HA-124, Bl. 19810 – 19811); Schriftsatz Bürger vom 18.11.1966 [Schlage], (Bd. 124, Bl. 19812 – 19813); Schriftsatz Erhard und Staiger vom 18.11.1966 [Stark], (Bd. 125, Bl. 19908 – 19929); Schriftsatz Geis vom 21.11.1966 [Baretzki], (Bd. 126, Bl. 20294 – 20297); Schriftsätze Gerhardt vom 21.11.1966 [Baretzki], (Bd. 126, Bl. 20218 – 20275 u. 20276 – 20293); Schriftsatz Göllner und Fertig vom 14.11.1966 [Klehr], (Bd. 126, Bl. 20377–20389); Schriftsatz Jugl und Reiners vom 15.11.1966 [Kaduk], (Bd. 124, Bl. 19813–19837); Schriftsatz Laternser und Steinacker vom 18.11.1966 [Boger, Dylewski, Broad, Frank und Capesius], (Bd. 125, Bl. 19936 – 20217); Schriftsatz Müller vom 23.11.1966 [Mulka], (Bd. 124, Bl. 19890 – 19898); Schriftsatz Staiger und Göllner vom 11.11.1966 [Hofmann], (Bd. 126, Bl. 20298 – 20376); Schriftsatz Stolting II und Eggert vom 21.11.1966 [Mulka, Höcker, Lucas und Bednarek], (Bd. 124, Bl. 19838 – 19889). Die StA als Gegner der Beschwerdeführer reichte mit Datum vom 5.5.1967 ihre Gegenerklärung (Bd. 127, Bl. 20533 – 20690) ein.

[349] Scherpes und Hantls zeitige Zuchthausstrafen (Scherpe: viereinhalb Jahre Zuchthaus, Hantl: dreieinhalb Jahre Zuchthaus) waren durch die erlittene Untersuchungshaft verbüßt, so dass beide am 20.8.1965 auf freien Fuß gesetzt wurden (Vgl. Abgangsmitteilungen vom 20.8.1965, FBI, FAP-1/HA-94, Bl. 18982 u. 18983). Scherpes Verteidiger Knögel und Reiners nahmen mit Schriftsatz vom 17./18.11.1966 die mit Schriftsatz vom 24.8.1965 eingelegte Revision zurück (vgl. FBI, FAP-1/HA-123, Bl. 19603 u. Bd. 124, Bl. 19807).

[350] Ormond/Raabe legten Revision in den Fällen Mulka, Höcker, Stark, Dylewski, Broad, Lucas, Frank, Schatz und Capesius ein (FBI, FAP-1/

HA-123, Bl. 19609 und Bd. 124, Bl. 19809). Kaul focht das Urteil gegen Mulka und Höcker an (FBI, FAP-1/HA-123, Bl. 19605 – 19606).

351 FBI, FAP-1/HA-124, Bl. 19808 (18.11.1966) und Bd. 127, Bl. 20691 – 20694 (9.5.1967). In dem bereits erwähnten Vermerk vom 9.6.1967 hielt der Beamte des Hessischen Justizministerium fest: »Im übrigen erscheint es mir unverständlich, dass die Staatsanwaltschaft zur Begründung der Revision von nur 4 Seiten eine so lange Zeit gebraucht hat, wobei ich nicht verkenne, dass umfangreiche Gegenerklärungen zu den Revisionsbegründungen der Verteidiger abgegeben werden mussten.« (Hessisches Ministerium der Justiz, Wiesbaden, III (IV – 1076/59), Bd. VI, Bl. 285)

352 FBI, FAP-1/HA-128, Bl. 20761 – 20826. Das Revisionsverfahren erstreckte sich über neun Verhandlungstage (14.1. – 20.2.1969). Nach Auffassung von Perseke, der das Urteil absetzte, hat der Bundesgerichtshof mit seiner Entscheidung die Beweiswürdigung des erkennenden Gerichts auf unzulässige Weise bewertet. Siehe Interview des Verf. mit Josef Perseke, 19.12.1997, FBI, FAP-1/I-2.

353 Zusammensetzung: Paulheinz Baldus (1906 – 1971), Ferdinand Kirchhof (1911 – 2004), Ernst Henning (1907 – 1978), Werner Baumgarten (1910 – 1998), Hans Erich Müller (*1922).

354 FBI, FAP-1/HA-124, Bl. 19810 – 19811, Schriftsatz Aschenauer vom 17.11.1966.

355 Siehe 143. Verhandlungstag, Sitzung vom 11.3.1965, in: *DVD-ROM*, S. 30487 – 30492.

356 FBI, FAP-1/HA-128, Bl. 20959 – 20993; vgl. *JuNSV*, Bd. XXXIV, Lfd. Nr. 740, S. 643 – 661 und in: Gross/Renz (Hrsg.), *Der Frankfurter Auschwitz-Prozess*, Bd. 2, S. 1237 – 1327. Dem Schwurgericht gehörten u.a. an: Landgerichtsdirektor Werner Baumann (*1917), Landgerichtsdirektor Dr. Emil Möller (*1913), Landgerichtsrätin Ingrid Ohm (*1934).

357 Gross/Renz (Hrsg.), *Der Frankfurter Auschwitz-Prozess*, Bd. 2, S. 1346.

358 Ebd., S. 1347.

359 FBI, FAP-1/HA-128, Bl. 20887 – 20888.

360 Dem Autor haben nicht alle Vollstreckungshefte vorgelegen. Aus diesem Grund sind die Angaben über die Strafverbüßung nicht vollständig.

361 FBI, FAP-1/HA-121, Bl. 19241 – 19242. Die Beschwerden der StA

und der NK wurden mit Beschluss des 3. Strafsenats des OLG FFM vom 12.4.1966 (FBI, FAP-1/HA-121, Bl. 19310 – 19313) verworfen.

362 FBI, FAP-1/HA-121, Bl. 19244 – 19246.

363 FBI, FAP-1/HA-121, Bl. 19315 – 19320.

364 Siehe hierzu bereits Werner Renz, »Der erste Frankfurter Auschwitz-Prozess. Völkermord als Strafsache«, in: 1999. *Zeitschrift für Sozialgeschichte des 20. und 21. Jahrhunderts*, Jg. 15, H. 2, 2000, S. 17 – 26.

365 Zu den Erscheinungsformen totalitärer Kriminalität, zur Typologie der Taten vgl. die Arbeit von Jäger, *Verbrechen*, S. 19 – 78 sowie ders., »Verbrechen unter totalitärer Herrschaft«, in: *Handwörterbuch der Kriminologie*. Bd. 3, 2., neu bearb. Aufl. Hrsg. von Rudolf Sieverts und Hans Joachim Schneider, Berlin, New York: de Gruyter Verlag, 1975, S. 453 – 464.

366 Die Rede von »Vernichtungsprogramm« und »Gesamtplan« gilt für die Zeit der mit Frühjahr/Sommer 1942 einsetzenden Massenvernichtungen in Auschwitz, mit Beginn der sog. Jüdischen Periode (siehe Franciszek Piper, *Die Zahl der Opfer von Auschwitz. Aufgrund der Quellen und der Erträge der Forschung 1945 bis 1990*. Oświęcim: Verlag Staatliches Museum Auschwitz-Birkenau, 1993, S. 31 sowie Yisrael Gutman, Shmuel Krakowski, »Juden im KL Auschwitz«, in: *Sterbebücher*, Bd. 1, S. 164). Die von der neueren Holocaust-Forschung dargelegte stufenförmige Radikalisierung der deutschen Vernichtungspolitik steht der obigen Auffassung, es habe sich mit Beginn der Tötungen in Gaskammern um ein »Programm« und einen »Plan« gehandelt, nicht entgegen. Grundlegend und umfassend vgl. Longerich, *Politik der Vernichtung*, der bezüglich der Vernichtungspolitik für die Zeit seit Mitte 1942 explizit von einem »Gesamtprogramm« (ebd., S. 475) spricht.

367 Vgl. Danuta Czech, *Kalendarium der Ereignisse im Konzentrationslager Auschwitz-Birkenau 1939 – 1945*. Reinbek bei Hamburg: Rowohlt Verlag, 1989 und Franciszek Piper, *Auschwitz: Wie viele Juden, Polen, Zigeuner wurden umgebracht*. Kraków: Universitas Verlag, 1992 sowie ders., *Zahl der Opfer*. Nach einer vom Staatlichen Museum Auschwitz-Birkenau erarbeiteten Aufstellung kamen insgesamt rund 3300 Einzel-, Sammel- und Massentransporte nach Auschwitz.

368 Kritisch zum Konzept der juristischen Bewertung der Beteiligung am Holocaust siehe Gerhard Werle, »Der Holocaust als Gegenstand der

bundesdeutschen Strafjustiz«, in: *NJW*, Jg. 45, H. 40, 1992, S. 2529 – 2535 sowie Werle/Wandres, *Auschwitz*, S. 34 – 40. Der Mord an den europäischen Juden war Werle zufolge für das Recht des Dritten Reiches rechtmäßig. Da der »Führerwille« Rechtsquelle und Ausgangspunkt des gesamten NS-Rechts gewesen sei, sei der Befehl zur Vernichtung der Juden rechtsverbindlich gewesen. Das zur Tatzeit geltende Strafrecht, das die bundesdeutsche Justiz zur Grundlage der Ahndung der NS-Verbrechen machte, war durch die rechtsetzenden »Führerbefehle« suspendiert. Die Exekutoren der »Endlösung« handelten sonach im Rahmen der nationalsozialistischen Rechtsordnung nicht rechtswidrig.

369 Mit Gesetz vom 9.8.1954 (BGBl., Teil II, Nr. 15 (1954), S. 729) trat die Bundesrepublik Deutschland der Völkermord-Konvention vom 9.12.1948 bei. Der neue Straftatbestand fand Aufnahme in das StGB (§ 220a). Seit 2002 § 6 Völkerstrafgesetzbuch.

370 Fritz Bauer, »Im Namen des Volkes. Die strafrechtliche Bewältigung der Vergangenheit«, in: Helmut Hammerschmidt (Hrsg.), *Zwanzig Jahre danach. Eine deutsche Bilanz 1945 – 1965*. München u.a.: Desch Verlag, 1965, S. 307; ebenso in: Bauer, *Humanität*, S. 83. Zu Bauers Prozesskonzept und seinen Widersprüchen siehe Werner Renz, »Fritz Bauer zum Zweck der NS-Prozesse«, in: Werner Renz, *Fritz Bauer und das Versagen der Justiz. Nazi-Prozesse und ihre »Tragödie«*. Hamburg: Europäische Verlagsanstalt, 2015, S. 19 – 36 sowie ders., »Der Frankfurter Auschwitz-Prozess: ›Rechtsstaatliches Verfahren‹ oder ›Strafrechtstheater‹? Kann mithilfe der Strafjustiz politische Aufklärung geleistet werden?«, in: Wolfgang Form, Theo Schiller, Lothar Seitz (Hrsg.), *NS-Justiz in Hessen. Verfolgung, Kontinuität, Erbe*, Marburg: Historische Kommission für Hessen, 2015, S. 439 – 451.

371 Bauer, »Ideal- oder Realkonkurrenz«, S. 627 (Hervorhebungen, W.R.).

372 Ebd.

373 Bauer, »Im Namen des Volkes«, S. 308; ebenso: Bauer, *Humanität*, S. 84.

374 Bauer, »Ideal- oder Realkonkurrenz«, S. 628 (Hervorhebungen, W.R.).

375 Bauer, »Im Namen des Volkes«, S. 307 f.; ebenso: Bauer, *Humanität*, S. 83 f. Siehe auch das Protokoll der »4. Arbeitstagung der Leiter der Sonderkommissionen zur Bearbeitung von NS-Gewaltverbrechen«, S. 22 f. (HHStA, Abt. 503, Nr. 1161).

[376] Fritz Bauer, »Zu den Naziverbrecher-Prozessen« (Das politische Gespräch, NDR, 25. u. 28.8.1963), in: *Stimme der Gemeinde zum kirchlichen Leben, zur Politik, Wirtschaft und Kultur*, Jg. 15, H. 18, 15.9.1963, S. 567 f.; ebenso in: Bauer, *Humanität*, S. 108.

[377] Wie noch gezeigt wird, hat die Staatsanwaltschaft eine von Bauer teilweise abweichende, d.h. differenziertere Auffassung dargelegt.

[378] FBI, FAP-1/HA-111, Anlage 1 zum Protokoll vom 6.5.1965, siehe ebenso Protokoll, Bl. 1452 (Hervorhebung, W.R.). Vgl. auch den Antrag vom 3.5.1965 der StA bezüglich der Rechtsbelehrung der Angeklagten. Laut Sitzungsprotokoll vom 3.5.1965 beantragte die StA, »die Angeklagten gemäß § 265 StPO [lt. Eröffnungsbeschluss (FBI, FAP-1/HA-88, Bl. 17069 – 17103) waren die Angeschuldigten dringend verdächtig, in Auschwitz Verbrechen nach § 211 StGB aF und nF, §§ 43 aF, 47 aF, 49 aF, 74 aF StGB begangen zu haben; die Angeklagten waren somit aufgrund der neuen Rechtsauffassung der Anklagebehörde auf die veränderte Rechtslage hinzuweisen, W.R.] darauf hinzuweisen, dass nicht nur § 74 StGB, sondern auch § 73 StGB bei der Urteilsfindung mit herangezogen werden kann« (ebd., Bl. 1445). Die genannten Paragraphen des StGB sind heute unter anderen Paragraphenzahlen im StGB aufgeführt: § 43, neu § 22; § 47, neu § 25 Abs. 2; § 49, neu § 27; § 73, neu § 52; § 74, neu § 53 StGB.

[379] FBI, FAP-1/HA-52, Bl. 9379 – 9547.

[380] FBI, FAP-1/HA-52, Bl. 9456.

[381] FBI, FAP-1/HA-61, Bl. 11329 – 11335.

[382] FBI, FAP-1/HA-61, Bl. 11470a – 11470e.

[383] FBI, FAP-1/HA-65, Bl. 12175 – 12178.

[384] FBI, FAP-1/HA-54, Bl. 9890 – 9894.

[385] FBI, FAP-1/HA-53, Bl. 9628 – 9671 (Baer u.a.), Bd. 54, Bl. 9894 – 9895 (Scherpe), Bd. 61, Bl. 11337 – 11338 (Lucas u. Höcker), Bd. 61, Bl. 11470d – 11470e (Schlage), Bd. 65, Bl. 12191 – 12192 (Neubert).

[386] FBI, FAP-1/HA-78, Bl. 14663.

[387] FBI, FAP-1/HA-78, Bl. 14618.

[388] FBI, FAP-1/HA-88, Bl. 17069 – 17103.

[389] Großmann, Plädoyer vom 7.5.1965, S. 16 (FBI, FAP-1/StA-1). In einem Entwurf des Plädoyers heißt es: »Das durch die Dauer der

Anwesenheit umgrenzte Gesamtverhalten der Angeklagten in Auschwitz bildet dabei in rechtlicher Konsequenz aus der Perspektive der dieses Gesamtgeschehen umfassenden psychischen Mittäterschaft oder Beihilfe eine natürliche Handlungseinheit.« Großmann, Entwurf, S. 14 (FBI, FAP-1/StA-1).

[390] Vogel, Plädoyer zu Stark, 7. und 10.5.1965, S. 72 (FBI, FAP-1/StA-2), Hervorheben von Vogel. Die »Vorgänge in Auschwitz« waren ein »ununterbrochenes, planvolles Morden, das [...] ohne Unterlass seinen Lauf nahm« (Vogel, Plädoyer zu Hofmann, 14.5.1965, S. 7, FBI, FAP-1/StA-2).

[391] Vogel, Plädoyer zu Hofmann, 14.5.1965, S. 29 (FBI, FAP-1/StA-2).

[392] Johann Paul Kremer, von Ende August 1942 bis Mitte November 1942 in Auschwitz als Lagerarzt tätig, hat in den zehn Wochen seiner Anwesenheit in Auschwitz nach eigenen Angaben (siehe sein Tagebuch in *KL Auschwitz in den Augen der SS. Höss-Broad-Kremer*, Oświęcim: Verlag Staatliches Museum Auschwitz-Birkenau, 1973, S. 215, 217 – 219, 221 – 227, 232 und die richterliche Vernehmung vom 7.2.1962, FBI, FAP-1/HA-61, Bl. 11441 – 11446) an 14 »Sonderaktionen«, d.h. Selektionen auf der Rampe, teilgenommen. In den Monaten September bis November 1942 kamen mindestens 70 RSHA-Transporte in Auschwitz an.

[393] Raabe, Plädoyer vom 21.5.1965, S. 84 (FBI, FAP-1/NK-11).

[394] Ebd., S. 85.

[395] Ebd.

[396] BGHSt, Bd. 1, 1951, S. 219 – 222, ebenso in: *NJW*, Jg. 4, H. 16/17, 1951, S. 666 – 667 und in: *JZ*, Jg. 6, H. 15/16, 1951, S. 519. Sowohl die StA als auch Kaul ziehen die zitierte Entscheidung des Bundesgerichtshofs heran und verweisen darauf, dass die von ihnen vertretene Rechtsauffassung den Bedenken des Revisionsgerichts standhält.

[397] Ebd., S. 88. – In seinem Plädoyer im 2. Auschwitz-Prozess revidierte Raabe seine Auffassung und stimmte der Rechtsansicht der Staatsanwaltschaft zu (Plädoyer vom 16.8.1966, FBI, FAP-2/NK-2).

[398] Henry Ormond, *Plädoyer im Auschwitz-Prozess, in: aus gestern und heute*, Sonderreihe Nr. 7, 1967, S. 53 und Rauschenberger/Renz (Hrsg.), *Henry Ormond*, S. 301 f.

[399] Ormond verwies auf: *BGHSt*, Bd. 1, 1951, S. 219 – 222 (1 StR

129/51) und die Entscheidungen 5 StR 4/62 (abgedruckt in: *JuNSV,* Bd. XVII, Lfd. Nr. 511, S. 491 – 495) und 1 StR 540/62 (abgedruckt in: *JuNSV,* Bd. XVIII, Lfd. Nr. 526, S. 127 – 132). Raabe zieht außerdem noch die Entscheidung 2 StR 594/62 heran.

400 Friedrich Karl Kaul, *Schlussvortag* vom 21.5.1965, o.O., o.J., S. 30 ff und *DVD-ROM*, S. 33690 – 33854.

401 Friedrich Karl Kaul, *Erwiderung* vom 29.7.1965, o.O., o.J., S. 22 und in: *DVD-ROM*, S. 34682. Siehe auch Kaul, *Schlussvortrag*, S. 41 und in: *DVD-ROM*, S. 33690 – 33853. Kaul führt die Erfordernisse an, die in der höchstrichterlichen Rechtsprechung des Reichsgerichts und des Bundesgerichtshofs (siehe den ersten Teil der Studie von Manfred Maiwald, *Die natürliche Handlungseinheit*. Heidelberg: Carl Winter Universitätsverlag, 1964, S. 13 – 58) dargelegt sind.

402 *BGHSt*, Bd. 1, 1951, S. 222.

403 Kaul, *Erwiderung*, S. 23 und in: *DVD-ROM*, S. 36482.

404 Steinacker, Plädoyer für Dylewski und Broad, 11.u. 14.6.1965, S. 15 (FBI, FAP-1/V-4) und in: *DVD-ROM*, S. 34682.

405 Laternser, *Seite*, S. 189 und in: *DVD-ROM*, S. 34612.

406 Ebd., S. 190 und in: *DVD-ROM*, S. 34613.

407 Erhard, Plädoyer für Stark, Teil I, 4.6.1965, S. 77 f. (FBI, FAP-1/V-9) und in: *DVD-ROM*, S. 34396.

408 Urteil, in: Gross/Renz (Hrsg.), *Der Frankfurter Auschwitz-Prozess*, Bd. 2, S. 674.

409 Das Gericht (Urteil, S. 78 ff. und in: Gross/Renz (Hrsg.), *Der Frankfurter Auschwitz-Prozess*, Bd. 2, S. 641) orientierte sich an den Ergebnissen der damaligen Forschung, die durchweg von der Annahme eines Befehls Hitlers ausging. Siehe die Gutachten in: Buchheim u.a., *Anatomie*, Bd. I, S. 81, 148 u. 327 sowie Bd. II, S. 130 u. 361.

410 Urteil, S. 132 und in: Gross/Renz (Hrsg.), *Der Frankfurter Auschwitz-Prozess*, Bd. 2, S. 677.

411 Urteil, S. 133 und in: Gross/Renz (Hrsg.), *Der Frankfurter Auschwitz-Prozess*, Bd. 2, S. 678.

412 Urteil, ebd. und in: Gross/Renz (Hrsg.), *Der Frankfurter Auschwitz-Prozess*, Bd. 2, ebd.

413 Urteil, S. 133 f. und in: Gross/Renz (Hrsg.), *Der Frankfurter*

Auschwitz-Prozess, Bd. 2, S. 678.

[414] *BGHSt*, Bd. 1, 1951, S. 20 – 22. Die Vernichtung eines RSHA-Transportes beruhte auf je einer Willensbetätigung je eines Mitwirkenden. Im Rechtssinne war mithin je eine Handlung gegeben, durch die dasselbe Strafgesetz (§ 211 StGB) mehrmals (Mindestanzahl der vergasten Juden) verletzt wurde. Vgl. auch BGHSt, Bd. 6, 1954, wo es heißt: »Ob im Rechtssinne eine oder mehrere Handlungen vorliegen, ist jedoch allein davon abhängig, ob im natürlichen Sinne eine Willensbetätigung und damit eine Handlung gegeben ist oder ob mehrere Willensbetätigungen vorliegen und rechtlich zu beurteilen sind« (ebd., S. 81).

[415] Urteil, S. 134 und in: Gross/Renz (Hrsg.), *Der Frankfurter Auschwitz-Prozess*, Bd. 2, S. 679.

[416] FBI, FAP-1/HA-123, Bl. 19607. Die StA legte Revision ein, soweit das Urteil »die Angeklagten Mulka, Höcker, Dr. Capesius, Dr. Schatz, Dylewski, Broad, Stark und Schlage« betraf. Mit Schriftsatz vom 18.11.1966 beantragte die Anklagebehörde »das Urteil im angefochtenen Umfang aufzuheben« (FBI, FAP-1/HA-124, Bl. 19803).

[417] FBI, FAP-1/HA-127, Bl. 20691 – 20694. Einem im Hessischen Ministerium der Justiz angefertigten Vermerk vom 9.6.1967 zufolge beruhte »die Revisionsbegründung des OStA [...] auf der vom GStA [Generalstaatsanwalt, W.R.] vertretenen Theorie, dass alle Taten zur Ausrottung der Juden als natürliche Handlungseinheit angesehen werden müssten«. Dem Verfasser des Vermerks erschien es »zweckmäßig«, auch wenn »gegen diese Auffassung [...] erhebliche Bedenken bestehen, [...] die Rechtsfrage, die für eine ganze Reihe weiterer NS-Verbrechen von Bedeutung ist, durch den Bundesgerichtshof klären zu lassen« (Hessisches Ministerium der Justiz, Wiesbaden, III (IV – 1076/59), Bd. VI, Bl. 285).

[418] FBI, FAP-1/HA-127, Bl. 20691.

[419] Christoph Safferling, »Verfolgung der Täter durch Täter? Vom Versagen der Politik und der Justiz bei der Strafverfolgung von NS-Tätern im Nachkriegsdeutschland«, in: Frank Lüttig/Jens Lehmann (Hrsg.), *Die letzten NS-Verfahren. Genugtuung für Opfer und Angehörige – Schwierigkeiten und Versäumnisse der Strafverfolgung*, Baden-Baden: Nomos Verlagsgesellschaft, 2017, S. 31.

[420] Hofmeyer, »Probleme«, S. C38 f.

421 Siehe Bauer, »Im Namen des Volkes«, S. 307 f.

422 Hofmeyer, »Probleme«, S. C39. In seiner Urteilsbegründung ging Hofmeyer ausführlich auf den Beweiswert der Zeugenaussagen ein, verwies auf die Gefahr von »Justizirrtum« wie im »Fall Otto Hoppe« und unterstrich, das Gericht habe »alles vermieden, was irgendwie auch nur im entferntesten auf eine summarische Entscheidung hindeuten könnte« (Tonbandmitschnitt, 19.8.1965, 182. Verhandlungstag, *DVD-ROM*, S. 36682). Vgl. hierzu Eugen Kogon, »Zeugen in KZ-Prozessen«, in: *Frankfurter Hefte*, Jg. 20, H. 9, 1965, S. 600 und Laternser, *Seite*, S. 375 f.

423 FBI, FAP-1/HA-128, Bl. 20820 (Hervorhebungen, BGH); ebenso in: *NJW*, Jg. 22, H. 46, 1969, S. 2056 f. und in: Gross/Renz (Hrsg.), *Der Frankfurter Auschwitz-Prozess*, Bd. 2, S. 1302.

424 FBI, FAP-1/HA-128, Bl. 20820R (Hervorhebungen, BGH) und in: Gross/Renz (Hrsg.), *Der Frankfurter Auschwitz-Prozess*, Bd. 2, S. 1303.

425 *BGHSt*, Bd. 1, 1951, S. 222.

426 Ebd.

427 Vogel, Plädoyer zu Stark, 7. und 10.5.1965, S. 71 (FBI, FAP-1/StA-2) und in: *DVD-ROM*, S. 33049.

428 Ebd.

429 Vogel, Plädoyer zu Schoberth, 10.5.1965, S. 7 (FBI, FAP-1/StA-2) und in: *DVD-ROM*, S. 33200.

430 Ebd., S. 7 f. und in: *DVD-ROM*, S. 33202.

431 *BGHSt*, Bd. 4, 1954, S. 220; ebenso *NJW*, Jg. 6, H. 36/37, 1953, S. 1358.

432 *NJW*, Jg. 4, H. 16/17, 1951, S. 666.

433 *BGHSt*, Bd. 1, 1951, S. 221.

434 *BGHSt*, Bd. 1, 1951, S. 21.

435 Entscheidungen des Reichsgerichts in Strafsachen (=*RGSt*), Bd. 44, 1911, S. 227.

436 *RGSt*, Bd. 58, 1925, S. 116. »Der natürlichen Betrachtung stellt sich als einheitliches Handeln häufig auch eine Kette von Willensbethätigungsakten dar, eine Mehrheit solcher, die ebenso im objektiven Zusammenhange stehen, wie aus einem Willen hervorgegangen sind.« (RGSt, Bd. 32, 1900, S. 138 f.)

437 Siehe *RGSt*, Bd. 76, 1943, S. 143, wo es heißt: »Bei ›Handlungen‹

im engeren Sinne wird Einheit der Handlung i. S. des § 73 StGB. auch da angenommen, wo zwar mehrere gleichartige körperliche Betätigungen vorliegen, diese aber räumlich und zeitlich in so engem Zusammenhange miteinander stehen, dass sie der natürlichen Betrachtung als Einheit erscheinen; man spricht dann von ›natürlicher Handlungseinheit‹.« Richtet sich »ein und dieselbe natürliche Handlung [...] als ein einheitlicher Angriff gegen das Leben mehrerer Personen zugleich« (*BGHSt*, Bd. 2, 1952, S. 247), liegt gleichartige Tateinheit vor.

438 *RGSt*, Bd. 22, 1900, S. 139.

439 *RGSt*, Bd. 76, 1943, S. 144: »Denn Voraussetzung für die Annahme einer ›natürlichen Handlungseinheit‹ muss in jedem Falle sein, dass es sich um innerlich und äußerlich gleichartige Vorgänge handelt.«

440 Cornelius Nestler, »Warum erst jetzt? Ein Versuch zu erklären, warum es nach dem großen Frankfurter Auschwitz-Prozess ein halbes Jahrhundert gedauert hat, bis Oskar Gröning verurteilt wurde«, in: Lüttig/Lehmann (Hrsg.), *Die letzten NS-Verfahren*, S. 47.

II. Die Frankfurter Nachfolgeprozesse

441 Beschuldigtenliste vom 10.7.1961, FBI, FAP-1/HA-51, Bl. 9318 – 9377.

442 Verfügung vom 13.1.1961, FBI, FAP-1/HA-43, Bl. 7632 – 7653.

443 Verfügung vom 4.9.1961, FBI, FAP-1/HA-53, Bl. 9840 – 9842.

444 Verfügung vom 25.8.1961, FBI, FAP-1/HA-53, Bl. 9767 – 9774.

445 Verfügung vom 20.9.1961, FBI, FAP-1/HA-55, Bl. 10104 – 10114.

446 Antrag auf Eröffnung der gerichtlichen Voruntersuchung vom 18.10.1962, FBI, FAP-2/HA-75, Bl. 14018 – 14028.

447 Eröffnungsbeschluss vom 24.10.1962, FBI, FAP-2/HA-75, Bl. 14029 – 14036.

448 Ausdehnungsantrag vom 16.9.1963, FBI, FAP-2/HA-88, Bl. 16659 – 16664.

449 Eröffnungsbeschluss vom 24.9.1963, FBI, FAP-2/HA-88, Bl. 16667 – 16668.

450 Die Schwurgerichtsanklage im Verfahren 4 Js 444/59 war am 16.4.1963 eingereicht worden.

451 Schließungsbeschluss vom 1.8.1963, FBI, FAP-2/HA-84, Bl. 15962.

452 Schwurgerichtsanklage gegen Burger und Erber, FBI, FAP-2/HA-84, Bl. 15987 – 16033.

453 Beschwerde vom 20.9.1963, FBI, FAP-2/HA-87, Bl. 16540 – 16545.

454 Schließungsbeschluss vom 29.1.1964, FBI, FAP-2/HA-96, Bl. 18324 – 18333.

455 Die Staatsanwälte Gerhard Wiese und Gerhard Zack; Wiese war bereits Ankläger in der Strafsache gegen Mulka u.a. gewesen.

456 Es handelte sich um: Erich Stocker, Heinrich Kühler, Karl Morla, Georg Michael Höcker (allesamt Angehörige der Abt. IV) und Johann Bauernschmidt.

457 Schwurgerichtsanklage gegen Burger und Erber vom 6.8.1965, FBI, FAP-2/HA-84, Bl. 16001.

458 Siehe hierzu den Aufsatz von Bertrand Perz/Thomas Sandkühler, »Auschwitz und die ›Aktion Reinhard‹ 1942 – 45. Judenmord und Raubpraxis in neuer Sicht«, in: *Zeitgeschichte*, Jg. 26, H. 5, 1999, S. 283 – 316.

459 Siehe den Abdruck des Urteils in: *JuNSV*, Bd. XXIV, Lfd. Nr. 637, S. 591–688.

460 Zu Zyklon B und zu den Anteilseignern an der Firma Degesch, Degussa und IG Farbenindustrie AG, siehe die Studie von Peter Hayes, *Die Degussa im Dritten Reich. Von der Zusammenarbeit zur Mittäterschaft*, München: C. H. Beck Verlag, 2004 sowie die Urteile gegen den Geschäftsführer der Degesch, Gerhard Peters in: *JuNSV*, Bd. XIII, Lfd. Nr. 415, S. 101 – 225. Zum Peters-Verfahren siehe Günter Spendel, »Der hypothetisch gleiche oder schwerere Deliktserfolg als Strafmaßproblem. Zum Fall der Giftgaslieferungen für die Auschwitz-Morde«, in: *Festschrift für Hans-Jürgen Bruns zum 70. Geburtstag*. Hrsg. von Wolfgang Frisch und Werner Schmid, Köln u.a.: Carl Heymanns Verlag, 1978, S. 249 – 270.

461 Urteil vom 16.9.1966, FBI, FAP-2/HA-126, Bl. 11.

462 Ebd., Bl. 48.

463 Ebd., Bl. 90.

464 Erber wurde am 9.8.1986 aus der Strafhaft entlassen und starb am 31.10.1987 (4 Ks 3/63, Vollstreckungsheft, Bd. II, Bl. 972 (Sterbeurkunde).

465 Gegen Stefan Budziaszek hatte die Frankfurter Staatsanwaltschaft

bereits im Rahmen des Ermittlungsverfahrens 4 Js 444/59 Haftbefehl beantragt, vom Vollzug des Haftbefehls aber abgesehen. Er wurde auch nicht in das Verfahren einbezogen. Heinz Düx gibt die Auffassung eines Vertreters der Anklagebehörde wieder, von einem Verfahren habe man abgesehen, weil man »maßgebliche Stellen in Polen« nicht verstimmen wolle (Heinz Düx, *Die Beschützer der willigen Vollstrecker. Persönliche Innenansichten der bundesdeutschen Justiz.* Hrsg. von Friedrich-Martin Balzer. Bonn: Pahl-Rugenstein, 2004, S. 36). Ein erneutes Ermittlungsverfahren gegen Budziaszek/Buthner (4 Js 798/64) wurde auf Antrag der Staatsanwaltschaft im Jahr 1971 eingestellt. Zu Budziaszek/Buthner siehe Bernd C. Wagner, *IG Auschwitz. Zwangsarbeit und Vernichtung von Häftlingen des Lagers Monowitz 1941 – 1945*, München u.a.: Saur Verlag, 2000 (Darstellungen und Quellen zur Geschichte von Auschwitz, Bd. 3), S. 192 – 203.

[466] Burger verstarb am 14.12.1979 in Dachau (4 Ks 3/63, Vollstreckungsheft, Sterbeurkunde, Bl. 247).

[467] Neubert wurde am 28.1.1971 bedingt aus der Haft entlassen; der Strafrest wurde ihm mit Beschluss des LG FFM vom 25.3.1974 erlassen. Er starb am 5.12.1993 in Diepholz.

[468] *JuNSV*, Bd. XXIV, Lfd. Nr. 637, S. 687 – 688.

[469] Verfügung vom 16.10.1962, FBI, FAP-1/HA-75, Bl. 14026 – 14038, ebenso FBI, FAP-2/HA-75, Bl. 14005 – 14017.

[470] Einstellungsverfügung vom 25.9.1963, FBI, FAP-2/HA-88, Bl. 16685.

[471] Ebd., Bl. 16686.

[472] StPO § 153b, Abs. I, Ziff. 3: »Die Staatsanwaltschaft kann von der Verfolgung von Straftaten absehen, [...] wenn wegen der Tat im Ausland schon eine Strafe gegen den Beschuldigten vollstreckt worden ist und die im Inland zu erwartende Strafe nach Anrechnung der ausländischen nicht ins Gewicht fiele.«

[473] Antrag auf Eröffnung der gerichtlichen Voruntersuchung vom 7.12.1965, 4 Js 798/64, Bd. 1, Bl. 42.

[474] 4 Js 798/64, Bd. 1, Bl. 104 – 109.

[475] 4 Ks 2/73, Berichtsheft, Bd. II, Bl. 241a – 241e.

[476] Ebd., Bl. 401b.

[477] Vermerk StA b. LG FFM vom 30.8.1970, FBI, FAP-2/HA-116, Bl. 21607 – 21649.

[478] Ebd., Bl. 21609.

[479] Ebd., Bl. 21610.

[480] Ebd.

[481] FBI, FAP-1/HA-114, Bl. 21619.

[482] Ebd.

[483] FBI, FAP-1/HA-114, Bl. 21630.

[484] FBI, FAP-2/HA-114, Bl. 21645.

[485] Ebd., Bd. 114, Bl. 21645.

[486] Antrag der StA b. LG FFM vom 30.8.1970, FBI, FAP-2/HA-116, Bl. 21.646.

[487] Ebd.

[488] Ebd. – Die Gesamtzuchthausstrafe belief sich bei Frank wegen gemeinschaftlicher Beihilfe zum gemeinschaftlichen Mord in mindestens sechs Fällen an mindestens je 1000 Menschen auf sieben, bei Dylewski wegen gemeinschaftlicher Beihilfe zum gemeinschaftlichen Mord in mindestens 32 Fällen, davon in zwei Fällen an mindestens je 750 Menschen, auf fünf Jahre Zuchthaus. Siehe Gross/Renz (Hrsg.), *Das Frankfurter Auschwitz-Urteil*, Bd. 2, S. 589 (Dylewski) und S. 590 (Frank).

[489] Siehe hierzu die Beiträge von Cornelius Nestler, »Schuld in Kollektiven II. Beteiligung am millionenfachen Mord – keine Schuld? (Auschwitz und die bundesdeutsche Justiz)«, in: Thomas Fischer/Elisa Hoven (Hrsg.), *Schuld. Baden-Badener Strafrechtsgespräche,* Baden-Baden: Nomos Verlagsgesellschaft, 2017, S. 369 und ders., »Der 2. Strafsenat des Bundesgerichtshofs und die Strafverfolgung von NS-Verbrechen«, in: *Festschrift für Thomas Fischer*. Hrsg. von Stephan Barton u.a. (erscheint demnächst).

[490] FBI, FAP-2/HA-116, Bl. 21862.

[491] Ebd., Bl. 21896 – 21903.

[492] Ebd., Bl. 21904 – 21907.

[493] Ontl war Beschuldigter in beiden Verfahren. Sein Verfahren wurde mit Gerichtsbeschluss vom 26.9.1977 gemäß § 153b StPO in Verbindung mit § 47 Abs. 2 MStGB eingestellt.

[494] Den Antrag auf Eröffnung des Hauptverfahrenes gegen Grönke nahm die Staatsanwaltschaft zurück (siehe Vermerk der StA FFM vom

15.8.1966, FBI, FAP-3/HA-101, Bl. 19201b), um das Verfahren mit dem gegen Windeck und Bonitz verbinden zu können.

495 Die Vertreter der Staatsanwaltschaft waren die Staatsanwälte Hans Eberhard Klein und Jürgen Hess.

496 Eröffnungsbeschluss des LG FFM vom 17.2.1967, FBI, FAP-3/HA-104, Bl. 19663.

497 Beschluss des LG FFM vom17.2.1967 (ebd., Bl. 19660 f.). Grönke verstarb am 16.4.1968 in Karlsruhe (4 Ks 1/67, Sonderband Grönke, Bl. 66, Sterbeurkunde).

498 Siehe auch das Urteil in: *JuNSV*, Bd. XXIX, Lfd. Nr. 680, S. 421 – 523.

499 Urteil vom 14.6.1968, FBI, FAP-3/HA-108, Bl. 20.703 (S. 107).

500 Ebd., Bl. 20.705 (S. 109). Der Bundesgerichtshof hat mit Beschluss vom 18.7.1969 die Revisionen der beiden Angeklagten verworfen (BGH-Beschluss vom 18.7.1969, FBI, FAP-3/HA-109, Bl. 20.795). – Bonitz verstarb am 20.3.1971 in Strafhaft. Windeck wurde bereits ein Jahr nach der Urteilsverkündung (Beschluss des LG FFM vom 12.6.1969, FBI, FAP-3/HA-108, Bl. 20.748 f.) wegen Haftunfähigkeit entlassen; er verstarb am 21.7.1977 in Mönchengladbach (siehe FBI, FAP-3/HA-108, Bl. 20.775, Sterbeurkunde).

501 Siehe hierzu grundlegend Bernd C. Wagner, *IG Auschwitz. Zwangsarbeit und Vernichtung von Häftlingen des Lagers Monowitz 1941 – 1945*, München u.a.: Saur Verlag, 2000 (Darstellungen und Quellen zur Geschichte von Auschwitz, Bd. 3).

502 Siehe hierzu das Urteil des amerikanischen Militärgerichts im Nürnberger IG-Farben-Prozess (*Das Urteil im I.G.-Farben-Prozess*, Offenbach am Main: Bollwerk-Verlag Karl Drott, 1948).

503 Vgl. Schreiben von Wolfram Sievers (1905 – 1948), Geschäftsführer der »Forschungsgemeinschaft Deutsches Ahnenerbe«, an Adolf Eichmann vom 21.6.1943, Anklageschrift vom 8.5.1968 (FBI, FAP-4/StA-1, Bl. 60). Andere Unterlagen und Zeugenaussagen nennen andere Opferzahlen (ebd., Bl. 70).

504 Siehe hierzu die Darstellung von Hans-Joachim Lang, *Die Namen der Nummern. Wie es gelang, die 86 Opfer eines NS-Verbrechens zu identifizieren*, Hamburg: Hoffmann und Campe, 2004. Lang gelangte zu

abweichenden Opferzahlen.

[505] Zum »Ahnenerbe« vgl. Michael H. Kater, *Das Ahnenerbe der SS 1935 – 1945. Ein Beitrag zur Kulturpolitik des Dritten Reiches*, Stuttgart: Deutsche Verlags-Anstalt, 1974, 2. Aufl. München: Oldenbourg Verlag, 1998. Zusammen mit Beger und Fleischhacker war noch der Präparator Wilhelm Gabel nach Auschwitz gekommen, um von den selektierten Häftlingen »Abformungen« zu machen.

[506] Siehe hierzu die Studie von Julien Reitzenstein, *Himmlers Forscher. Wehrwissenschaft und Medizinverbrechen im »Ahnenerbe« der SS*, Paderborn: Schöningh Verlag, 2014.

[507] Staatsanwälte Gerhard Wiese und Reinhard Roth.

[508] Siehe *JuNSV*, Bd. XXXV, Lfd. Nr. 748, S. 57 – 67.

[509] Urteil vom 6.4.1971 (FAP-4/HA-1, Bl. 44). Siehe auch *JuNSV*, Bd. XXXV, Lfd. Nr. 748, S. 199 – 255.

[510] FAP-4/HA-1, Bl. 84.

[511] Ebd., Bl. 39.

[512] Ebd.

[513] Ebd., Bl. 98.

[514] Ebd., Bl. 72.

[515] Ebd., Bl. 75.

[516] 4 Ks 2/73, Bd. 116, Bl. 21650 – 21755. (Ab Bd. 115 d. A. führte die StA die Akten unter dem Aktenzeichen 4 Ks 2/73).

[517] Wie im Prozess gegen Bonitz u.a. vertreten durch die Staatsanwälte Hans Eberhard Klein und Jürgen Hess.

[518] Eröffnungsbeschluss vom 24.10.1972, 4 Ks 2/73, Bd. 116, Bl. 21.910.

[519] 4 Ks 2/73, Bd. 122, Bl. 22754 – 22765.

[520] Urteil vom 26.2.1976, 4 Ks 2/73, Bd. 124, Bl. 23145 – 23231.

[521] 4 Ks 2/73, Bd. 124, Bl. 23049 und Revisionsbegründung vom 30.7.1976, Bd. 124, Bl. 23237 – 23246.

[522] 4 Ks 2/73, Bd. 124, Bl. 23266 – 23266R.

[523] 4 Ks 2/73, Bd. 121, Bl. 22536.

[524] 4 Ks 2/73, Bd. 121, Bl. 22548.

[525] Georg Bürger, *Des Teufels Spießgesellen*. Frankfurt am Main (Selbstverlag), 2002, S. 39.

[526] *Frankfurter Allgemeine Zeitung* vom 30.3.1974.
[527] *Frankfurter Allgemeine Zeitung* vom 14.5.1974.
[528] Vertreten durch die StAe Hans Eberhard Klein und Jürgen Hess.
[529] Czerwinski wurde 1989 vom LG Lüneburg zu einer lebenslangen Freiheitsstrafe verurteilt.
[530] Urteil vom 27.2.1981, 4 Js 773/70 Ks, Bl. 1a.
[531] Siehe Lasik, »Verfolgung, Verurteilung und Bestrafung«, S. 286.
[532] Urteil vom 27.2.1981, 4 Js 773/70 Ks, Bl. 13.

III. Rechtsauffassung und Rechtspraxis in Prozessen gegen Lager-Personal

[533] Siehe Adalbert Rückerl, »NS-Prozesse: Warum erst heute? – Warum noch heute? – Wie lange noch?«, in: Adalbert Rückerl (Hrsg.), *NS-Prozesse. Nach 25 Jahren Strafverfolgung. Möglichkeiten – Grenzen – Ergebnisse.* Mit Beiträgen von Adalbert Rückerl, Manfred Blank, Alfred Streim, Günter Kimmel, Kurt Hinrichsen, Heinz Artzt und einem Vorwort von Rudolf Schieler, Karlsruhe: C. F. Müller Juristischer Verlag, 1971, S. 31.
[534] Peter Hayes, *Warum? Eine Geschichte des Holocaust.* Aus dem Englischen von Ursel Schäfer, Frankfurt am Main, New York: Campus Verlag, 2017, S. 344.
[535] Zur Geschichte der Zentralen Stelle siehe Weinke, *Eine Gesellschaft ermittelt gegen sich selbst* und Hans H. Pöschko (Hrsg.), *Die Ermittler von Ludwigburg. Deutschland und die Aufklärung nationalsozialistischer Verbrechen.* Hrsg. im Auftrag des Fördervereins Zentrale Stelle e.V. Berlin: Metropol Verlag, 2008.
[536] Adalbert Rückerl, »Für und Wider die NS-Prozesse in der Bundesrepublik«, in: *Essays über Naziverbrechen. Simon Wiesenthal gewidmet.* Verlegt unter Auspizien des Wiesenthalfonds in Amsterdam und des Bundes Jüdischer Verfolgter des Naziregimes in Wien, Amsterdam: Wiesenthal Fonds, 1973, S. 240.
[537] Günter Kimmel, »Zum Beispiel: Tötungsverbrechen in nationalsozialistischen Konzentrationslagern«, in: Rückerl (Hrsg.), *NS-Prozesse*, S. 125 f.
[538] Manfred Blank, »Zum Beispiel: Die Ermordung der Juden im ›Generalgouvernement‹ Polen«, in: ebd., S. 61 – 62.
[539] Vertrag zur Regelung aus Krieg und Besatzung entstandener Fragen,

in: *Bundesgesetzblatt*, Jg. 1955, Teil II, Nr. 8, S. 409.

540 Siehe hierzu mit Bezug auf Hessen kritisch Georg D. Falk, »Der ungesühnte Justizmord an Stanisława Janczyszyn. Zur Einstellung eines Ermittlungsverfahrens durch die hessische Justiz im Jahre 1964«, in: *Einsicht 14. Bulletin des Fritz Bauer Instituts*, Herbst 2015, S. 40 – 47.

541 Siehe Hubert Rottleuthner, »Krähenjustiz«, in: *Staatsverbrechen vor Gericht. Festschrift für Christiaan Frederik Rüter zum 65. Geburtstag*. Hrsg. von Dick de Mildt, Amsterdam: Amsterdam University Press, 2003, S. 158 – 172 sowie Thomas Vormbaum, »Die ›strafrechtliche Aufarbeitung‹ der nationalsozialistischen Justizverbrechen in der Nachkriegszeit«, in: *Die Rosenburg. Das Bundesministerium der Justiz und die NS-Vergangenheit – eine Bestandsaufnahme*. Hrsg. von Manfred Görtemaker und Christoph Safferling, Göttingen: Vandenhoeck & Ruprecht, 2013, S. 142 – 168.

542 Siehe hierzu Annette Weinke, »Die (gescheiterten) Verfahren gegen Mitarbeiter des Reichssicherheitshauptamtes nach 1945«, in: *Recht und Politik*, Jg. 51, H. 2, 2015, S. 107–115 und Stephan Alexander Glienke, »Ein ›Musterbeispiel vorbildlicher Sachaufklärung‹ – Die Berliner Ermittlungen gegen die Angehörigen des Reichssicherheitshauptamtes – Geschichte eines Scheiterns«, in: Sonja Begalke u.a. (Hrsg.), *Der halbierte Rechtsstaat. Demokratie und Recht in der frühen Bundesrepublik und die Integration von NS-Funktionseliten*, Baden-Baden: Nomos Verlagsanstalt, 2015, S. 133–155.

543 Siehe hierzu: *Schreibtischtäter. Begriff – Geschichte – Typologie*. Hrsg. von Dirk van Laak und Dirk Rose, Göttingen: Wallstein Verlag, 2018.

544 Grundlegend Manfred Görtemaker/Christoph Safferling, *Die Akte Rosenburg. Das Bundesministerium der Justiz und die NS-Zeit*, München: C. H. Beck-Verlag, 2016, S. 399 – 409 und die Aufsätze: Hubert Rottleuthner, »Hat Dreher gedreht? Über Unverständlichkeit, Unverständnis und Nichtverstehen in Gesetzgebung und Forschung«, in: *Rechtshistorisches Journal*, Bd. 20, 2001, S. 665 – 679; Michael Greve, »Amnestierung von NS-Gehilfen – eine Panne? Die Novellierung des § 50 Abs. 2 StGB und dessen Auswirkungen auf die NS-Strafverfolgung«, in: *Kritische Justiz*, Jg. 33, H. 3, 2000, S. 412 – 424; ders., »Amnestie von NS-Gehilfen. Die Novellierung des § 50 Abs. 2 StGB und dessen Auswirkungen auf die NS-Strafverfolgung«, in: *Einsicht 04. Bulletin des Fritz Bauer Instituts*,

Herbst 2010, S. 54 – 57; Monika Frommel, »Taktische Jurisprudenz – die versteckte Amnestie von NS-Schreibtischtätern 1969 und die Nachwirkung der damaligen Rechtsprechung bis heute«, in: Matthias Mahlmann (Hrsg.), *Gesellschaft und Gerechtigkeit. Festschrift für Hubert Rottleuthner*, Baden-Baden: Nomos Verlag, 2011, S. 458 – 474.

545 Erwin Schüle, »Die Justiz der Bundesrepublik und die Sühne nationalsozialistischen Unrechts«, in: *Vierteljahrshefte für Zeitgeschichte*, Jg. 9, H. 4, 1961, S. 441.

546 Vorlage für das Bundesjustizministerium vom 4.12.1959 für die vertrauliche Sitzung des Rechtsausschusses am 9.12.1959, Binnenpaginierung, S. 3 (BArch, B 141/33771), abgedruckt in: *Mitteilungen aus dem Bundesarchiv*, H. 3, 2008. Siehe hierzu auch Görtemaker/Safferling, *Die Akte Rosenburg*, S. 227.

547 Vorlage für das Bundesjustizministerium vom 4.12.1959, Binnenpaginierung, S. 4.

548 Schüle, »Die Justiz der Bundesrepublik«, S. 443.

549 Max Güde, *Justiz im Schatten von gestern. Wie wirkt sich die totalitäre Vergangenheit auf die heutige Rechtsprechung aus?* Hamburg: Furche-Verlag, 1959, S. 17.

550 Abgedruckt in Reinhard Henkys, *Die nationalsozialistischen Gewaltverbrechen. Geschichte und Gericht.* Mit einer Einleitung von Kurt Scharf [...] und einem Beitrag von Jürgen Baumann, herausgegeben von Dietrich Goldschmidt, Stuttgart, Berlin: Kreuz-Verlag, 1965, 2., korr. u. durchges. Aufl., S. 353. Siehe hierzu auch Weinke, *Eine Gesellschaft ermittelt gegen sich selbst*, S. 28 und Eichmüller, *Keine Generalamnestie*, S. 261.

551 Schüle, »Die Zentrale Stelle der Landesjustizverwaltungen«, S. 243.

552 Adalbert Rückerl, »Staatsanwaltschaftliche Ermittlungen der NS-Verbrechen – Schwierigkeiten und Ergebnisse« in: Weber/Steinbach (Hrsg.), *Vergangenheitsbewältigung*, S. 222.

553 Rückerl, »Staatsanwaltschaftliche Ermittlungen der NS-Verbrechen«, S. 80.

554 Ebd.

555 Ebd.

556 Ebd.

557 Ebd., S. 79.

[558] Ebd., S. 79.

[559] Schüle, »Die Zentrale Stelle der Landesjustizverwaltungen«, S. 243. Zu Schüle siehe Weinke, *Eine Gesellschaft ermittelt gegen sich selbst*, S. 73 f. und die Dissertation von Kerstin Hofmann, »›Ein Versuch nur – immerhin ein Versuch‹. Die Zentrale Stelle in Ludwigsburg unter der Leitung von Erwin Schüle und Adalbert Rückerl (1958 – 1984)«, Universität Mannheim, erscheint demnächst im Metropol-Verlag, Berlin.

[560] Schüle sprach sich 1965 für die Beibehaltung der Verjährungsfrist von 20 Jahren für Mord und Mordbeihilfe aus. Ihm und anderen war der Jerusalemer Eichmann-Prozess Beleg dafür, dass Ludwigsburg bereits alle Tatkomplexe sowie den Kreis der verfolgbaren Täter vorermittelt hatte. Siehe hierzu Schüle, »Die strafrechtliche Aufarbeitung des Verhaltens in totalitären Systemen – Der Eichmann-Prozeß aus deutscher Sicht«, in: *Möglichkeiten und Grenzen für die Bewältigung historischer und politischer Schuld in Strafprozessen*. Hrsg. von Karl Forster, Würzburg: Echter-Verlag, 1962, S. 63 – 86 und »Verlängerung der Verjährung?«, in: *Evangelisches Gemeindeblatt für Württemberg* [Stuttgarter Ausgabe], Jg. 60, H. 3, 1965, S. 3. Den Hinweis auf den Artikel zur Verjährungsdebatte verdanke ich Kerstin Hofmann.

[561] Jürgen Baumann, »Gedanken zum Eichmann-Urteil«, in: *JZ*, Jg. 18, Nr. 4, 1963, S. 111.

[562] Jürgen Baumann, »Die strafrechtliche Problematik der nationalsozialistischen Gewaltverbrechen«, in: Henkys, *Die nationalsozialistischen Gewaltverbrechen*, S. 269.

[563] Ebd.

[564] Just-Dahlmann/Just, *Die Gehilfen*, S. 49. Siehe auch den Brief der beiden Autoren vom 1.9.1964, indem es gleichlautend heißt: »... die ›kleinen‹ Leute werden von der ›Zentralen Stelle‹ gar nicht verfolgt, es sei denn, sie haben sich schwerste persönliche Grausamkeiten zuschulden kommen lassen« (ebd., S. 221).

[565] Ernst Friesenhahn, »Probleme der Verfolgung und Ahndung von nationalsozialistischen Gewaltverbrechen«, in: *Verhandlungen des sechsundvierzigsten Deutschen Juristentages*, S. C18.

[566] Ebd., S. C18 f.

[567] Siehe seine seit 1968 veröffentlichte Sammlung bundesdeutscher

Urteile in NS-Verfahren: C. F. Rüter u.a. (Hrsg.), *Justiz und NS-Verbrechen. Sammlung deutscher Strafurteile wegen nationalsozialistischer Tötungsverbrechen 1945 – 2012*, 49 Bde., Amsterdam 1968 ff.

568 Christiaan Frederik Rüter, »Das Wunder von Ludwigsburg. Die Zentralstelle zur Aufklärung von NS-Verbrechen wird 50. Die Politik behinderte ihre Arbeit von Anfang an«, in: *Der Tagesspiegel* vom 23.11.2008, Nr. 20094; ebenso: ders./Klaus Bästlein, »Die Ahndung von NS-Gewaltverbrechen im deutsch-deutschen Vergleich – Das ›Unsere Leute-Prinzip‹«, in: *Zeitschrift für Rechtspolitik*, Jg. 43, H. 4, 15.4.2010, S. 94.

569 Ralph Giordano, »Perfekte Morde«, in: *Die Zeit* vom 9.9.1999, Nr. 37, S. 88.

570 Ebd. Siehe auch nahezu gleichlautend in: Ralph Giordano, *Der perfekte Mord. Die deutsche Justiz und die NS-Vergangenheit.* Mit einem Geleitwort von […] [Sabine] Leutheusser-Schnarrenberger, Göttingen: Vandenhoeck & Ruprecht, 2013, S. 22 f.

571 Siehe die »Verurteilungsstatistik« vom 1.1.2012, veröffentlicht im »Informationsblatt« der Zentralen Stelle, Stand: 1.1.2016, S. 11. – C. F. Rüter kommt anhand der von ihm gesammelten und publizierten Urteile zu anderen Zahlen. Rüter führt 150 rechtskräftig von west- bzw. bundesdeutschen Gerichten zu lebenslangen Freiheitsstrafen verurteilten Angeklagten aus den Jahren 1947 bis 1992 auf (in: *Die westdeutschen Strafverfahren wegen nationalsozialistischer Tötungsverbrechen 1945 – 1997. Eine systematische Verfahrensbeschreibung. Mit Karten und Registern.* Bearbeitet von C. F. Rüter und D. W. de Mildt, München: Saur Verlag, 1998/Amsterdam: Amsterdam University Press, 2002, S. 316). Unter den 150 zu lebenslangen Freiheitsstrafen Verurteilten sind zwei Frauen (Ilse Koch, KZ Buchenwald und Hermine Ryan, Majdanek-Prozess), ein Fall von Denunziation, zwölf Angeklagte wegen sogenannter Endphasenverbrechen, ein »Euthanasie«-Verbrechen. Alle anderen Angeklagten haben in Lagern, als Angehörige der Gestapo, Sicherheits-, Schutz-, Grenzpolizei, des Sicherheitsdienstes, der Gendarmerie usw. gemordet. Weiter führt Rüter 14 Todesurteile an, die deutsche Gerichte in den Jahren 1946 bis 1950 noch gefällt haben. Die Angeklagten hatten bis auf einen Fall (Erich Bauer, Sobibor), Endphasen- bzw. »Euthanasie«-Verbrechen begangen.

572 Haueisen, »Auschwitz – eine Herausforderung«, S. 193.

573 Zum Zeitpunkt des Gesprächs (Dezember 1964) standen nur noch 20 Angeklagte in Frankfurt/M. vor Gericht.

574 Die Auschwitz-Forschung geht von rund 8.000 SS-Leuten und rund 670 in Polen verurteilten SS-Angehörigen von Auschwitz aus. Siehe Lasik, »Verfolgung, Verurteilung und Bestrafung«, S. 221 – 298.

575 Wie in I.5. dargelegt, führte die Anklageschrift vom April 1963 24 Angeklagte auf. Zum 2. großen Auschwitz-Prozess kam es nicht mehr (siehe II.1.).

576 *Fritz Bauer. Gespräche, Interviews und Reden aus den Fernseharchiven 1961 – 1968* (Doppel-DVD), Redaktion Bettina Schulte-Strathaus, hrsg. vom Fritz Bauer Institut, Berlin: Verlag absolut Medien.

577 »Fritz Bauer ist tot« [Auszüge aus Briefen an Melitta Wiedemann], in: *Gewerkschaftliche Monatshefte*, Jg. 19, H. 8, 1968, S. 492.

578 Siehe Herbert Jäger, *Makrokriminalität. Studien zur Kriminologie kollektiver Gewalt*, Frankfurt am Main: Suhrkamp Verlag, 1989.

579 Katharina Krämer, *Individuelle und kollektive Zurechnung im Strafrecht*, Tübingen: Mohr Siebeck, 2015, S. 142.

580 Bauer, »Ideal- und Realkonkurrenz«, S. 625 – 628.

581 FBI, FAP-1/HA-111, Anlage 1 zum Protokoll vom 6.5.1965.

582 Schreiben von Vogel an Langbein vom 3.9.1963, 4 Ks 2/63, Handakten, Bd. 17, Bl. 3444 – 3445 (HHStA, Abt. 461, Nr. 37638/257); Hervorhebungen, W.R.

583 Czech, *Kalendarium*, S. 286 ff.

584 Uhlenbroock wurde von dem Frankfurter Anwalt Erich Schmidt-Leichner vertreten, Staatsanwalt Kügler zufolge, »einer der besten Strafverteidiger der Republik«. »Froh« seien er und sein Kollege Vogel gewesen, dass Schmidt-Leichner nicht Prozessbeteiligter wurde (zahlreiche Gespräche mit Kügler, W.R.). Ob in der Einschätzung der forensischen Kunst des Anwalts ein Grund für die Nichteinbeziehung Uhlenbroocks in das Verfahren zu sehen ist, muss Spekulation bleiben.

585 FBI, FAP-1/HA-52, Bl. 9441.

586 Gerhard Werle/Boris Burghardt, »Zur Gehilfenstrafbarkeit bei Massentötungen in nationalsozialistischen Vernichtungslagern. Der Fall *Demjanjuk* im Kontext der bundesdeutschen Rechtsprechung«, in:

Festschrift für Werner Beulke zum 70. Geburtstag. Hrsg. von Christian Fahl, Eckhart Müller, Helmut Satzger, Sabine Swoboda, Heidelberg: C. F. Müller, 2015, S. 342.

587 Ebd., S. 340.

588 Haueisen, »Auschwitz – eine Herausforderung«, S. 191.

589 Hofmeyer, »Probleme«, S. C 39.

590 Adalbert Rückerl in: *Die Zeit* vom 10.7.1981, zitiert nach Just-Dahlmann/Just, *Die Gehilfen*, S. 311.

591 Rückerl, *Strafverfolgung von NS-Verbrechen 1945 – 1978*, S. 86.

592 Rückerl, *NS-Verbrechen vor Gericht*, S. 222. Grabitz wies in Übereinstimmung mit der Rechtsprechung darauf hin, dass es »nicht erforderlich« sei, »daß die Gehilfentätigkeit den Erfolg der Haupttat ursächlich mitbewirkt, fördert oder erleichtert« (Helge Grabitz, »Die Verfolgung nationalsozialistischer Gewaltverbrechen aus der Sicht einer damit befaßten Staatsanwältin«, in: Weber/Steinbach (Hrsg.), *Vergangenheitsbewältigung*, S. 91). Auch Fahl weist darauf hin, dass die Rechtsprechung »unter Hilfeleisten [...] jedes Ermöglichen, Erleichtern oder Fördern der Haupttat« versteht, und »für die Beihilfe auf den Nachweis, dass diese für den Erfolg der Haupttat kausal geworden sein muss«, verzichtet (Christian Fahl, »Möglichkeiten und Grenzen der späten Ahndung von Teilnahmehandlungen in Auschwitz«, in: *Onlinezeitschrift für Höchstrichterliche Rechtsprechung zum Strafrecht (HRRS)*, Jg. 16, H. 5, Mai 2015, S. 210 – 217); ebenso: Carsten Momsen, »Das Lüneburger Auschwitzverfahren: Beihilfe zum hunderttausendfachen Mord oder (auch) strafbare Mitgliedschaft in der Terrororganisation ›Waffen-SS‹?«, in: *Strafverteidiger*, Jg. 37, H. 8, 2017, S. 549.

593 Rückerl, *NS-Verbrechen vor Gericht*, S. 223.

594 Siehe Ursula Solf, *Reflexionen einer Staatsanwältin. Nationalsozialistisches Unrecht und seine juristische Aufarbeitung*, Berlin: C & N Verlag, 2014, S. 210 f und Klaus Bästlein, »Zeitgeist und Justiz. Die Strafverfolgung von NS-Verbrechen im deutsch-deutschen Vergleich und im historischen Verlauf«, in: *Zeitschrift für Geschichtswissenschaft*, Jg. 64, H. 1, 2016, S. 27.

595 Krämer, *Individuelle und kollektive Zurechnung*, S. 197.

596 Werle/Burghardt, »Zur Gehilfenstrafbarkeit bei Massentötungen«,

S. 353. Von »neue[n] Wege[n]« der bundesdeutschen Justiz schreiben auch Hans-Christian Jasch/Wolf Kaiser, *Der Holocaust vor deutschen Gerichten. Amnestieren, Verdrängen, Bestrafen*, Stuttgart: Reclam Verlag, 2017, S. 190.

597 Fahl, »Möglichkeiten und Grenzen«, S. 216.

598 Cornelius Nestler, »Ein Mythos – das Erfordernis der ›konkreten Einzeltat‹ bei der Verfolgung von NS-Verbrechen«, in: *Kriminologie – Jugendkriminalität – Strafvollzug. Gedächtnisschrift für Michael Walter*, Berlin: Duncker & Humblot, 2014, S. 759 – 772.

599 Christian Fahl, »Beihilfe zum staatlich organisierten Massenmord«, in: *Onlinezeitschrift für Höchstrichterliche Rechtsprechung zum Strafrecht (HRRS)*, Jg. 18, H. 4, April 2017, S. 167.

600 Siehe hierzu grundlegend Thilo Kurz, »Paradigmenwechsel bei der Strafverfolgung des Personals in den deutschen Vernichtungslagern«, in: *Zeitschrift für Internationale Strafrechtsdogmatik*, H. 3, 2013, S. 122 – 129.

601 LG Bonn, Urteil vom 30.3.1963 (8 Ks 3/62), in: *JuNSV*, Bd. XXI, Lfd. Nr. 594, S. 332; siehe auch Urteil vom 23.7.1965 (8 Ks 3/62), ebd., S. 240.

602 LG Düsseldorf (8 I Ks 2/64), Urteil vom 3.9.1965, in: *JuNSV*, Bd. XXII, Lfd. Nr. 596, S. 176.

603 Ebd., S. 177.

604 Ebd., S. 177. – An anderer Stelle des Urteils vom 3.9.1965 heißt es: »Die befehlsmäßige Beteiligung der Angeklagten [...] an der Massenvernichtung im Lager Treblinka beruhte auf einem Tatentschluss, da alle diese Angeklagten von Anfang an entschlossen waren, bis zu einer Versetzung ununterbrochen in Treblinka tätig zu sein.« (*JuNSV*, Bd. XXII, Lfd. Nr. 596, S. 187) Die »Beihilfe liegt also in einem Gesamtverhalten, das durch den Aufenthalt in Treblinka zu einem einheitlichen Lebensvorgang zusammengefasst wird und das daher bei natürlicher Betrachtungsweise alle Einzelakte zu einer einheitlichen Handlung im Sinne des § 73 StGB zusammenfügt. Das Gesamtverhalten dieser Angeklagten ist deshalb rechtlich als eine Handlung anzusehen.« (ebd.)

605 LG München I, Urteil vom 21.1.1965 (110 Ks 3/64), in: *JuNSV*, Bd. XX, Lfd. Nr. 585, S. 641 und LG Hagen, Urteil vom 20.12.1966 (11 Ks 1/64). Im Hagener Urteil heißt es: »Die Massentötungen im Rahmen der ›Aktion Reinhard[t]‹ beruhen, soweit sie sich auf das

Vernichtungslager Sobibor beziehen, auf einer umfassenden Befehlsplanung der Haupttäter [...]«. Die »einzelnen [...] vom Frühjahr 1942 bis zum Herbst 1943 durchgeführten Massentötungen« in Sobibór, stellen »rechtlich eine Handlung im Sinne einer gleichartigen Tateinheit gemäss § 73 StGB dar« (ebd., Bd. XXV, Lfd. Nr. 642, S. 216).

606 BGH-Urteil vom 25.11.1964 (2 StR 71/64), in: ebd., Bd. XXI, Lfd. Nr. 594, S. 352.

607 LG München I, Urteil vom 21.1.1965 (110 Ks 3/64), in: ebd., Bd. XX, Lfd. Nr. 585, S. 642.

608 LG Hagen, Urteil vom 20.12.1966 (11 Ks 1/64), in: ebd., Bd. XXV, S. 217.

609 Ebd., S. 218.

610 Gross/Renz (Hrsg.), *Der Frankfurter Auschwitz-Prozess*, Bd. 2, S. 678.

611 *Kommandant in Auschwitz. Autobiographische Aufzeichnungen von Rudolf Höß.* Eingeleitet u. kommentiert v. Martin Broszat. Stuttgart: Deutsche Verlagsanstalt, 1958, S. 153 u. 176.

612 Karin Orth, »Rudolf Höß und die ›Endlösung der Judenfrage‹. Drei Argumente gegen deren Datierung auf den Sommer 1941«, in: *Werkstatt-Geschichte*, Jg. 6, H. 18, 1997, S. 45 – 57.

613 Standortbefehl Nr. 16/44, in: *Standort- und Kommandanturbefehle des Konzentrationslagers Auschwitz 1940 – 1945*, hrsg. im Auftrag des Instituts für Zeitgeschichte von Norbert Frei, Thomas Grotum, Jan Parcer, Sybille Steinbacher und Bernd C. Wagner. München u.a.: Saur Verlag, 2000, S. 448 (Darstellungen und Quellen zur Geschichte von Auschwitz, Bd. 1).

614 Siehe die Vernehmung Rosenstocks am 2.10.1964 (96. Verhandlungstag), in: *DVD-ROM*, S. 20175 – 20232.

615 Gross/Renz, *Der Frankfurter Auschwitz-Prozess*, S. 1099 f.

616 FBI, FAP-1/HA-128, Bl. 20821 und in: Gross/Renz (Hrsg.), *Der Frankfurter Auschwitz-Prozess*, Bd. 2, S. 1303.

617 Ebd.

618 Ebd., S. 1100 und S. 1102. Der BGH ging in seiner Revisionsentscheidung bei Schatz von einem »mangelnde[n] Bewußtsein eines fördernden Tatbeitrags« aus (FBI, FAP-1/HA-128, Bl. 20821 und in: Gross/Renz (Hrsg.), *Der Frankfurter Auschwitz-Prozess*, Bd. 2, S. 1303).

619 Siehe den Beitrag von OStA Jens Lehmann (StA Hannover), der die

Anklageschrift verfasste und im Gröning-Prozess Anklagevertreter war. Jens Lehmann, »Die Verfahren gegen ehemalige Bedienstete des Konzentrationslagers Auschwitz aus der Sicht von Polizei und Staatsanwaltschaft«, in: Lüttig/Lehmann (Hrsg.), *Die letzten NS-Verfahren*, S. 113 – 140.

620 Siehe hierzu Nestler, »Warum erst jetzt?«, S. 63.

621 Heute: Human Rights and Special Prosecutions Section (HRSP).

622 Zum Demjanjuk-Prozess siehe Heinrich Wefing, *Der Fall Demjanjuk. Der letzte große NS-Prozess,* München: C. H. Beck-Verlag, 2011; Rainer Volk, *Das letzte Urteil. Die Medien und der Demjanjuk-Prozess*, München: Oldenbourg Verlag, 2012; Angelika Benz, *Handlanger der SS. Die Rolle der Trawniki-Männer im Holocaust*, Berlin: Metropol Verlag, 2015.

623 Siehe hierzu die wenig erhellenden Ausführungen des damaligen Leiters der Zentralen Stelle Kurt Schrimm, *Schuld, die nicht vergeht. Den letzten NS-Verbrechern auf der Spur.* München: Wilhelm Heyne Verlag, 2017, S. 167 – 196.

624 Anklageschrift vom 10.7.2009, 115 Js 12496/08. Zur Sicht auf die Tätigkeit der Trawniki-Männer einige Jahrzehnte zuvor siehe Helge Grabitz, *NS-Prozesse. Psychogramme der Beteiligten*, Heidelberg: C.F. Müller Juristischer Verlag, 1985, S. 105 – 109.

625 Ebd., S. 3060 (Binnenpaginierung, Bl. 59).

626 Ebd.

627 LG München II, 1 Ks 115 Js 12496/08, Urteil vom 12.5.2011, in: *JuNSV,* Bd. XLIX, Lfd. Nr. 924, S. 221 – 383.

628 Ebd., S. 191.

629 LG Lüneburg, 27 Ks 1191 Js 98402/13 (9/14), Urteil vom 15.7.2015, Urteilsausfertigung, S. 16.

630 Ebd., S. 36.

631 Siehe die BGH-Entscheidung vom 16.11.2006 (3 StR 139/06). Mounir al-Motassadeq wurde der »Beihilfe zum 246-fachen Mord in Tateinheit mit Mitgliedschaft in einer terroristischen Vereinigung« für schuldig befunden. Er hatte die Abwesenheit der späteren Attentäter des 11.9.2001 im Wissen um deren Planungen (Absturz von gekaperten Flugzeugen) durch Regelung ihrer finanziellen und sonstigen Angelegenheiten am Wohnort Hamburg verschleiert.

[632] Ebd. Wörtliche Übernahme der BGH-Formulierung in der Motassadeq-Entscheidung vom 16.11.2006 (3 StR 139/06, Rn. 45).

[633] Ebd., S. 38.

[634] Ebd.

[635] In Auszügen abgedruckt in mehreren Fachzeitschriften, ein untrügliches Zeichen dafür, welche Bedeutung dem BGH-Beschluss zukommt (*Strafverteidiger*, Jg. 37, H. 8, 2017, S. 511 – 515; *NJW*, Jg. 70, H. 7, 2017, S. 498 – 500; *Neue Zeitschrift für Strafrecht*, Jg. 37, H. 3, 2017, S. 158 – 161; *Juristische Rundschau*, H. 2, 2017, S. 83 – 88; *JZ*, Jg. 72, H. 5, 2017, S. 255 – 258).

[636] Neben den bereits zitierten Veröffentlichungen von Fahl, »Beihilfe zum staatlich organisierten Massenmord« und Momsen, »Das Lüneburger Auschwitzverfahren siehe Claus Roxin, »Beihilfe zum Mord durch Dienst im Konzentrationslager«, in: *Juristische Rundschau*, H. 2, 2017, S. 83 – 92; Jens Rommel (der jetzige Leiter der Zentralen Stelle), »Beteiligung am Holocaust im Konzentrationslager Auschwitz«, in: *Neue Zeitschrift für Strafrecht*, Jg. 17, H. 3, 2017, S. 158 – 162; Anette Grünewald, »NS-Verbrechen – Beihilfe zu staatlich organisiertem Massenmord«, in: *NJW*, Jg. 70, H. 7, 2017, S. 498 – 501; Christoph Safferling, Anmerkung zum BGH-Beschluss vom 20.9.2016, in: *JZ*, Jg. 72, H. 3, 2017, S. 258 – 262.

[637] BGH-Beschluss vom 16.9.2016 (3 StR 49/16), Rn. 19.

[638] Ebd.

[639] Ebd., Rn. 22.

[640] Ebd., Rn. 23.

[641] Ebd., Rn. 24.

[642] Ebd., Rn. 26.

[643] Ebd., Rn. 28.

[644] Ebd., Rn. 29.

[645] Grünewald, »NS-Verbrechen – Beihilfe zu staatlich organisiertem Massenmord«, S. 501. – Monika Frommel schreibt von ihrem »Unbehagen« angesichts der Verurteilung »von zufällig noch lebenden Sündenböcken« im Fall Gröning (Monika Frommel [Rezension des Buches von Sonja Begalke u.a. (Hrsg.), *Der halbierte Rechtsstaat* (2015)], in: *Neue Kriminalpolitik. Forum für Kriminalwissenschaft, Recht und Praxis*, Jg. 29, H. 1, 2017, S. 106).

[646] Thomas Fischer, *Im Recht. Einlassungen von Deutschlands bekanntestem Strafrichter,* München: Droemer Verlag, 2016, S. 142.

[647] Hans Holtermann, »Verteidigung 70 Jahre nach Auschwitz«, in: Lüttig/Lehmann (Hrsg.), *Die letzten NS-Verfahren,* S. 151.

[648] LG Detmold, Urteil vom 17.6.2016, 4 Ks 45 Js 3/13-9/15, Rn. 23.

[649] Ebd., Rn. 195.

[650] Ebd., Rn. 248.

[651] Safferling, Anmerkung zum BGH-Beschluss vom 20.9.2016, S. 258.

[652] Dieter Simon, »Über Positivismus und das Fremde«, in: *myops. Berichte aus der Welt des Rechts,* Jg. 9, H. 25, September 2015, S. 60 f.

[653] Ebd., S. 61.

[654] Roxin, »Beihilfe zum Mord durch Dienst im Konzentrationslager«, S. 89.

[655] Jäger (1928 – 2014), der die Nürnberger Verfahren rezipiert und in Hamburg die Prozesse gegen Veit Harlan, Erich von Manstein und gegen Personal des KZs Ravensbrück verfolgt hatte, sagte im Interview: »… ich hatte die naive Vorstellung, Juristerei nach 1945 ist Auseinandersetzung mit dem Holocaust, mit dem Völkermord« (Horstmann/Litzinger, *Grenzen des Rechts,* S. 46).

[656] Zu den Ergebnissen der Holocaust-Forschung siehe unten die Angaben nach Dieter Pohl, *Verfolgung und Massenmord in der NS-Zeit 1933 – 1945,* Darmstadt: Wissenschaftliche Buchgesellschaft, 2003, S. 154.

[657] Herbert Jäger, »Strafrecht und nationalsozialistische Gewaltverbrechen«, in: *Kritische Justiz,* Jg. 1, H. 2, 1968, S. 151. So auch der frühere Anklagevertreter im Düsseldorfer Majdanek-Prozess (1975 – 1981): »Heute sind die meisten SS-Leute verstorben, damals lebten sie noch. Es hätte Tausende Verfahren gegeben, man hätte Hunderte Richter und Staatsanwälte und entsprechende Polizeikräfte einstellen müssen. Das wäre eine Massenveranstaltung über Jahre hinweg gewesen. Die Deutschen hätten das nicht akzeptiert.« (»›Man wollte es so‹« [Interview mit OStA a.D. Wolfgang Weber], in: *Der Spiegel,* Nr. 49, 3.12.2016, S. 64.)

[658] Gustav Radbruch, »Zur Diskussion über die Verbrechen gegen die Menschlichkeit«, in: *Süddeutsche Juristen-Zeitung,* Sondernummer, März

1947, S. 136.

659 Karl Jaspers, *Wohin treibt die Bundesrepublik? Tatsachen, Gefahren, Chancen*. München: Piper Verlag, 1966, S. 60.

660 Siehe Peter Noll, »Die NS-Verbrecherprozesse strafrechtsdogmatisch und gesetzgebungspolitisch betrachtet«, in: *Rechtliche und politische Aspekte der NS-Verbrecherprozesse*. Hrsg. von Peter Schneider und Hermann J. Meyer. Mainz 1968, S. 38 – 49 und ders., »Soll Völkermord verjähren?«, in: Peter Noll, *Gedanken über Unruhe und Ordnung*. Zürich: Pendo Verlag, 1985, S. 208; Johannes Warlo, »NSG-Verfahren in Frankfurt am Main«, in: *Ein Jahrhundert Frankfurter Justiz. Gerichtsgebäude A: 1889 – 1989*. Hrsg. von Horst Henrichs und Karl Stephan. Frankfurt am Main: Waldemar Kramer Verlag, 1989, S. 176 f.; Gerhard Werle, »Der Holocaust als Gegenstand der bundesdeutschen Strafjustiz«, in: *Neue Juristische Wochenschrift*, Jg. 45, H. 40, 1992, S. 2529 – 2535; ebenso G. Werle, »Die Bestrafung von NS-Unrecht in Westdeutschland«, in: Klaus Marxen, Koichi Miyazawa, Gerhard Werle (Hrsg.), *Der Umgang mit Kriegs- und Besatzungsunrecht in Japan und Deutschland*. Berlin: Berlin Verlag, 2001, S. 154; Gerhard Werle/Thomas Wandres, *Auschwitz vor Gericht. Völkermord und bundesdeutsche Strafjustiz. Mit einer Dokumentation des Auschwitz-Urteils*. München: C. H. Beck, 1995; Rudolf Wassermann: Besprechung von Werle/Wandres, *Auschwitz vor Gericht*, in: *Neue Juristische Wochenschrift*, Jg. 48, H. 19, 1995, S. 1275; ebenso, doch mit ganz anderen Intentionen Ernst-Walter Hanack, *Zur Problematik der gerechten Bestrafung nationalsozialistischer Gewaltverbrecher*, Tübingen: Mohr Siebeck Verlag, 1967.

661 Bauer, *Humanität*, S. 58 f. Siehe hierzu Ilse Staff, »Überlegungen zum Staat als ›Vereinigung einer Menge von Menschen unter Rechtsgesetzen‹. In memoriam Fritz Bauer«, in: *Blätter für deutsche und internationale Politik*, Jg. 38, H. 12, 1993, S. 1528.

662 Werle, »Der Holocaust als Gegenstand der bundesdeutschen Strafjustiz«, S. 2535.

663 Siehe hierzu Eichmüller, *Keine Amnestie*, S. 341 – 353.

664 Gerhard Werle, »Rückwirkungsverbot und Staatskriminalität«, in: *NJW*, Jg. 54, H. 41, 2001, S. 3002.

665 Ebd., S. 3003.

[666] Ebd.

[667] Friedrich Dencker, »Vergangenheitsbewältigung durch Strafrecht? Lehren aus der Justizgeschichte der Bundesrepublik«, in: *Kritische Vierteljahresschrift für Gesetzgebung und Rechtswissenschaft*, Jg. 73, H. 3/4, 1990, S. 306.

[668] Werle, »Rückwirkungsverbot und Staatskriminalität«, S. 3002.

[669] Wolfgang Naucke, *Die strafjuristische Privilegierung staatsverstärkter Kriminalität*, Frankfurt am Main: Vittorio Klostermann Verlag, 1996, S. 47.

[670] Bernd Schünemann, »Ungelöste Rechtsprobleme bei der Bestrafung nationalsozialistischer Gewalttaten«, in: *Festschrift für Hans-Jürgen Bruns zum 70. Geburtstag*. Hrsg. von Wolfgang Frisch und Werner Schmidt, Köln u.a.: Carl Heymanns Verlag, 1978, S. 226.

[671] H.L.A. Hart, »Der Positivismus und die Trennung von Recht und Moral«, in: ders., *Recht und Moral*. Aus dem Englischen übersetzt und mit einer Einleitung hrsg. von Norbert Hoerster, Göttingen: Vandenhoeck & Ruprecht, 1971, S. 44.

[672] Fritz Bauer, »Das ›gesetzliche Unrecht‹ des Nationalsozialismus und die deutsche Strafrechtspflege«, in: *Gedächtnisschrift für Gustav Radbruch, 21.11.1878 – 23.11.1949*. Hrsg. von Arthur Kaufmann. Mit einem Geleitwort von Gustav Heinemann. Göttingen: Vandenhoeck & Ruprecht Verlag, 1968, S. 307.

[673] Fritz Bauer, *Humanität*, S. 79 f.

[674] Léon Poliakov/Joseph Wulf, *Das Dritte Reich und seine Diener*, Berlin-Grunewald: ariani Verlag, 1956; Joseph Wulf, *Das Dritte Reich und seine Vollstrecker*, Berlin-Grunewald: ariani Verlag, 1961; H.G. Adler, »Pogrome und Konzentrationslager«, in: *Das Jahrhundert der Barbarei*. Hrsg. und mit einem Vorwort versehen von Karlheinz Deschner, München: Verlag Kurt Desch, 1966, S. 243 – 315; Robert Neumann, *Ausflüchte des Gewissens. Dokumente zu Hitlers »Endlösung der Judenfrage« mit Kommentar und Bilanz der politischen Situation*, Hannover: Verlag für Literatur und Zeitgeschehen, 1960; Eugen Kogon, »Die Judenverfolgung im ›Dritten Reich‹«, Adolf Freudenberg u.a., *Antisemitismus, Judentum, Staat Israel*, Frankfurt am Main: Stimme-Verlag, 1963, S. 27 – 51.

[675] Hermann Mau/Helmut Krausnick, *Deutsche Geschichte der jüngsten Vergangenheit 1933 – 1945*. Mit einem Nachwort von Peter Rassow,

Tübingen/Stuttgart: Rainer Wunderlich Verlag/Metzlersche Verlagsbuchhandlung, 1956, S. 160 – 171.

676 Wolfgang Scheffler, *Judenverfolgung im Dritten Reich 1933 – 1945*, Berlin: Colloquium Verlag, 1960. Die frühen Darstellungen von Léon Poliakov, *Préviaire de la Haine* (1951), Gerald Reitlinger, *The Final Solution* (engl. 1953, dt. 1956) und Raul Hilberg, *The Destruction of the European Jews* (amerik. 1961) blieben oft unberücksichtigt. Grundlegend zur Thematik Nicolas Berg, *Der Holocaust und die westdeutschen Historiker. Erforschung und Erinnerung*, Göttingen: Wallstein-Verlag, 2003.

677 Siehe die »Einleitung« von Wolfgang Scheffler und Helge Grabitz in: Grabitz/Justizbehörde Hamburg (Hrsg.), *Täter und Gehilfen*, S. 15.

678 Grabitz, *NS-Prozesse*, S. 10.

679 Jäger, »Strafrecht und nationalsozialistische Gewaltverbrechen«, S. 151.

680 Gedächtnisprotokoll Langbeins vom 21.12.1959, Auschwitz-Museum, APMA-B: Mat./79, Bd. 196, K. 178. Vgl. auch Langbein an Kurt May vom 18.1.1960 (United Restitution Organization), Österreichisches Staatsarchiv, NL Langbein E/1797: Ordner 85 und sein im Mai 1960 abgefasster »Bericht des Büros des IAK zur Generalversammlung des Internationalen Auschwitz-Komitees 25. – 27. Juni 1960 in Warschau«, in dem er schreibt: »Es wurde ferner mit dem Generalstaatsanwalt vereinbart, dass dem Prozess Sachverständige zugezogen werden. Es ist daran gedacht, je einen Sachverständigen des Museums von Auschwitz, des Instituts Yad Vashem in Jerusalem und des Instituts für Zeitgeschichte in München heranzuziehen« (S. 4).

681 Scheffler/Grabitz, »Einleitung«, S. 21.

682 Schünemann, »Ungelöste Rechtsprobleme«, S. 223 meint, die deutsche Strafgerichtsbarkeit sei »dreißig Jahre lang mit wenig Unterstützung durch Gesetzgebung und Wissenschaft« mit den NS-Verbrechen konfrontiert gewesen.

683 Baumann, »Gedanken zum Eichmann-Urteil«, S. 111.

684 Just-Dahlmann/Just, *Die Gehilfen*, S. 160 – 175.

685 Ebd., S. 191 – 205. In der Königsteiner Entschließung heißt es: Die aus 17 Juristen und einem Historiker (Hans Buchheim) gebildete »Kommission bittet die zuständigen Stellen, mehr als bisher Entscheidungen sowohl der Schwurgerichte als auch der Rechtsmittelgerichte zu

veröffentlichen und fordert die Wissenschaft dringend auf, die mit den NS-Gewaltverbrechen verbundenen Fragenkreise gründlich zu untersuchen.« (*Verhandlungen des sechsundsechzigsten Deutschen Juristentages*, Essen 1966, hrsg. von der Ständigen Deputation des Deutschen Juristentages, Bd. II (Sitzungsberichte) Teil C, S. C9 f.)

686 Siehe Claus Roxin, *Täterschaft und Tatherrschaft*, Berlin u.a.: Walter de Gruyter Verlag, 1975, 3. Aufl. (1. Aufl., 1963).

687 Zur Königsteiner Klausurtagung« vom April 1966 und zur Sonderveranstaltung des 46. Juristentags siehe den Interview-Band von Horstmann/Litzinger, *An den Grenzen des Rechts*.

688 Armin Draber, »Nationalsozialistische Gewaltverbrechen vor Gericht. Problematik der NSG-Verfahren aus der Sicht des Richters«, in: Weber/Steinbach (Hrsg.), *Vergangenheitsbewältigung*, S. 112.

689 Rückerl, *NS-Verbrechen vor Gericht*, S. 189. Weitere Tagungen, wie sie Herbert Jäger in seiner Besprechung des Buches von Ernst-Walter Hanack (1967) anregte, kamen nicht zustande (Herbert Jäger, in: *Monatsschrift für Kriminologie und Strafrechtsreform*, Jg. 52, H. 4, 1969, S. 175).

690 Simon, »Über Positivismus und das Fremde«, S. 62.

691 Ebd.

692 Zu den Vernichtungslagern der »Aktion Reinhardt« sei hier nur auf zwei neuere Publikationen verwiesen: Sara Berger, *Experten der Vernichtung. Das T4-Reinhardt-Netzwerk in den Lagern Belzec, Sobibor und Treblinka*, Hamburg: Hamburger Edition, 2013 und Stephan Lehnstaedt, *Der Kern des Holocaust. Bełżec, Sobibór, Treblinka und die Aktion Reinhardt*, München: C.H. Beck Verlag, 2017.

693 Zur Diskussion um die späten NS-Prozesse siehe auch Susanne Beck, »Alter schützt vor Strafe nicht? Zugleich Besprechung der Verfahren gegen Demjanjuk und Boere …«, in: *Onlinezeitschrift für Höchstrichterliche Rechtsprechung im Strafrecht (HRRS)*, Nr. 3, März 2010, S. 156 – 166.

694 Siehe Peter Huth (Hrsg.), *Die letzten Zeugen. Der Auschwitz-Prozess von Lüneburg 2015. Eine Dokumentation*, Stuttgart: Reclam Verlag, 2015 und die Beiträge von den Nebenklägern Max Eisen, Elaine Kalman Naves und Judith Kalman in: Lüttig/Lehmann (Hrsg.), *Die letzten NS-Verfahren*, S. 177–210.

695 Roxin, »Beihilfe zum Mord durch Dienst im Konzentrationslager

Auschwitz«, S. 91. – »Genugtuungsinteresse« hat nichts mit Rachegelüsten und Vergeltungsbedürfnissen zu tun. Das Interesse des Opfers auf richterliche Feststellung des ihm zugefügten Unrechts sowie auf die Anerkennung des erlittenen Unrechts durch Tatschuldfeststellung und Zumessung einer angemessenen Rechtsfolge ist unter Genugtuungsinteresse des Opfers gemeint.

696 Ebd., S. 92.

697 Claus Roxin, »Prävention, Tadel und Verantwortung. Zur neuesten Strafzweckdiskussion«, in: *Goltdammer's Archiv für Strafrecht*, Jg. 162, 2015, S. 200.

698 Siehe hierzu Tatjana Hörnle, »Die Rolle des Opfers in der Straftheorie und im materiellen Strafrecht«, in: *JZ*, Jg. 61, H. 19, 2006, S. 950 – 958. Allgemein zu Straftheorien siehe Hörnle, *Straftheorien*, Tübingen: Verlag Mohr Siebeck, 2011.

699 Zur Diskussion um den Begriff der Genugtuung siehe den Aufsatz von Thomas Weigend, »›Die Strafe für das Opfer‹? – Zur Renaissance des Genugtuungsgedankens im Straf- und Strafverfahrensrecht«, in: *Rechtswissenschaft. Zeitschrift für rechtswissenschaftliche Forschung*, Jg. 1, H. 1, 2010, S. 39 – 57.

700 Siehe Cornelius Nestler, »Sind die heute noch möglichen Strafverfahren wegen NS-Verbrechen legitim?«, in: *Rationalität und Empathie. Kriminalwissenschaftliches Symposion für Klaus Lüderssen zum 80. Geburtstag*, hrsg. von Cornelius Prittwitz, Michael Baurmann u.a., Baden-Baden: Nomos Verlagsgesellschaft, 2014, S. 182 – 196 mit anschließender Diskussion, S. 197 – 222.

701 Pohl, *Verfolgung und Massenmord*, S. 154.

702 Siehe Aleksander Lasik, »Die SS-Besatzung des KL Auschwitz«, in: Wacław Długoborski/Franciszek Piper (Hrsg.), *Auschwitz 1940 – 1945. Studien zur Geschichte des Konzentrations- und Vernichtungslagers Auschwitz*, 5 Bde., aus dem Polnischen von Jochen August, Bd. I: Aufbau und Struktur des Lagers, Oświęcim: Verlag des Staatlichen Museums Auschwitz-Birkenau, 1999, S. 321 – 384.

703 Lasik, »Verfolgung, Verurteilung und Bestrafung«, S. 221 – 298.

704 Zum Personal von Auschwitz grundlegend: Ernst Klee, *Auschwitz. Täter, Gehilfen, Opfer und was aus ihnen wurde. Ein Personenlexikon*,

Frankfurt am Main: S. Fischer Verlag, 2013.

705 Siehe Anhang.

706 Eine Besonderheit stellt der Angeklagte Hans Stark im 1. Frankfurter Auschwitz-Prozess dar, der wegen gemeinschaftlichen Mordes zu zehn Jahren Jugendstrafe verurteilt wurde.

IV. NS-Prozesse und die deutsche Öffentlichkeit

707 Zur Geschichte von Auschwitz siehe Długoborski/Piper (Hrsg.), *Auschwitz 1940 – 1945* sowie Czech, *Kalendarium*.

708 Angaben über die Zahl der Opfer machten die Gerichte nicht. Der Auschwitz-Forschung zufolge wurden etwa 1,1 Millionen Juden, ungefähr 75.000 Polen, 21.000 Sinti und Roma, 15.000 sowjetische Kriegsgefangene sowie weitere 10.000 Häftlinge in Auschwitz ermordet. Unter den Opfern waren etwa 234.000 Kinder und Jugendliche, davon ca. 220.000 jüdische Kinder und Jugendliche und etwa 11.000 Kinder von Sinti und Roma. Vgl. Piper, *Zahl der Opfer*, S. 202 und Helena Kubica, »Kinder und Jugendliche im KL Auschwitz«, in: *Auschwitz. Nationalsozialistisches Vernichtungslager*, Oświęcim: Verlag Staatliches Museum Auschwitz-Birkenau, 1997, S. 182 u. 184.

709 Jürgen Wilke/Birgit Schenk/Akiba A. Cohen/Tamar Zemach, *Holocaust und NS-Prozesse. Die Presseberichterstattung in Israel und Deutschland zwischen Aneignung und Abwehr*, Köln: Böhlau Verlag, 1995, S. 53. Siehe auch Ullrich Kröger, *Die Ahndung von NS-Verbrechen vor westdeutschen Gerichten und ihre Rezeption in der deutschen Öffentlichkeit 1958 bis 1965 unter besonderer Berücksichtigung von »Spiegel«, »Stern«, »Zeit«, »SZ«, »FAZ«, »WELT«, »BILD«, »Hamburger Abendblatt«, »NZ« und »Neuem Deutschland«*, Diss. Hamburg 1973.

710 Siehe die Radiosendungen von Axel Eggebrecht (NDR/WDR), der 74 Folgen seiner Sendung »Vergangenheit vor Gericht« (jeweils 15 Min.) und über ein Dutzend »Berichte vom Auschwitz-Prozess« (jeweils 45 Min.) produzierte. Vgl. das Hörbuch *Aufklärung statt Bewältigung. Tondokumente zur Berichterstattung von Axel Eggebrecht über den ersten Auschwitz-Prozess.* Hrsg. von der Stiftung Deutsches Rundfunkarchiv DRA, 2011.

711 Siehe hierzu die Studie von Sabine Horn, *Erinnerungsbilder. Auschwitz-Prozess und Majdanek-Prozess im westdeutschen Fernsehen*, Essen 2009.

712 Siehe die Artikel Gnielkas in: ders., *Als Kindersoldat in Auschwitz. Die Geschichte einer Klasse*. Romanfragment von Thomas Gnielka. Mit einer Dokumentation. Hrsg. von Kerstin Gnielka und Werner Renz, Hamburg: Europäische Verlagsanstalt, 2014.

713 Siehe auch seine bereits im Jahr des Urteils erschienene Publikation: *Der Auschwitz-Prozess. Eine Dokumentation*. 2 Bde. Wien, Frankfurt am Main, Zürich: Europa Verlag/Frankfurt am Main: Europäische Verlagsanstalt, 1965; Frankfurt am Main: Verlag Neue Kritik, 1995 (unveränd. Nachdruck, mit einem Vorwort von Langbein zur Neuaufl.)

714 Presseinformationen vom 6.12.1963 und 20.12.1963, in: *DVD-ROM*, S. 4650 – 4705, 4706 – 4715.

715 Fritz Bauer, »Nach den Wurzeln des Bösen fragen«, in: *Die Tat* vom 7.3.1964, S. 12.

716 Scheffler/Grabitz, »Einleitung«, S. 14.

717 Siehe Regina Schmidt/Egon Becker, *Reaktionen auf politische Vorgänge. Drei Meinungsstudien aus der Bundesrepublik*, Frankfurt am Main: Europäische Verlagsanstalt 1967, S. 108.

718 Arno Plack, *Plädoyer für die Abschaffung des Strafrechts*, München: List Verlag, 1974, S. 361.

719 Becker/Schmidt, *Reaktionen*, S. 116. – Im August 1958 stellte Allensbach die unklare Frage, »ob man heute noch Prozesse führen soll wegen Verbrechen, die im oder vor dem Kriege begangen wurden«. Zwischen Kriegs- und NS-Verbrechen wurde offenbar nicht unterschieden. 34 Prozent der Befragten sprachen sich für einen Schlussstrich aus, 54 Prozent für die Ahndung der Verbrechen (in: *Jahrbuch der Öffentlichen Meinung, 1958 – 1964*. Hrsg. von Elisabeth Noelle und Erich Peter Neumann, Allensbach und Bonn: Verlag für Demoskopie, 1965, S. 221.

720 Ebd. – Siehe auch Regina Becker-Schmidt, »Reaktionen der westdeutschen Bevölkerung auf den Auschwitz-Prozess«, in: *Informationen*. Hrsg. vom Studienkreis Deutscher Widerstand, Jg. 29, H. 60, 2004, S. 9.

721 Siehe die Publikationen von Bernd Naumann, *Auschwitz. Bericht über die Strafsache gegen Mulka u. a. vor dem Schwurgericht Frankfurt*. Frankfurt am Main, Bonn: Athenäum Verlag, 1965; *Auschwitz. Bericht über die Strafsache gegen Mulka u. a. vor dem Schwurgericht Frankfurt*, vom Autor gekürzte und bearb. Ausg., Frankfurt am Main: Fischer

Bücherei, 1968; *Auschwitz. Bericht über die Strafsache gegen Mulka u. a. vor dem Schwurgericht Frankfurt*, mit e. Nachw. von Marcel Atze u.e. Text von Hannah Arendt, Berlin: Philo Verlag, 2004; *Der Auschwitz-Prozess. Bericht über die Strafsache gegen Mulka u.a. vor dem Schwurgericht Frankfurt am Main 1963 – 1965*, aktual. Neuausg., mit e. Vorw. von Werner Renz, Hamburg: Europäische Verlagsanstalt, 2013; Gerhard Mauz, *Die Gerechten und die Gerichteten*, Frankfurt am Main u.a.: Ullstein Verlag, 1968, S. 225 – 239; Ulrich Renz, *Lauter pflichtbewußte Leute. Szenen aus NS-Prozessen*, Köln: Bund Verlag, 1989; Conrad Taler, *Asche auf vereisten Wegen. Berichte zum Auschwitz-Prozess.* Mit einem Beitrag von Irmtrud Wojak, 2., aktual. u. erw. Aufl., Köln: PapyRossa Verlag, 2015; Martin Warnke, *Zeitgenossenschaft. Zum Auschwitz-Prozess 1964.* Vorgestellt von Pablo Schneider und Barbara Welzel. Zürich, Berlin: Diaphanes Verlag, 2014; Peter Jochen Winters, *Den Mördern ins Auge gesehen. Berichte eines jungen Journalisten vom Frankfurter Auschwitz-Prozess 1963 – 1965.* Berlin: Metropol Verlag, 2015.

722 Fritz Bauer, »Warum Auschwitz-Prozess?«, in: *Konkret*, Nr. 3 (März 1964), S. 12.

723 Emmi Bonhoeffer hat scharfsichtig Gründe für den festgestellten »inneren Widerstand« gegen den Prozess erkannt und benannt (Bonhoeffer, *Zeugen im Auschwitz-Prozess*, S. 15 – 18).

724 Siehe hierzu Stefan Wittke, »Teilexkulpation von KZ-Tätern?«, in: Redaktion Kritische Justiz (Hrsg), *Die juristische Aufarbeitung des Unrechts-Staats*, Baden-Baden: Nomos Verlagsgesellschaft, 1998, S. 547 – 594. In Hinsicht auf die Gehilfenrechtsprechung stellte Helmut Kramer fest: »Was mit dem Anspruch auf logisch zwingende Rechtsanwendung auftrat, war in Wirklichkeit ein Missbrauch des zu vielen Zwecken verwendbaren juristischen Methodeninstrumentariums mit vorgefasstem Ergebnis. Tatsächlich hatten die Schwurgerichte und der [...] Bundesgerichtshof sich nur die Exkulpationsstrategien der Täter zu eigen gemacht.« (Helmut Kramer, »Barbara Just-Dahlmann – ›Ludwigsburg öffnete uns schockartig die Augen, Ohren und Herzen‹«, in: Claudia Fröhlich, Michael Kohlstruck (Hrsg.), *Engagierte Demokraten. Vergangenheitspolitik in kritischer Absicht*, Münster: Westfälisches Dampfboot, 1999, S. 207)

725 Hofmeyer, Urteilsbegründung, Tonbandmitschnitt, 19.8.1965, 182.

Verhandlungstag, in: *DVD-ROM*, S. 36681.

726 Fritz Bauer, »Nach den Wurzeln des Bösen fragen«, in: *Die Tat*, Nr. 10. 17.3.1964, S. 12.

727 Möglichkeiten gab es freilich bereits vor den großen NS-Verfahren. Siehe die Edition von Höß' Aufzeichnungen (Rudolf Höß, *Kommandant in Auschwitz*) und die von H. G. Adler, Ella Lingens-Reiner und Hermann Langbein herausgegebene Anthologie *Auschwitz. Zeugnisse und Berichte* (Frankfurt am Main: Europäische Verlagsanstalt, 1962/Neuausgabe 2014). Die erste umfassende Darstellung von Jan Sehn, *Konzentrationslager Auschwitz-Birkenau* (Warszawa 1957) und die *Hefte von Auschwitz* (hrsg. vom Staatlichen Museum Auschwitz-Birkenau, dt. Ausgabe 1959 ff.) fanden in der Bundesrepublik nur geringe Beachtung.

728 Bauer hat in seinen Veröffentlichungen meist voller Optimismus die erhoffte Wirkung der NS-Prozesse auf die deutsche Öffentlichkeit benannt. In persönlichen, mehr inoffiziellen Gesprächen scheint er pessimistischer gewesen zu sein. Siehe z.B. Amos Elons Wiedergabe einer Äußerung Bauers, der »erzieherische Effekt« der Prozesse – sofern es überhaupt einen gäbe – sei »minimal« (Amos Elon, *In einem heimgesuchten Land. Reise eines israelischen Journalisten in beide deutsche Staaten*, München: Kindler Verlag, 1966, S. 376 ff.)

729 Die Zweckbestimmung des Prozesses stieß auf schärfste, freilich unangemessene Kritik: »Ein Strafgericht in unserem freiheitlichen Rechtsstaat kann nichts anderes tun als feststellen, ob ein Beschuldigter eine bestimmte Straftat begangen hat, und, wenn ja, die angemessene Strafe dafür suchen. Zu allem, was darüber hinausreicht, fehlen ihm die zuverlässigen Mittel. Sie fehlen deshalb, weil das Gericht für alles, was der Zweck dieser Mittel sein könnte, keine rechtliche Legitimation besitzt. Das allgewaltige Tribunal, das rächt, erzieht, Furcht, Reue und Begeisterung erzwingt, das Vergangenheit und Gegenwart ausbreitet, dem Volk seinen Weg in die Zukunft weist – es ist ein Geschöpf des totalitären Staates, ein Stück von ihm. Einer freiheitlichen Ordnung muss es fremd sein.« (Johann Georg Reißmüller, »Sühne für Auschwitz«, in: *Frankfurter Allgemeine Zeitung* vom 20.8.1965, S. 1)

730 Rudolf Wassermann hat die Wirkung der NS-Verfahren optimistischer eingeschätzt. Vgl. R. Wassermann, »Justiz und politische Kultur

in der Bundesrepublik Deutschland«, in: Julius H. Schoeps, Horst Hillermann (Hrsg.), *Justiz und Nationalsozialismus. Bewältigt – Verdrängt – Vergessen*, Stuttgart u.a.: Burg Verlag, 1987, S. 169.

[731] Bonhoeffer, *Zeugen im Auschwitz-Prozess*, S. 19.

[732] Michael Stolleis meinte in seinem »Festvortrag« zum 50-jährigen Bestehen der Zentralen Stelle, »Gerechtigkeit« könne man sich nur annähern, sie zu erreichen sei unmöglich (Michael Stolleis, »Gerechtigkeit durch Strafrecht? – Die Bundesrepublik und ihre ›Zentrale Stelle‹«, in: *Festakt und Symposium aus Anlass des 50-jährigen Bestehens der Zentralen Stelle der Landesjustizverwaltungen zur Aufklärung nationalsozialistischer Verbrechen am 1. und 2. Dezember 2008 in Ludwigsburg*. Hrsg. Justizministerium Baden-Württemberg, Stuttgart 2009, S. 57.

Anhang

Prozesse in der Bundesrepublik Deutschland gegen SS-Personal und Funktionshäftlinge von Auschwitz [733]

1947

Kammergericht Berlin

Frohnecke, Bruno (Häftling)

Urteil: 10 Jahre Freiheitsstrafe

1949

1 Ks 5/49, LG München I, 9.7.1949

Mußgüller, Philomena (Häftling)

Tatort: Auschwitz-Birkenau

Urteil: 4 Jahre Freiheitsstrafe

1950

2 Ks 1/50, LG Bochum, 20.4.1950

Skrodzki, Paul (Häftling); **Rückner, Fritz** (Häftling); **Mauth, Karl** (Häftling); **Sperling, Ewald** (Häftling); **Woytek, Franz** (Häftling); **Freihoff, Rudolf** (Häftling); **Burczyk, Georg** (Angehöriger einer Firma); **Nagler, Karl** (Angehöriger einer Firma)

Tatort: Nebenlager Jawischowice

Urteil: Skrodzki 1 Jahr 3 Monate; Rücker 2 Jahre 6 Monate; Mauth 1 Jahr 1 Monat; Sperling 1 Jahr 2 Monate; Woytek 7 Monate; Freihoff Einstellung; Burczyk und Nagler Freispruch. 19.9.1952 durch BGH bezüglich Mauth, Sperling und Woytek aufgehoben, 23.5.1953 Urteil LG Bochum: Skrodzki und Mauth je 1 Jahr; Sperling 1 Jahr 3 Monate; Woytek 8 Monate

[733] Dr. Andreas Eichmüller (München) danke ich sehr herzlich für ergänzende Angaben. Sofern Urteile in der Amsterdamer Sammlung von Christiaan F. Rüter, *Justiz und NS-Verbrechen* (JuNSV), Amsterdam 1968 ff. veröffentlicht worden sind, ist ein Nachweis angegeben.

1950

Gen. KMs 20/50, LG München II, 30.11.1950

Engelschall, Georg (SS)

Tatorte: KZ Dachau, KZ Flossenbürg, KZ Auschwitz

Urteil: 2 Jahre 3 Monate Freiheitsstrafe

1952

4 KLs 23/51, LG Augsburg, 16.9.1952

Kotzur, Karl (SS)

Tatort: Nebenlager Trzebinia

Urteil: 8 Monate Gefängnis, am 1.12.1953 vom BGH aufgehoben, 30.4.1954 LG Augsburg 9 Monate Gefängnis wegen Beihilfe zur Körperverletzung im Amt

1953

4 Ks 2/52, LG Osnabrück, 11.12.1952 – 10.2.1953

Rakers, Bernhard (SS)

Tatort: Sachsenhausen, Auschwitz/Buna/Monowitz

Urteil: lebenslanges Zuchthaus + 15 Jahre; JuNSV: Bd. X, Lfd. Nr. 340, S. 347 – 391.

1953

5 Ks 4/52, LG Göttingen, 4.3.1953

Herdel, Gerhard (SS)

Tatort: Nebenlager Gleiwitz

Urteil: 1 Jahr Zuchthaus; JuNSV: Bd. X, Lfd. Nr. 346, S. 513 – 524.

1953

89/50 KMs 2/52, LG Ansbach, 16.4.1953 – 23.4.1953

Joseph, Hermann (Häftling)

Tatort: Nebenlager Fürstengrube

Urteil: Teils Einstellung gem. Straffreiheitsgesetz von 1949, teils Freispruch

1953

3 Ks 1/53, LG Osnabrück, 6.10.1953 – 13.10.1953

Tabbert, Erich (Häftling)
Tatort: Nebenlager Günthergrube
Urteil: Freispruch; JuNSV: Bd. XI, Lfd. Nr. 375, S. 417 – 430.

1953
3 Ks 2/53, LG Bremen, 27.11.1953
Mirbeth, Johann (SS); **Heilmann, Helmrich** (Häftling); **Kierspel, Joseph** (Häftling)
Tatort: Nebenlager Golleschau
Urteil: Heilmann: 6 Jahre Zuchthaus; Kierspel: lebenslanges Zuchthaus; Mirbeth: 6 Jahre Zuchthaus; JuNSV: Bd. XI, Lfd. Nr. 379, S. 497 – 658.

1955
3 Ks 2/53, LG Bremen, 5.7.1955
Kierspel, Joseph (Häftling)
Tatort: Nebenlager Golleschau
Urteil: 15 Jahre Zuchthaus; JuNSV: Bd. XIII, Lfd. Nr. 416, S. 227 – 234.

1957
2 PKs 1/56, LG Berlin, 26.8.1957 – 5.9.1957
Locke, Otto Georg Erich (Häftling)
Urteil: lebenslanges Zuchthaus; JuNSV: Bd. XIV, Lfd. Nr. 450, S. 311 – 334.

1958
4 Ks 2/52, LG Osnabrück, 10.6.1958
Rakers, Bernhard (SS)
Verfahrenseinstellung; JuNSV: Bd. XIV, Lfd. Nr. 462/1, S. 733 – 738.

1958
1 Ks 1/58, LG München I, 21.10.1958 – 22.10.1958
Reischenbeck, Wilhelm (SS)
Urteil: 10 Jahre Zuchthaus; JuNSV: Bd. XV, Lfd. Nr. 468, S. 319 – 330.

1959
4 Ks 2/52, LG Osnabrück, 14.9.1959 – 9.10.1959

Rakers, Bernhard (SS)
Urteil: 15 Jahre Zuchthaus; JuNSV: Bd. XVI, Lfd. Nr. 483, S. 61 – 76.

1960
6 Ks 2/60, LG Münster, 14.11.1960 – 29.11.1960
Kremer, Johann Paul (SS)
Urteil: 10 Jahre Zuchthaus; JuNSV: Bd. XVII, Lfd. Nr. 500, S. 1 – 50.

1963 – 1965
4 Ks 2/63, LG Frankfurt am Main, 20.12.1963 – 20.8.1965
Baretzki, Stefan; Bednarek, Emil (Häftling); **Boger, Wilhelm; Breitwieser, Arthur; Broad, Pery; Capesius, Victor; Dylewski, Klaus; Frank, Willy; Hantl, Emil; Höcker, Karl; Hofmann, Franz; Kaduk, Oswald; Klehr, Josef; Lucas, Franz; Mulka, Robert; Schatz, Willi; Scherpe, Herbert; Schlage, Bruno; Schoberth, Johann; Stark, Hans**
Urteil: Baretzki + Bednarek + Boger + Hofmann + Kaduk + Klehr: lebenslanges Zuchthaus; Mulka: 14, Capesius: 9, Höcker: 7, Frank: 7, Schlage: 6, Dylewski: 5, Scherpe: 4 1/2, Broad: 4, Hantl: 3 1/2, Lucas: 3 1/4 Jahre Zuchthaus; Stark: 10 Jahre Jugendstrafe; Schatz + Breitwieser + Schoberth: Freispruch; JuNSV: Bd. XXI, Lfd. Nr. 595, S. 361 – 837.

1965 – 1966
4 Ks 3/63, LG Frankfurt am Main, 14.12.1965 – 16.9.1966
Burger, Wilhelm (SS); **Erber, Josef** (SS); **Neubert, Gerhard** (SS)
Urteil: Burger: 8 Jahre Zuchthaus, Erber: lebenslanges Zuchthaus, Neubert: 3 ½ Jahre Zuchthaus; JuNSV: Bd. XXIV, Lfd. Nr. 637, S. 591 – 688.

1967 – 1968
4 Ks 1/67, LG Frankfurt am Main, 30.8.1967–14.6.1968
Windeck, Josef (Häftling); **Bonitz, Bernhard** (Häftling)
Urteil: Windeck: lebenslanges Zuchthaus + 15 Jahre; Bonitz: lebenslanges Zuchthaus; JuNSV: Bd. XXIX, Lfd. Nr. 680, S. 421 – 523.

1970
4 Ks 2/63, LG Frankfurt am Main, 20.8.1970 – 8.10.1970

Lucas, Franz (SS)
Urteil: Freispruch; JuNSV: Bd. XXXIV, Lfd. Nr. 740, S. 643 – 661.

1970 – 1971
Ks 2/70 (GStA), LG Frankfurt am Main, 23.9.1970 – 14.4.1971
Schumann, Horst (SS)
Tatorte: Grafeneck; Sonnenstein, Auschwitz
14.4.71 Einstellung wegen Verhandlungsunfähigkeit

1970 – 1971
4 Ks 1/70, LG Frankfurt am Main, 27.10.1970 – 5.3.1971
Fleischhacker, Hans Helmut
Tatort: Auschwitz
Urteil: Freispruch; JuNSV: Bd. XXXV, Lfd. Nr. 748, S. 57 – 67.

1970 – 1971
4 Ks 1/70, LG Frankfurt am Main, 27.10.1970 – 6.4.1971
Beger, Bruno Karl; Wolff, Wolf-Dietrich
Tatort: Auschwitz, Natzweiler
Urteil: Beger: 3 Jahre Freiheitsstrafe; Wolff: Verfahrenseinstellung; JuNSV: Bd. XXXV, Lfd. Nr. 752, S. 199 – 255.

1974
4 Ks 2/73, LG Frankfurt am Main, 18.12.1973 – 25.11.1974
Frey, Alois Wendelin (SS)
Tatort: Nebenlager Günthergrube
Urteil: Freispruch; JuNSV: Bd. XL, Lfd. Nr. 817, S. 319 – 326.

1976
4 Ks 2/73, LG Frankfurt am Main, 18.12.1973 – 26.2.1976
Sawatzki, Willi Rudolf (SS)
Urteil: Freispruch; JuNSV: Bd. XL, Lfd. Nr. 829, S. 777 – 817.

1978 – 1979
11 Ks 1/77, LG Hannover, 30.10.1978 – 13.7.1979

Niemeier, Heinrich (SS)
Tatort: Nebenlager Libiaz Maly (Janinagrube)
Urteil: 6 Jahre Gefängnis; 7.10.1980 vom BGH aufgehoben, Neuverhandlung LG Hannover, nach immer wieder unterbrochener Hauptverhandlung vom 5.12.1983 – 5.3.1991 wegen Verhandlungsunfähigkeit eingestellt

1980
Ks 201 Js 15264/78, LG Aschaffenburg, 26.9.1977 – 3.11.1980
Olejak, Hans Stefan (SS); **Pansegrau, Ewald** (SS)
Tatort: Nebenlager Jaworzno
Urteil: Freispruch (beide); JuNSV: Bd. XLIV, Lfd. Nr. 863, S. 1 – 244.

1980 – 1981
11 Ks 3/76, LG Hannover, 2.6.1980 – 31.7.1981
Rex, Friedrich (SS); **Grams, Alfred** (SS)
Tatort: Nebenlager Laurahütte (Siemanowice); Nebenlager Hannover-Mühlenberg
Urteil: Rex 6 Jahre Gefängnis, Grams, Freispruch; JuNSV: Bd. XLV, Lfd. Nr. 873, S. 1 – 133.

1981
4 Js 773/70, LG Frankfurt am Main, 6.9.1977 – 27.2.1981
Schmidt, Josef (SS)
Tatort: Nebenlager Lagischa
Urteil: 8 Jahre Gefängnis; JuNSV: Bd. XLIV, Lfd. Nr. 866, S. 323 – 368.

1983
4 Js 773/70, LG Frankfurt am Main, 19.8.1982 – 1.3.1983
Czerwinski, Horst (SS), siehe 1989, LG Lüneburg
Tatort: Nebenlager Golleschau
Urteil: Freispruch; JuNSV: Bd. XLV, Lfd. Nr. 882, S. 575 – 580.

1983
9 Ks 11/82, LG Stuttgart, 3.11.1982 – 11.8.1983
Pöllmann, Karl Wilhelm (SS)

Urteil: Freispruch; JuNSV: Bd. XLV, Lfd. Nr. 884, S. 617 – 628.

1988

25 Ks 130 Js 7/83, LG Wuppertal, 28.10.1986 – 28.1.1988

Weise, Gottfried Ewald Franz (SS)

Urteil: lebenslange Freiheitsstrafe; JuNSV: Bd. XLV, Lfd. Nr. 902, S. 291 – 401.

1989

17 Ks 10 Js 15252/83, LG Lüneburg, 11.3.1985 – 26.5.1989

Czerwinski, Horst (SS)

Tatort: Nebenlager Lagischa

Urteil: lebenslange Freiheitsstrafe; JuNSV: Bd. XLVII, Lfd. Nr. 907, S. 699 – 878.

1991

Ks 130 Js 2/84, LG Siegen, 5.5.1987–24.1.1991

König, Ernst August (SS)

Urteil nicht rechtskräftig, verstorben 17./18.9.1991; JuNSV: Bd. XLVII, Lfd. Nr. 909, S. 7 – 241.

1991

IX Ks 20/90, LG Duisburg, 7.5.1991 – 22.9.1993

Kühnemann, Heinrich (SS)

Abbruch der Hauptverhandlung 22.9.1993, verstorben 15.4.1998

2015

27 Ks 1191 Js 98402/13 (9/14), LG Lüneburg, 21.4.2015 – 15.7.2015

Gröning, Oskar (SS)

Urteil: 4 Jahre Freiheitsstrafe

2016

4 Ks 45 Js 3/13-9/15, LG Detmold, 11.2.2016 – 17.6.2016

Hanning, Reinhold (SS)

Urteil: 5 Jahre Freiheitsstrafe, nicht rechtskräftig

SS-Leute vor bundesdeutschen Gerichten (45)

Lebenslange Freiheitstrafe	*zeitige Freiheitsstrafe*	*Freispruch*	*Einstellung, Urteil nicht rechtskräftig*
Baretzki	Broad	Breitwieser	König
Boger	Burger	Czerwinski	Kühnemann
Czerwinski	Capesius	Frey	Niemeier
Erber	Dylewski	Grams	Schumann
Hofmann	Engelschall	Lucas	
Kaduk	Frank	Olejak	
Klehr	Gröning	Pansegrau	
Rakers	Hanning	Pöllmann	
Weise	Hantl	Sawatzki	
	Herdel	Schatz	
	Höcker	Schoberth	
	Kotzur		
	Kremer		
	Mirbeth		
	Mulka		
	Neubert		
	Reischenbeck		
	Rex		
	Scherpe		
	Schlage		
	Schmidt		
	Stark		
(9)	*(22)*	*(11)*	*(4)*

Funktionshäftlinge (16)

Lebenslange Freiheitstrafe	*zeitige Freiheitsstrafe*	*Freispruch*	*Einstellung, Urteil nicht rechtskräftig*
Bednarek	Frohnecke		Freihoff
Bonitz	Heilmann		Joseph
Locke	Kierspel		
Windeck	Mauth		
	Mußgüller		
	Rückner		
	Skrodzki		
	Sperling		
	Tabbert		
	Woytek		
(4)	*(10)*	*(0)*	*(2)*

Personenregister

Abkürzungsverzeichnis

AA	Auswärtiges Amt
AB	Anlageband
a.D.	außer Dienst
Abt.	Abteilung
aF	alte Fassung
AG	Aktiengesellschaft
BA	Beiakten
Bd.	Band
BGH	Bundesgerichtshof
BGHSt	Entscheidungen des Bundesgerichtshofs in Strafsachen
Bl.	Blatt
BMI	Bundesministerium des Inneren
BMJ	Bundesministerium der Justiz
DDR	Deutsche Demokratische Republik
EStA	Erster Staatsanwalt
FAP	Frankfurter Auschwitz-Prozesse
FBI	Fritz Bauer Institut
FFM	Frankfurt am Main
GG	Grundgesetz
GStA	Generalstaatsanwalt
H.	Heft
HA	Hauptakten
HHStA	Hessisches Hauptstaatsarchiv
HKB	Häftlingskrankenbau
Hrsg.	Herausgeber
HRRS	Onlinezeitschrift für Höchstrichterliche Rechtsprechung zum Strafrecht
IAK	Internationales Auschwitz-Komitee
I.G.	Interessengemeinschaft
Jg.	Jahrgang

JGG	Jugendgerichtsgesetz
JuNSV	Justiz und NS-Verbrechen
JZ	Juristenzeitung
KZ	Konzentrationslager
Lfd. Nr.	Laufende Nummer
LG	Landgericht
LKW	Lastkraftwagen
MStGB	Militärstrafgesetzbuch
nF	neue Fassung
NJW	Neue Juristische Wochenschrift
NK	Nebenklage
NL	Nachlass
Nr.	Nummer
NS	Nationalsozialismus
o.J.	ohne Jahr
OLG	Oberlandesgericht
OStA	Oberstaatsanwalt
ÖStA	Österreichisches Staatsarchiv
PKW	Personenkraftwagen
R	Rückseite
RA	Rechtsanwalt
RAe	Rechtsanwälte
RGSt	Entscheidungen des Reichsgerichts in Strafsachen
Rn	Randnummer
RSHA	Reichssicherheitshauptamt
SD	Sicherheitsdienst
SDG	Sanitätsdienstgrad
Sp.	Spalte
SS	Schutzstaffel
StA	Staatsanwaltschaft, Staatsanwalt
StGB	Strafgesetzbuch
StPO	Strafprozessordnung
Vol.	Volume
WVHA	Wirtschafts-Verwaltungshauptamt der SS
ZSt	Zentrale Stelle

Bücher zum Nationalsozialismus

Noch heute stehen Angehörige des Auschwitz-Personals als Greise vor Gericht. Diese späten Prozesse sind als ein Zeichen für das Versagen der deutschen Strafjustiz bei der justiziellen Aufarbeitung der NS-Vergangenheit anzusehen.

Werner Renz
Fritz Bauer und das Versagen der Justiz
Nazi-Prozesse und ihre »Tragödie«
200 Seiten, Broschur
ISBN 978-3-86393-068-4
auch als e-book erhältlich

Denn die bundesdeutsche Strafjustiz kannte ausschließlich Haupttäter wie Hitler, Himmler, Heydrich etc. und wenige Mittäter. In der rechtlichen Aburteilung der an den Menschheitsverbrechen des Holocaust Beteiligten erkannten die Gerichte meist auf bloße Gehilfenschaft. Werner Renz, wissenschaftlicher Mitarbeiter und Redakteur der Zeitschrift »Einsicht« am Fritz Bauer Institut in Frankfurt am Main, beleuchtet hier die Vorstellungen Fritz Bauers vom Sinn und Zweck der NS-Prozesse und führt in die Vorgeschichte und den Verlauf des Frankfurter Auschwitz-Prozesses (1963 – 1965) ein.

Fritz Bauer
Die Wurzeln faschistischen und nationalsozialistischen Handelns
Mit einer Einleitung von David Johst
122 Seiten, Broschur
ISBN 978-3-86393-085-1
auch als e-book erhältlich

Der Vortrag von Fritz Bauer und die in Auszügen hinzugefügte Debatte von 1962 dokumentieren ein Stück Zeitgeschichte und schlagen einen Bogen zu den heutigen Auseinandersetzungen.

Das Internationale Militärtribunal von Nürnberg 1945/46
Die Reden der Hauptankläger
Neu gelesen und kommentiert
Herausgegeben vom Nürnberger Menschenrechtszentrum
502 Seiten, Broschur
ISBN 978-3-86393-067-7
auch als e-book erhältlich

Bis heute gilt der Nürnberger Prozess als Meilenstein der Entwicklung des Völkerstrafrechts. Dieser Band enthält die Eröffnungsreden der amerikanischen, französischen und sowjetischen Hauptankläger sowie die Schlussrede des britischen Hauptanklägers. Eine Einführung und kommentierende Essays erschließen die Reden, ihren rechtsgeschichtlichen Hintergrund, ihre historische Tragweite und ihre Relevanz für heute.

Struktur und Praxis des Nationalsozialismus

Franz Neumann
Behemoth
Struktur und Praxis des Nationalsozialismus
1933 – 1944
Neu herausgeben von Alfons Söllner und
Michael Wildt
757 Seiten, Klappenbroschur
ISBN 978-3-86393-048-6

Franz Neumanns »Behemoth« gilt heute als ein »moderner Klassiker« der Sozialwissenschaft. Das Buch, 1942 in der Entscheidungsphase des Zweiten Weltkrieges publiziert, bot die erste Gesamtdarstellung Hitler-Deutschlands aus der Feder eines Emigranten. Die empirische Analyse der vier Säulen der NS-Gesellschaft und die kühne These von der chaotischen Struktur des nationalsozialistischen »Unstaates«, auf die der Name aus der jüdischen Mythologie verweist, sind eine Herausforderung für die historische NS-Forschung geblieben.

Das Vorwort von Alfons Söllner zu dieser Neuedition skizziert die Biographie von Franz Neumann als »political scholar«. Das Nachwort von Michael Wildt stellt den »Behemoth« in den Kontext der internationalen NS-Forschung und fragt insbesondere danach, warum seine Rezeption in der historischen Holocaust-Forschung keine Entsprechung im Nachkriegs-Deutschland fand.

»Mit eindrucksvollen Bildern zeigt Gnielka, wie auch die Seelen derer, die überlebt haben, irreparabel beschädigt wurden.« (*NDR*); »Der sachliche Ton erinnert an Günter Eich und Heinrich Böll …« (*Süddeutsche Zeitung*); »Er erzählt wunderbar lakonisch, er beobachtet ganz nah, aber aus der Distanz. « (*Frankfurter Rundschau*); Buch des Monats des NDR (*Januar 2015*)

Thomas Gnielka
Als Kindersoldat in Auschwitz
Die Geschichte einer Klasse
Mit einer Dokumentation
Herausgegeben von Kerstin Gnielka
und Werner Renz
184 Seiten, Klappenbroschur
ISBN 978-3-86393-058-5
auch als e-book erhältlich

Thomas Gnielka war 15 Jahre alt, als er 1944 mit seinen Klassenkameraden zum Kriegsdienst als Flakhelfer eingezogen wird. Nach einer Kurzausbildung werden die Jungen nach Auschwitz-Birkenau geschickt und müssen dort u.a. KZ-Häftlinge beim Bau von Schutzwällen für die Anlagen der IG Farben bewachen. Hier erleben die Kindersoldaten, wie man sie heute nennen würde, das Kriegsende. Traumatisiert können sie ihr Leben lang das Erlebte nicht vergessen. Mit »Die Geschichte einer Klasse« schrieb Thomas Gnielka gleich nach dem Krieg eine bestürzend authentische Erzählung.